W0040824

Jane Mathews
In der Mitte deines Lebens

Jane Mathews

In der Mitte deines Lebens

Träumen, planen,
glücklich werden

Das Midlife-Manifest

Aus dem australischen Englisch
von Svenja Tengs

Anaconda

Titel der australischen Originalausgabe:
Midlife Manifesto. Dream it, plan it, live it
Edgecliff NSW: Jane Curry Publishing 2014
Copyright © Jane Mathews, 2014
This translation published by arrangement with Ventura Press.

Die Deutsche Nationalbibliothek verzeichnet diese Publikation in
der Deutschen Nationalbibliografie; detaillierte bibliografische
Daten sind im Internet unter http://dnb.d-nb.de abrufbar.

Lizenzausgabe mit freundlicher Genehmigung
© dieser Ausgabe 2018 Anaconda Verlag GmbH, Köln
Alle Rechte vorbehalten.
Umschlagmotiv: Vintage Fashion Woman with Long Hair,
shutterstock.com / kotoffei
Umschlaggestaltung: www.katjaholst.de
Satz und Layout: InterMedia – Lemke e. K., Ratingen
Printed in Czech Republic 2018
ISBN 978-3-7306-0636-0
www.anacondaverlag.de
info@anacondaverlag.de

Für Alex und Kate, die mein
Leben bunter machen …

Und für alle Frauen in der
Mitte ihres Lebens.

Ich ziehe den Hut vor unserem Potenzial.

»Dies ist eine Aufzeichnung deiner Zeit. Es ist dein Film. Lebe deine Träume und Fantasien. Flüstere sie nachts der Sphinx ins Ohr. Setz dich stundenlang auf Caféterrassen und trink etwas mit deinen Helden. Pilgere nach Mougins und Abiquiú. Schau nach oben und unten und glaub an das Unbekannte, denn es existiert. Wohn an vielen Orten. Umgib dich mit Blumen, Musik, Büchern, Gemälden und Skulpturen. Mach Aufzeichnungen über deine Zeit. Lerne, gut zu lesen, gut zuzuhören und zu reden. Kenne dein Land, deine Welt, deine Geschichte, dich selbst. Kümmere dich um deine geistige und körperliche Gesundheit. Das bist du dir schuldig. Sei gut zu den Menschen in deiner Umgebung. Und tu all diese Dinge voller Leidenschaft. Gib alles, was du hast. Denk daran: Das Leben ist kurz und der Tod ist lang.«*

Fritz Scholder

WARUM DIE BIENE

?

Die Biene ist das perfekte Symbol für Frauen in der Mitte ihres Lebens. Zunächst steht sie für weibliche Energie. Schließlich haben die Königinnen das Sagen, doch damit nicht genug: Im Laufe der Geschichte hat die Biene in vielen Kulturen wichtige Tugenden verkörpert, darunter Liebe, Weisheit, Leistungsfähigkeit, Wohlstand, Fleiß, Spiritualität und Gemeinschaftssinn.

Lange Zeit glaubte man, dass Bienen aus aerodynamischen Gründen nicht fliegen könnten, *doch das tun sie*. Unabhängig davon, ob es sich wirklich so verhält oder nicht – ich glaube gern daran, dass Bienen all das symbolisieren, was man sich vornimmt und erreicht. Und was kann es Vollkommeneres geben?

Inhalt

Wie man das Beste aus dem *Midlife-Manifest* herausholt

Wenn Bücher mit dem Abschnitt »Wie man dieses Buch benutzt« beginnen, stellen sich mir die Nackenhaare auf. Was um alles in der Welt soll ich damit wohl tun? Meine Einkaufsliste hineinschreiben? Mein Auto damit waschen? Es an den Hund verfüttern? Ich bitte daher um Verzeihung. Sie haben dieses Buch nicht ohne Grund gekauft und ich möchte sicherstellen, dass Sie das Beste aus ihm herausholen.

Ich habe dieses Buch geschrieben, weil ich einen Plan für die Mitte meines Lebens brauchte, jedoch kein Buch finden konnte, das eine Anleitung dazu enthielt. Der Aufbau dieses Buchs ist sehr einfach. In den ersten Kapiteln beschäftige ich mich damit, wo wir stehen und wo wir hinwollen. Die folgenden sieben Kapitel befassen sich mit unterschiedlichen Aspekten des Lebens: Beziehungen, Körper, Spiritualität, Interessen / Arbeit, Zuhause, persönlicher Stil und finanzielle Unabhängigkeit. Jedes dieser Kapitel soll Inspiration und Denkanstöße für Ihren Plan – für Ihr Manifest – liefern, das Sie im letzten Kapitel schreiben werden. Vielleicht möchten Sie ein Kapitel pro Woche durcharbeiten oder alles an einem Wochenende verschlingen.

Im Laufe des Buchs kommen neben vielen einschlägigen, von mir ausgesuchten Zitaten auch Kommentare anderer Frauen in der Lebensmitte vor. (Die Namen wurden zum Schutz der Privatsphäre geändert.) Sie entscheiden selbst, welche dieser Zitate und Ideen Sie am meisten ansprechen. Am Ende jedes Kapitels gibt es Platz, um Ihre Gedanken aufzuschreiben. Alternativ können Sie einfach die entsprechenden Sätze beim Lesen markieren. Selbst wenn Sie aus diesem Buch nur eine Idee ziehen sollten, die Ihnen dabei hilft, etwas zu verändern und Ihr zukünftiges Leben zu planen, wäre ich schon glücklich (aber ich hoffe natürlich, dass es mehr sein werden!).

»Wir können nicht alles auf einmal machen, aber eine Sache auf einmal – das geht«, sagte Calvin Coolidge. Es geht nicht nur darum, die Zukunft vor sich zu sehen und zu planen. Es geht darum, jetzt aktiv zu werden und anzufangen, das eigene Manifest umzusetzen. Am Ende jedes Kapitels gibt es Platz, um diese Handlungsschritte aufzuschreiben.

Es geht darum, Ideen auszuwählen, so als würden Sie sie an Ihre persönliche »Wäscheleine« klammern, die in Kapitel zehn die Grundlage Ihres Manifests sein wird. Zum Schluss ordnen Sie Ihre Gedanken auf einfache und kreative Weise, um einen individuellen Lebensplan zu erstellen, der Ihnen von Anfang an nützlich und sinnvoll erscheinen wird.

»In zwanzig Jahren wirst du enttäuschter sein über die Dinge, die du nicht getan hast, als über die Dinge, die du getan hast. Also wirf die Leinen los. Verlasse den sicheren Hafen. Lass den Passatwind in deine Segel wehen. Erforsche. Träume. Entdecke.«

Mark Twain

Vorwort

Funktioniert das *Midlife-Manifest* wirklich? Ja. Allein durch den *Prozess*, über mein Manifest nachzudenken und es aufzuschreiben, erhielt ich genau den Impuls, den ich in einer schwierigen Zeit brauchte. Viele von uns verspüren in diesem Lebensabschnitt das Bedürfnis, alles loszulassen, was in unserem Leben nicht funktioniert. Ich verfolge jetzt voller Tatendrang ein Ziel und spüre neben einer unerschütterlichen Ruhe die Zuversicht, dass mir der Rest meines Lebens nicht einfach nur passieren wird, sondern dass ich ihn aktiv *gestalten* werde.

Dieses Buch entstand aus meiner persönlichen Suche nach Sinn und Richtung und dem Wunsch nach einem konkreten, realistischen Umsetzungsplan. Ich bin genau wie Sie. Ich will nicht behaupten, alle Antworten – oder auch nur eine – zu kennen, doch ich hoffe, dass ich Sie auf Ihrem Lebensweg begleiten kann und dass mein Buch – beziehungsweise jetzt Ihr Buch – Sie dabei inspiriert. Es soll wie ein Schneepflug sein, der die Straße vor Ihnen freiräumt und streut.

Als ich mein eigenes Manifest schrieb, kam mir die Erkenntnis, dass die Antworten auf viele Fragen bereits in uns liegen. Um sie zu finden, muss man lediglich – wie bei einer Zwiebel – die äußeren Schichten entfernen. Es geht darum, wachgerüttelt zu werden, sein Leben zu sortieren und überschüssige Lasten *über Bord zu werfen*. Wie bei einer Zaubertafel können wir bestimmte Teile unserer Vergangenheit löschen, wenn wir das wollen. Alles dreht sich um die Zukunft, nicht die Vergangenheit. Daher werden wir uns anschauen, wie wir uns fühlen möchten, wie unsere Zukunft aussehen soll und wie diese Vision in unser Alltagsleben integriert werden kann.

MEINE WICHTIGSTEN ERKENNT-NISSE BEIM SCHREIBEN DIESES BUCHS:

1. Es ist nie zu spät, den Lauf des eigenen Lebens zu verändern.
2. Man soll sich so verhalten, wie man sich fühlen möchte.
3. Es ist unsagbar wichtig, unabhängig zu sein und Verantwortung zu übernehmen. Mein Leben und mein Glück liegen in meinen Händen – nicht in denen anderer. Einem anderen die Schuld zu geben bedeutet, die Verantwortung für mein Leben und mein Glück abzugeben.
4. Ich kann mich dafür entscheiden, glücklich zu sein.
5. Meditation funktioniert, aber man muss am Ball bleiben.
6. Ich bringe anderen bei, wie sie mich behandeln sollen.
7. Es geht um Entscheidungen. Jede Entscheidung bringt mich meiner Vision ein Stück näher oder weiter von ihr weg.

8. Was man in die Welt gibt, kommt zu einem zurück.
9. Setze deine Prioritäten auf Beziehungen, Gesundheit und Finanzen.
10. »Es geht darum, sein Leben danach auszurichten, wie man sich jeden Tag fühlen möchte.« Nancy Sherr

Man weiß, dass man die Mitte seines Lebens erreicht hat, wenn … man gleichzeitig husten, pupsen, niesen, pinkeln und sich schnäuzen kann … man sich an den Namen einer Bekannten erinnern kann und sich das besser anfühlt als ein Orgasmus … man alle Antworten kennt, aber niemand einen fragt … man sich daran erinnert, dass man seine Eltern für unglaublich alt hielt, als sie jünger waren als man selbst heute … Behaglichkeit über Stil geht … man Angst hat, sich auf Achterbahnfahrten den Rücken zu verrenken … man im Restaurant aufs Geratewohl bestellt, weil man seine Brille vergessen hat … man die eigene Handschrift nicht mehr lesen kann … man leise Grunzlaute von sich gibt, wenn man vom Stuhl aufsteht … man sich ärgert, weil jemand nach 20 Uhr klingelt … man vor seinen Kindern zu Bett geht … es in allen Restaurants zu laut ist … man sich steif fühlt … man zur Pediküre geht, weil man seine Zehen nicht erreichen kann … man sich fühlt wie am Morgen danach, ohne feiern gegangen zu sein … einem die ganze Zeit heiß ist … die Bandscheibe öfter draußen ist als man selbst … man die Musik im Aufzug mitsingt … man weiß, wer die Möwe Jonathan ist … man nackt vorm Spiegel steht und seinen Hintern sehen kann, ohne sich umzudrehen … man ein Gedächtnis hat wie ein … na, Sie wissen schon, dieses Ding, durch das man Mehl schüttet … man gern ein Nickerchen hält … man mit dem Gedanken spielt, eine Kreuzfahrt zu machen … man seine Autoschlüssel verlegt hat und sie wenige Minuten später wieder verlegt … man sich nicht erinnern kann, wann man zuletzt auf dem Boden lag, um fernzusehen … man sich bückt und überlegt, was man noch tun könnte, wenn man schon einmal dort unten ist … man überlegt, mit Golf oder Bridge anzufangen … man unter Urlaub versteht, dass alle für ein paar Tage außer Haus sind … man Gürtel aus dem Kleiderschrank aussortiert … man mehr für die Kerzen bezahlt als für den Geburtstagskuchen … »Glück haben« bedeutet, sein Auto in der Parkgarage zu finden … man die drei großen Alterserscheinungen kennt: Die erste ist Gedächtnisschwund und … die beiden anderen habe ich vergessen …

Wie wäre es, wenn wir die Antwort neu schreiben?

Man weiß, dass man die Mitte des Lebens erreicht hat, wenn… man stark, leidenschaftlich, selbstbewusst, unabhängig, sexy, lebendig, mutig, geduldig, freundlich, liebevoll, furchtlos, aufgeschlossen, energisch, abenteuerlich, zufrieden, vertrauensvoll, treu, eifrig, strahlend, ausgeglichen, kreativ, spirituell, authentisch, fröhlich, geliebt, begeistert, gelassen, kompetent, elektrisiert, frei, fähig, ausdrucksstark, sanft, stilvoll, weise, mächtig, belesen, großzügig, erfüllt, offen, umgänglich, vertrauenswürdig, organisiert, demütig, unkonventionell, aktiv, freudig, inspiriert, bewandert, uneigennützig, beherrscht, aufgeregt, talentiert, zielgerichtet, wagemutig, lustig, unvorhersehbar, hilfsbereit, besonnen, intuitiv, wortgewandt, einfühlsam, effizient, diplomatisch, charismatisch, loyal, ausdauernd, fokussiert, erfrischend, selbstsicher, gesund, erfolgreich, geerdet, fürsorglich, kühn, dankbar, einflussreich, verbunden, vital, angenommen, wertgeschätzt, bewundert, innovativ, inspirierend, sicher, gefasst, unerschütterlich, selbstbeherrscht, ehrlich, voller Energie, gütig, würdevoll, besonders, friedlich, ruhig, entspannt, fesselnd, einfallsreich, gleichmütig, sinnlich, betörend, schön, geistreich, beeindruckend, informiert, wohltätig, glücklich, unbeschwert, konsequent, verzückt, geschickt, dynamisch, enthusiastisch, wertvoll, tapfer, flexibel, unverfälscht, außergewöhnlich, unerschrocken, faszinierend, aufregend, empathisch, großartig, anerkennend, brillant, motiviert, sachkundig, originell, temperamentvoll, bedacht, eigenständig, optimistisch, positiv, beispielhaft, rücksichtsvoll, geruhsam, aufrichtig, überschäumend, dankerfüllt, einzigartig, umwerfend, unbelastet, entschlossen, energiegeladen, geschätzt, präsent, verspielt, komplex, gebildet, angesehen, begünstigt, würdig, erfahren, begabt, intelligent, uneingeschüchtert, instinktiv, beschlagen … und unaufhaltbar ist.

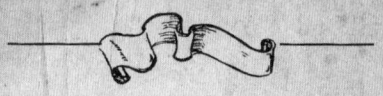

Hiermit lade ich Sie ein, sich in diesem
Buch zu verewigen und sich zu einem
neuen Lebensplan zu bekennen.

Dies ist

--s

»MIDLIFE-MANIFEST«

Sie beschloss, ein Leben nach ihren
Vorstellungen zu beginnen.

»Wenn wir genauso viel über unsere Wünsche im Leben nachdenken würden wie über die Frage, was wir mit zwei Wochen Urlaub anfangen, würden wir uns über unsere falschen Maßstäbe und die ziellose Abfolge unserer Tage doch sehr wundern.«
Dorothy Canfield Fisher

»Das Privileg eines Lebens besteht darin, zu werden, wer man tatsächlich ist.« C. G. Jung

»Es liegt keine Leidenschaft darin, sich mit einem Leben zufriedenzugeben, das weniger ist als das, wozu man fähig wäre.«
Nelson Mandela

»Es ist nie zu spät, das zu werden, was man hätte sein können.«
George Eliot

»Ein gutes Leben wird nicht zufällig, sondern absichtlich gelebt.«
Kobi Yamada

»Statt als Krise sollte das mittlere Alter als eine Zeit betrachtet werden, in der man neu in sich selbst investieren kann.«
Patricia Reuter-Lorenz

»Gib dich nicht mit dem zufrieden, was das Leben dir schenkt. Mach dein Leben besser und bau etwas auf.« Ashton Kutcher

»Die Definition von Wahnsinn: Immer wieder das Gleiche zu tun und andere Ergebnisse zu erwarten.« Albert Einstein

1. KAPITEL

Die Geschichte Ihrer Lebensmitte neu schreiben

In diesem Kapitel werden Sie:
- *merken, dass Sie mit Ihren Gefühlen nicht allein dastehen*
- *von automatisch auf manuell schalten*
- *erfahren, wie das* Midlife-Manifest *funktioniert*
- *einige Übungen zu mehr Aufgeschlossenheit machen*

Wie es früher war ...
»Achtung! Bei Nichtgebrauch Netzstecker ziehen«

... steht auf dem Kabel meines Toasters. Wie kann es sein, dass es für das banalste Haushaltsgerät eine Anleitung gibt, für die Lebensmitte jedoch nicht? Die Lebensmitte. Ein kleines Wort, das es in sich hat.

Betrachten Sie sich einmal im Spiegel. Eine ganze Minute lang. Schauen Sie sich wirklich in die Augen. Sind Sie die Person, die Sie schon immer sein wollten und auch heute noch sein möchten? Bin ich die Einzige, die in der Mitte des Lebens in den Spiegel schaut und denkt: »Ist das alles?«

Es gibt einen Katalysator, durch den man erkennt, dass sich die Dinge unwiederbringlich geändert haben. Er kann einen treffen wie der Schlag oder sich von hinten anschleichen. Man hat die Mitte des Lebens erreicht und es gibt kein Zurück. Die Schranke senkt sich! Für mich war es ein richtiger Sturm – ein Hurrikan – an Gefühlen. Ich war verloren in einer zunehmend toxischen Ehe, worauf die Scheidung und der Tod meiner Mutter folgten (mein Vater und meine Schwester waren bereits gestorben). Zugleich hatte ich es mit zwei pubertierenden Kindern, meiner Rückkehr ins Arbeitsleben und erhöhtem Blutdruck zu tun – von den kleinen Seitenhieben des Lebens einmal abgesehen. Wenn ich in den Spiegel sah, erinnerte mich mein Gesicht an das eines Shar-Peis. Jedes Mal, wenn ich etwas vergaß, leuchtete das Wort »Demenz« in der Größe des Hollywood-Schriftzugs vor meinem geistigen Auge auf. Beim Anblick von süßen Löwenvideos auf YouTube brach ich in Tränen aus. Im Straßenverkehr war ich auf dem besten Weg, ein unflätiger alter Drachen zu werden. Und dann meine Haare. An guten Tagen sah ich aus wie Chewbacca. Ich hatte graues Haar, das auch als Schmelzdraht hätte durchgehen können – nicht nur auf meinem Kopf, sondern in meinen Augenbrauen und auf meinem Kinn. Herrlich, ich hatte mich in eine Dame mit Bart verwandelt.

Das spielte jedoch keine Rolle, da ich offenbar unsichtbar war. Eine ganze Generation von Frauen in der Lebensmitte trägt Harry Potters Tarnumhang. (Mein persönlicher Rekord: In einem Kaufhaus in Sydney wurde ich von fünf (fünf!) Verkäuferinnen ignoriert.) Wer hätte das gedacht? Die Lebensmitte kam so unerwartet wie ein Dieb in der Nacht. Ich beobachtete, wie meine Oberarme ein Eigenleben entwickelten, wenn ich zum Abschied winkte. Manches wackelte noch, obwohl ich die Arme stillhielt. Ich fühlte mich wie eine Schreckschraube in Frauenkleidern. Dann hörte ich den Lockruf von Gummizughosen, Birkenstock, Zweistärkenbrille, Nickerchen und Crocs. Aber im Innern fühlte ich mich wie Dreißig. Ich musste einen Weg hinaus und zurück zu mir selbst finden.

»Dich selbst zu erschaffen ist die kreativste Handlung, die du je ausführen wirst.«
Deepak Chopra

»Ich habe das Gefühl, das Beste liegt hinter mir. Es fühlt sich an wie oben auf einer Achterbahn, ich fahre nach unten und schreie ›Aaaaarrrrgggghh‹.« Kitty, 51

»Meine Vierziger waren ein Jahrzehnt der Enttäuschungen. Die Dinge verliefen nicht so, wie ich es erwartet oder erhofft hatte – weder in meiner Ehe, noch mit meinen Kindern oder in meinem Leben.« Susan, 47

Und jetzt ...
Schreiben Sie die Geschichte Ihrer Lebens-
mitte neu

Ich hab es getan! Ich schreibe diesen Absatz kurz
nach der Fertigstellung meines Buchs. Ich habe
mein Manifest geschrieben, lebe seit einigen Monaten danach und die Veränderung ist erstaunlich.
Ich will nicht behaupten, dass es immer einfach gewesen wäre, aber jetzt mal ehrlich: Wenn ich es geschafft habe, das Steuer herumzureißen und der
Gewohnheit und der Trägheit zu entsagen, dann
können Sie das auch. Ist jeder Bereich meines Lebens wie Sahne mit Zucker und Streuseln? Nein.
Fühle ich mich geistig und körperlich stärker, ver-
bundener mit meinem Körper und meinem Leben,
produktiver, zuversichtlicher und optimistischer
in Bezug auf die Zukunft? Ja, absolut. Bleiben Sie
dran. Es funktioniert. Lesen Sie weiter. Sie werden
sehen, dass die Welt unterschätzt hat, wozu wir
Frauen in der Lebensmitte fähig sind. Soll sie auf
eigene Gefahr damit fortfahren!

Das Tief in der Lebensmitte

Die theoretische Vorstellung eines Tiefs in der
Lebensmitte ist gut dokumentiert. Vor siebenhundert
Jahren schrieb schon Dante: »Es war in unseres
Lebensweges Mitte / Als ich mich fand in einem
dunklen Walde / Denn abgeirrt war ich vom rechten
Wege.« Ich weiß genau, wie er sich fühlte. Allerdings
halte ich nichts von Begriffen wie Frauen »mittleren

Alters« oder »Midlife-Crisis«. Beides sind bequeme, allzu einfache Ausdrücke, deren Bedeutung verwässert ist, weil sie zu oft verwendet werden. Vergessen Sie »*mittleren Alters*« und »*Midlife-Crisis*«, denken Sie »*Möglichkeiten der Lebensmitte*«. Viele Frauen in der Lebensmitte – mich eingeschlossen – haben das Bedürfnis, all das, was nicht mehr funktioniert, aus ihrem Leben zu streichen und durch etwas zu ersetzen, das besser ausdrückt, wer sie geworden sind oder in welche Richtung sie sich gerade entwickeln. Es ist an der Zeit für ein bisschen persönliche Alchemie.

Im modernen Heidentum wird die dreifache Göttin der Jungfrau, der Mutter und der Alten verehrt. Ich bin eine Mutter, aber vermutlich gehöre ich mittlerweile der Kategorie der Alten an. Ich weiß nicht, wie es Ihnen geht, doch beim Wort »Alte« muss ich an die alte warzige Hexe aus *Schneewittchen* denken, die einen vergifteten Apfel in der Hand hält. Das ist eine Schande, denn im Laufe der Geschichte waren Frauen in der Lebensmitte – die Alten (damals galten sie als alt, da die meisten mit Vierzig starben) – weise und hoch angesehen. In der modernen Gesellschaft gibt es diese aufgeklärte Sichtweise nicht und manchmal fühle ich mich, als würde man mich gerade so noch tolerieren. Was soll's. Voller Kampfspuren und Lebenslektionen nehme ich meine innere Alte an. Offenbar bin ich damit nicht allein. Es gibt jetzt »Croning-Zeremonien« für Frauen, um den Beginn der Weisheit in der Lebensmitte zu begrüßen. (Ein tolles Geschenk zum 50. Geburtstag einer Freundin. Zumindest bekommt sie es mit Sicherheit kein zweites Mal geschenkt.)

Die Forschung zeigt, dass das Glück im Verlauf unseres Lebens die Form eines sanften Lächelns hat, also glücklich in Kindheit und frühem Erwachsenenalter, gefolgt von einem Tief in der Lebensmitte und einem Anstieg des Glücks im Alter. Das gilt nicht nur für Menschen. Studien zeigen, dass sogar Affen die Schwermut in der Lebensmitte kennen. Ich bin in den Zoo gegangen, um es mit eigenen Augen zu überprüfen. Nachdem ich das Orang-Utan-Gehege ausfindig gemacht hatte, schaute ich in Willows Augen. Was für eine Langeweile. »Ist das alles?«, schienen ihre Augen zu fragen. Es war, als würde ich in einen Spiegel schauen. Glauben Sie mir, wir sind nicht allein.

Mein Wendepunkt

Ich gebe dem Magneten am Kühlschrank die Schuld. Sicherlich wusste die Dame am Fließband in China nicht, welchen Zündstoff sie in der Hand hielt. In meinen Vierzigern kaufte ich einen Kühlschrankmagneten mit der Aufschrift: »Dazu bestimmt, eine alte Frau ohne Reue zu werden«. Anstatt an meinem Kühlschrank zu haften, lag der Magnet auf meinem Schreibtisch, starrte mich vorwurfsvoll an und ich starrte beunruhigt zurück.

Je länger ich das leidige Ding ansah, desto mehr gestand ich mir ein, dass mein Lebensweg mit Bedauern einherging. In meinem Kopf kreisten jene aufreibenden drei Worte: **Ist das alles?** Ich hielt ein feuchtes Geschirrtuch in der Hand, ohne die Frage aus meinem Kopf zu bekommen. Die Handflächen geschwollen, weil ich auf das untere Ende einer Ketchup-Flasche eingeschlagen hatte, betrachtete ich die Überreste eines Familienessens. Warum fühlte ich mich trotz meiner erfolgreichen Karriere, meiner Bilderbuchfamilie mit sympathischem Ehemann und zwei Kindern, meinen vielen sozialen Kontakten und meinem Haus in Sydneys Version der Wisteria Lane (nicht zu vergessen, mein bananenfressender, pupsender Hund) so leer und unerfüllt? Die Lösung des Rätsels kam schneller als gedacht.

»Das Leben spricht jeden Tag unaufhörlich mit Ihnen und Ihre Aufgabe ist es, herauszufinden, was es sagt.«
Oprah Winfrey

Als ich erkannte, dass meine Ehe am Ende war, glichen meine Gedanken einem assyrischen Relief einer tödlich verletzten Löwin im Britischen Museum. Sie ist von mehreren Pfeilen getroffen, doch sie brüllt und will nicht aufgeben. Allein der Anblick dieses Bildes berührt mich immer noch tief. Ich erinnere mich, dass ich mich sehr verletzt fühlte, jedoch kämpfte, um mich über Wasser zu halten und nicht zu ertrinken. In meinem Bauch spürte ich einen riesigen Knoten. Mein Geist war wie gelähmt. Eines Tages würde ich ihn wieder zum Leben erwecken. Ein Flügelschlag zukünftigen Glücks.

Übrigens: Durch den Stress einer Scheidung kann man sehr, sehr dünn werden. Man kann aber auch sehr, sehr dick werden. Leider war bei mir Letzteres der Fall und ich sah aus wie ein kleiner, dicker Mops. Weil das Leben ungerecht ist, wurde mein Ex-Mann schlanker und ranker, während ich immer weiter zunahm. Er ernährte sich von nichts als heißer Luft, legte sich das obligatorische schnelle Auto (keinen Porsche, aber fast) und eine charmante Bohnenstange als Freundin zu. Mein Ex-Mann und ich gingen weiterhin zusammen auf Elterntage in der Schule. Dabei fühlte ich mich, als wären wir einer bitterbösen Parodie über eine vollleibige Frau und ihren dünnen Ehemann entsprungen. Wie peinlich. Es war nicht so schlimm, dass ich nach Katar hätte ziehen müssen, aber es war demütigend und zu hundert Prozent meine Verantwortung.

Nach der Scheidung, als die Wunden gelECK, doch noch nicht ganz verheilt waren, nahm ich eine wichtige Stelle in der Werbebranche an, weshalb ich ununterbrochen ins Ausland reiste. In dieser Zeit häufte ich neben Flugmeilen auch Stress und weitere Kilos an. Und ich war ein klarer Fall für den berüchtigten Holmes-und-Rahe-Stresstest. Das ist eine Skala, auf der 43 belastende Lebensereignisse bewertet werden, die zu Krankheit führen können. Sie beginnt mit »Tod des Ehepartners«,

führt über »Scheidung« und »Tod eines Familien-
mitglieds« bis hin zu »Krankheit«, »Veränderung
der finanziellen Lage« und »Weihnachten«. Ich
kann mich zwar nicht daran erinnern, verhaftet
worden zu sein, doch ich habe wohl alle anderen
Kästchen angekreuzt. Jeder weiß, dass ein Unglück
selten allein kommt. Es geschehen zwei, drei, sieben und fünfzehn schlimme Dinge auf einmal – so
war es zumindest bei mir.

Meine demenzkranke Mutter (was für Angehörige sehr grausam ist, doch für den Patienten
seltsam schonend) starb nach mehreren recht trau-
matischen Ereignissen (ein Schlaganfall im Flugzeug aus London, Krankenhausaufenthalt in Auck-
land, Umzug in ein Pflegeheim) allein in Neuseeland.
Zuletzt wurde ihr Hochzeitsring von ihrer Leiche
gestohlen. Die anschließende Einäscherung und
Beerdigung fühlte sich dagegen wie ein Kinder-
spiel an. Allerdings hatte ich mich noch nie so
allein gefühlt. Zugleich zog ich um, renovierte,
arbeitete an zwei Großprojekten in verschiedenen
Ländern und schlug mich mit einem nicht sehr
pflegeleichten Ex, zwei Teenagern und einem
Hund herum. Wow. Außerdem kümmerte ich
mich um das Haus meiner Mutter und ihr Testament in England, ärgerte mich über inkompetente
und teure Anwälte, wehrte Verwandte ab, von
denen ich noch nie etwas gehört hatte und die auf
das Erbe aus waren, und ließ Sachen nach Australien schiffen. Als mein Job ins Ausland verlegt

wurde, stieg ich eine Zeitlang aus dem Hamsterrad aus und beschloss, mein Leben in Ordnung zu bringen. Es war die beste Entscheidung, die ich je getroffen habe.

Der Wechsel von automatisch auf manuell

Wir leben den ersten Teil unseres Lebens automatisch. Kindheit, Universität, Arbeit, Ehe und Kinder – alles verläuft geordnet. Das wurde mir schmerzlich bewusst bei einem Besuchertag in der Schule meiner Tochter, als sie sieben Jahre alt war. Die Kinder sollten ihre Lebensgeschichte aufschreiben. Eine davon blieb hängen. Sie lautete ungefähr so: »Ich gehe zur Schule, dann zur Universität, dann heirate ich, bekomme Kinder und dann sterbe ich.« Super. Also befinden wir uns vermutlich in jenem kurzen Abschnitt zwischen Kinder haben und Sterben! Dann sollten wir das Beste daraus machen, aber ich bin mir nicht sicher, ob der Automatikmodus dafür so gut ist.

In der ersten Hälfte unseres Lebens werden uns viele Dinge vorgeschrieben, doch die Schönheit der zweiten Hälfte besteht darin, dass sie in unserer Hand liegt. Um es mit einer Flugzeugmetapher auszudrücken: Endlich setzen wir uns die Sauerstoffmasken zuerst auf und nehmen uns selbst am wichtigsten. Wir haben die Kontrolle über unser Schicksal, nicht umgekehrt. Wir sind die Fahrer, die Zirkusdirektoren, die Kapitäne unseres Schiffs. Die Vergangenheit ist unwichtig und es macht keinen Sinn, an ihr festzuhalten. Übergeben Sie die schlechten Dinge dem Fluss – so wie es Pu der Bär und seine Freunde mit ihren Pu-Stöcken tun – und sehen Sie zu, wie sie davonfließen. Die Welt hat mit Ihrer Vergangenheit abgeschlossen, wenn Sie es haben. Ich weiß, dass die Vergangenheit uns beeinflusst und wir sie nicht ändern können, doch die Zukunft können wir beeinflussen.

Zeit, auf manuell umzuschalten, meine Damen.

Das Beste aus dem Gedankenstrich machen

Wir alle haben einen Gedankenstrich, der zwischen Geburts- und Todesjahr steht. Bei mir wäre es 1961–2043, angenommen ich werde 82 (die durchschnittliche Lebenserwartung für Frauen in Australien). Es stellt sich also die Frage, was ich in den nächsten dreißig Jahren aus diesem Gedankenstrich mache. Hier eine grafische Methode, um es zu demonstrieren. Nehmen Sie ein Blatt Papier. Zeichnen Sie eine Linie in die Mitte. Die untere Hälfte steht für den Teil Ihres Lebens, den Sie bereits gelebt haben, also bitte schraffieren. Teilen Sie das obere Feld in drei gleich große Teile. Das erste Drittel symbolisiert, wie viel Zeit wir mit Schlafen verbringen. Sie können es ebenfalls schraffieren. Das zweite Drittel steht dafür, wie viel Zeit wir mit Erledigungen verbringen (Autofahren, Einkaufen, Putzen, Duschen, Warten in der Telefonschleife des Handyanbieters etc.). Schraffieren Sie jetzt auch diesen Teil. Das letzte kleine weiße Rechteck ist alles, was uns bleibt.

Einerseits ist es ernüchternd. Andererseits – *carpe diem*, verdammt. Ich weiß, dass ich den Zenit überschritten habe, doch ich weigere mich, die Tage einfach so vorbeiziehen zu lassen, bis ein Tag dem anderen gleicht und die Zeit unbemerkt verstreicht. Es gibt immer noch viel zu erleben! (Schauen Sie sich auf www.linda-ellis.com das Internetphänomen *The Dash* an – ein englisches Gedicht von Linda Ellis.)

Die schottische Autorin Nan Shepherd schrieb in ihrem Buch *Der lebende Berg* über die beinahe mystischen Erfahrungen, die sie auf Wanderungen in ihren geliebten Cairngorm Mountains machte. Sie schrieb davon, »das *ganze* Leben zu durchleben«. Ich will auch mein *ganzes* Leben durchleben. Ich hatte das Gefühl, zu schlafwandeln und in einer Geschichte festzustecken, die nicht mehr meine war. Jetzt ist es an der Zeit für eine neue Geschichte und es ist an mir, sie zu schreiben. Ich will kein unbedeutendes Leben führen. Ich möchte meine Spuren in der Welt hinterlassen – einen Kometenschweif am Himmel – und brüllen mit der Kraft einer Löwin.

Warum noch kein Lebensplan?

Wie die meisten Frauen, die ich kenne, kann auch ich meisterhaft Listen schreiben und planen. Ich bin ganz schön gut mit Einkaufslisten, Expertin für unglaublich lange To-Do-Listen und nicht allzu ungeschickt bei der Planung von Kundenkonferenzen, Abendessen mit Freunden, Hausrenovierungen oder Urlauben. Alle paar Jahre verreise ich mit den gleichen drei Freundinnen, um für ein, zwei Wochen zusammen zu sein und zu lachen. Dabei bereitet mir die Organisation – so schrecklich es auch klingt – genauso viel Vergnügen wie der Trip selbst. Es gibt keine Website, keinen Blog und keine Rezension, die ich nicht lesen oder sorgfältig durcharbeiten würde. Nach und nach ergibt sich dann eine tolle Reiseroute, die meinen inneren Nerd zufriedenstellt. Nicht umsonst genieße ich unter den Mädels den Spitznamen »Power-Frau«. Es ist schon komisch, dass ich so viel Zeit mit Planen, Listen und Erledigungen – meistens für andere – verbracht habe, ohne die Zeit zu finden, *einen Plan für mein Leb*en aufzustellen. Kann es etwas Wichtigeres geben? Ich brauchte einen Plan. Vorzugsweise einen »raffinierten Plan«. Um es mit einem Zitat aus der britischen Fernsehserie »Blackadder« auszudrücken: »Einen Plan, der so raffiniert ist, dass man ihm einen Schwanz anhängen und ihn ein Wiesel nennen könnte.« Also suchte ich nach einem Buch, das mir als Anleitung dienen könnte.

Ich ging in Buchhandlungen – sowohl in der realen als auch der virtuellen Welt –, konnte jedoch nicht finden, wonach ich suchte. Bin ich eigentlich die Einzige, die sich in der Selbsthilfe-Abteilung eines Buchladens befangen fühlt? Ich kann den blinkenden Neon-Pfeil über mir mit der Aufschrift »Jane ist egozentrisch, hat Probleme und wenig Selbstbewusstsein!« förmlich spüren. Ich gab etwa so viel Geld wie für eine Flasche Parfüm von Jo Malone (oder drei Paar Crocs oder zwölf Flaschen Sauvignon Blanc) für vermeintlich hilfreiche Bücher aus. Das hätte ich mir sparen sollen. Die Ratgeber fielen in zwei Kategorien: Nervige Autobiografien von Frauen, die »eine Reise« antraten, um sich selbst zu finden, und sinnlose Quatschbücher. Beides machte mich wütend.

»Wir machen uns selbst entweder unglücklich oder stark. Der Arbeitsaufwand ist derselbe.«
Carlos Castaneda

Bin ich die Einzige, die an die Decke gehen könnte bei all den blasierten Ladies, die in der Toskana oder auf einer griechischen Insel leben, durch ergiebige Olivenhaine wandeln, in ihrer Küche mittelalterliche Fresken freilegen (statt feuchter Wände) und sich nicht von regionalen Handwerkern hereinlegen lassen? Nieder mit dir, du grünäugiges Monster, nieder! Eine Freundin von mir gab tatsächlich zu, nach Italien gereist zu sein, um zu sehen, ob eine bekannte Autorin ihren übertriebenen Schilderungen gerecht wurde. In bester Stalker-Manier machte sie ihr Haus ausfindig. Ich weiß nicht, ob ich enttäuscht oder glücklich über die Nachricht war, dass die Dame die Prüfung bestand: Sie nahm ein köstliches Mittagessen im Freien zu sich, serviert auf einer rot-weiß karierten Tischdecke im Schatten eines Apfelbaums, aß schöne Speisen, spülte sie mit regionalem Wein aus Karaffen hinunter und war umgeben von freudestrahlenden Kumpanen. Wie schön für sie, aber für mich war das weder hilfreich noch wichtig. Und dann die andere Sorte. Von ein paar wenigen Ausnahmen abgesehen (siehe Bibliografie) wird so viel Unsinn ohne Inhalt geschrieben – und noch dazu in schlechtem Stil. Mein örtlicher Buchladen hat an diesem Tag guten Umsatz gemacht.

Wenn man »Lebensplan für Frauen in der Mitte des Lebens« googelt, erhält man knapp dreihunderttausend Resultate, die meisten handeln von der Midlife-Crisis. Dreihunderttausend klingt viel, aber suchen Sie mal »Wie man eine Tasse Tee zubereitet« und Sie erhalten weit über drei Millionen. Kein Scherz. Im Internet hatte ich also auch kein Glück.

Das Beste wäre wohl, es selbst zu schreiben.

Midlife-Manifest – Wie es funktioniert

In einem Manifest schreibt man die eigenen Glaubenssätze auf. Das *Midlife-Manifest* geht darüber hinaus. Es ist ein umfassender Lebensplan, der einen klaren Weg vorgibt. Er holt Sie dort ab, wo Sie stehen, und führt Sie zu dem Leben, das Sie sich wünschen. Häufig werden wir von unserem Kurs abgebracht. Mithilfe unseres Plans können wir feststellen, wie unser Kurs aussieht, damit unsere Wünsche Wirklichkeit werden. In diesem Prozess werden Sie alle Aspekte Ihres Lebens untersuchen und neue Elemente in Ihren Plan aufnehmen. Das Wort »Manifest« stammt aus dem Lateinischen und *manifestum* bedeutet »klar«. Am Ende dieses Buches sollten Sie sich so fühlen. Ihnen sollte klar sein, wo Sie stehen, wo Sie hinwollen und wie Sie dorthin gelangen. Die Antworten liegen bereits in Ihnen und sind derzeit nur verdeckt.

Es handelt sich um ein einfaches, unkompliziertes Verfahren. Am Anfang führen Sie einige Übungen aus, um Ihren Geist zu öffnen. Anschließend definieren Sie Ihre Vision.

Die folgenden sieben Kapitel decken verschiedene Lebensbereiche ab:

Beziehungen

Ihr Körper

Ihr spirituelles Selbst

Ihre Interessen / Ihre Arbeit

Ihr Zuhause

Persönlicher Stil

Finanzielle Unabhängigkeit

In jedem Kapitel werden Ideen vorgestellt, die zum Nachdenken anregen sollen und mit denen Sie Ihre Vision verwirklichen können. Ich werde Ihnen berichten, was mir geholfen hat. Es gibt keine Regeln und nichts ist vorgeschrieben! Aus manchen Ideen werden Sie mehr ziehen als aus anderen. Ich habe versucht, das Buch ehrlich, praktisch und inspirierend zu gestalten, denn das würde ich von einem Plan wie diesem erwarten. Unser Leben ist wie eine japanische Lunch-Box und besteht aus vielen verschiedenen Bereichen. Sie sollen hier alle behandelt werden.

Am Ende jedes Kapitels gibt es Platz, um aufzuschreiben, was Sie angesprochen hat und was Sie sofort (innerhalb der nächsten 48 Stunden) unternehmen möchten, um Veränderung herbeizuführen. Um es mit Martin Luther King zu formulieren: »Du musst nicht die ganze Treppe sehen, nur die erste Stufe.«

Im letzten Kapitel tragen Sie Ihre Gedanken zusammen, um eine Basis für Ihren persönlichen Lebensplan – Ihr *Midlife-Manifest* – zu bilden. Sie können den Plan nach Belieben neu ausrichten, verändern und aktualisieren. Er ist nicht in Stein gemeißelt. Ihr Plan verändert sich genauso wie Ihr Leben, doch er sollte stets ein Grundpfeiler und ein Begleiter für Sie sein, während Sie in der Mitte des Lebens nach Veränderung streben.

Vier Aufwärmübungen

Bevor wir uns mit unserer Zukunftsvision befassen, ist es hilfreich, zur richtigen Geisteshaltung zu finden. Nehmen Sie ein paar tiefe Atemzüge, nehmen Sie die Schultern zurück und öffnen Sie Ihren Brustkorb. Fühlen Sie sich nicht gleich etwas besser? Nachdem Sie Ihren Körper etwas geöffnet haben, wollen wir uns mit Ihrem Geist befassen.

Übung eins. Seien Sie offen für bedeutende Zufälle

Sobald Ihr Geist positiv, offen und empfänglich ist, wird es Sie überraschen, wie oft bedeutende Zufälle passieren – ein Phänomen, das Synchronizität genannt wird. Seit ich dieses Buch schreibe, habe ich zufällig alle möglichen Menschen getroffen, die Experten auf dem Gebiet waren, über das ich gerade schrieb. Es öffneten sich Türen. Meinen Verleger lernte ich durch einen Zufall kennen. Oder vielleicht war es kein Zufall. Unmittelbar nach der Trennung von meinem Mann fand ich in einem Ramschladen, der mir nie aufgefallen war, auf einem Bücherstapel einen alten Roman namens *Jane The Determined* (dt. »Jane, die Entschlossene«). Plötzlich begegnete ich Menschen, die zu neuen Freunden wurden. Ich lernte jemanden in einem Flugzeug kennen, der mir am Ende eine Stelle anbot. Es waren so viele Einzelfälle, dass es unmöglich bloßer Zufall sein konnte. Synchronizität kann am Anfang etwas zögerlich sein und zeigt sich nur dann, wenn wir uns selbst treu bleiben. Sie hat einen Riecher für das Authentische. Also seien Sie achtsam, denn wenn Synchronizität in Ihrem Leben geschieht – und ich schreibe »wenn« und nicht »falls« –, ist das eine Bestätigung dafür, dass Sie auf dem richtigen Weg sind.

(Ich kann nicht umhin hinzuzufügen, dass ich immer mehr bedeutende Wörter in anderen Wörtern erkenne. Zum Beispiel *quest* (dt. »Suche«) in *question* (dt. »Frage«), *rage* (dt. »Wut«) in *outrageous* (dt. »ungeheuerlich«), *sit* (dt. »sitzen«) in *obesity* (dt. »Übergewicht«) und *die* (dt. »sterben«) in *diet* (dt. »Diät«), ganz zu schweigen von *urge* (dt. »Verlangen«) in *splurge* (dt. »viel Geld ausgeben«), *ha* in *Buddha*, *om* in *oomph* (dt. »Schwung«), *love* (dt. »Liebe«) in *slovenly* (dt. »nachlässig«), *can* (dt. »können«) in *candour* (dt. »Aufrichtigkeit«) und *one* (dt. »eins«) in *money* (dt. »Geld«). Natürlich gibt es auch die unerklärlichen Zusammenhänge wie *bra* (dt. »BH«) in *vibrate* (dt. »vibrieren«), *laughter* (dt. »Gelächter«) in *slaughter* (dt. »schlachten«), *fun* (dt. »Spaß«) in *fundamentalist* (dt. »fundamentalistisch«, wohl wettgemacht durch *mental*, dt. »übergeschnappt«), *tuna* (dt. »Thunfisch«) in *fortunate* (dt. »begünstigt«), *gas* (dt. »Gas«) in *orgasm* (dt. »Orgasmus«), *ham* (dt. »Schinken«) in *shampoo* (dt. »Shampoo«) und *lie* (dt. »lügen«) in *believe* (dt. »glauben«). Sie verstehen, worauf ich hinauswill. Vielleicht haben meine Kinder recht. Am Ende bin ich doch verrückt.)

Übung zwei. Entscheiden Sie sich fürs Glücklichsein

»Wenn du glücklich sein willst, sei es.« Tolstoi

»Glück hängt von uns selbst ab.« Aristoteles

»Glück ist das Zentrum und der Erfolg kreist drumherum.« Shawn Achor

»Vielleicht haben Sie das Gefühl festzustecken – gefangen in einer schlechten Beziehung, traurig über eine Scheidung, ewig Single –, doch es liegt in Ihrer Macht und im Interesse Ihrer Gesundheit, sich für das Glück zu entscheiden. Also gut, Sie finden keine romantische Liebe. Oder Ihr Seelenverwandter fühlt nicht dasselbe wie Sie. Aber Sie können den Weg des Glücks einschlagen. Sie können sich in das Leben verlieben.«
Lesley Dormen

Positive Psychologie ist für mich zu einer Art Offenbarung geworden. Anscheinend befindet sich in unserem Inneren bereits alles, was wir zum Glück brauchen. Wir entscheiden bewusst, ob wir glücklich sein wollen oder nicht, und diese Entscheidung wirkt sich auf unsere Lebenseinstellung aus. Ob man glücklich ist oder nicht, wird durch das Gefühl *im Inneren* bestimmt – nicht durch das, was im Außen passiert. Daher ist nichts, was geschieht, von Natur aus gut oder schlecht – es geht nur um die Art und Weise, wie man darauf reagiert.

Positive Psychologie ist mittlerweile der beliebteste Studiengang in Harvard und ich kann verstehen, warum. Sie ist faszinierend und bereichernd. Shawn Achor schreibt in seinem Buch *The Happiness Advantage:* »Wir wissen jetzt, dass Glück nicht nur das Ergebnis, sondern der *Wegbereiter für Erfolg* ist, und dass Glück und Optimismus tatsächlich leistungs- und erfolgsverstärkend sind. Darauf zu warten, glücklich zu sein, begrenzt das Potenzial unseres Gehirns in Bezug auf Erfolg, wohingegen wir motivierter, effektiver, belastbarer, kreativer und produktiver sind, wenn das Gehirn positiv eingestellt ist.«

Martin Seligman, anerkannter Gründer der positiven Psychologie, nutzt die Abkürzung PERMA für die fünf Bereiche, die nachweislich zum Glück beitragen: Positive Emotionen, Engagement, *positive relationships* (dt. »positive Beziehungen«), *meaning and purpose* (dt. »Sinnhaftigkeit und Bestimmung«) sowie *achievement* (dt. »Leistung«). So weit so gut, doch wie bekommt man das Glück zu fassen? Gretchen Rubin, Autorin von *Das Happiness Projekt*, stellte sich die gleiche Frage und begab sich auf eine zwölfmonatige Reise, um es herauszufinden. Dabei befragte sie alle möglichen Menschen – von Dr. Seligman über den Dalai Lama bis zu Oprah – und fand schließlich das richtige Maß für sich selbst.

Entscheiden Sie sich zum Glücklichsein … In den folgenden Kapiteln stehen viele inspirierende Ideen. In der Zwischenzeit richten Sie einfach Ihre Denkweise danach aus, auch wenn Tim Minchin in seiner wunderbaren Rede an der University of Western Australia sagte: »Glück ist wie ein Orgasmus. Wenn man zu viel darüber nachdenkt, passiert es nicht.« (Schauen Sie sich sein Video auf YouTube an.)

(Kleine Kinder lachen übrigens vierhundertmal am Tag, Erwachsene fünfzehnmal …)

Übung drei. Schauen Sie nach OBEN und schreiben Sie es auf

Wir verbringen so viel Zeit damit, vor unseren Bildschirmen zu sitzen, dass schon prognostiziert wurde, die Menschen würden krumme Rücken entwickeln, sodass wir gar nicht mehr nach oben schauen können! (Charles Darwin würde sich im Grab umdrehen – wir entwickeln uns zurück.)

Schauen Sie nach oben! Betrachten Sie die oberen Stockwerke von Gebäuden, die oft tolle

Verzierungen und Beschriftungen haben. Blicken Sie in den Himmel und betrachten Sie die Vögel und die Sterne. Sehen Sie in die Zukunft. Schauen Sie sich um und seien Sie offen für die Welt. Ich garantiere Ihnen, dass jeden Tag etwas Ihre Aufmerksamkeit erregen wird und Sie zum Umdenken bringen oder Ihnen zumindest ein inneres Lächeln entlocken wird, sobald Sie damit anfangen. Kaufen Sie sich ein Tagebuch. Glauben Sie nicht, dass Sie jeden Tag hineinschreiben müssten. Notieren Sie nur Dinge, die Ihnen auffallen.

Im Folgenden finden Sie drei großartige Beispiele von Menschen, die nach oben schauten und die Dinge anders sahen:

Der Fänger des Augenblicks
Machen Sie sich die kleinen Momente des Tages bewusst, schätzen Sie sie wert und schauen Sie, ob sich ein größeres Muster ergibt.

Douglas Coupland formuliert es sehr schön in *Life After God – Die Geschichten der Generation X*:

»Mein Geist schweifte ab. Ich dachte, dass jeder von uns jeden Tag kleine Momente erlebt, die etwas mehr in uns nachklingen als andere Momente. Wir hören ein Wort, das uns in Erinnerung bleibt – oder vielleicht machen wir eine kleine Erfahrung, die uns über den eigenen Tellerrand schauen lässt, wenn auch nur kurz. Wir teilen zum Beispiel einen Hotellift mit einer verschleierten Braut, ein Fremder gibt uns ein Stück Brot, um es an die Wildenten in der Lagune zu verteilen, ein kleines Kind beginnt eine Unterhaltung in einem Schnellrestaurant mit uns oder wir erleben eine Geschichte wie ich mit den Autos von M&M am Bahnhof in Husky.

Wenn wir diese kleinen Momente über mehrere Monate in einem Notizbuch festhielten, würden wir bestimmte Entwicklungen in unserer Sammlung erkennen – bestimmte Stimmen, die versucht haben, zu uns zu sprechen. Wir würden erkennen, dass wir im Großen und Ganzen ein ganz anderes Leben geführt haben – ein Leben, von dem wir noch nicht einmal wussten, dass es in uns ist. Vielleicht ist dieses andere Leben wichtiger als das scheinbar echte – jene schwerfällige, alltägliche Welt voller Möbel, Lärm und Metall. Vielleicht sind es diese kleinen stillen Momente, die die wahren Ereignisse unseres Lebens und der Stoff für Geschichten sind.«

Probieren Sie es aus ...

Die Fotografin von *365 Grateful*

Vor ein paar Jahren fühlte sich Hayley Bartholomew niedergeschlagen. Sie suchte Hilfe bei einer Nonne (genau wie Sie!), die ihr sagte, dass das Geheimnis von Glück in innerer Einkehr und Dankbarkeit liege. Das brachte Hayley dazu, jeden Tag ein Polaroid-Foto von einer Sache zu schießen, für die sie dankbar war. Die Ergebnisse veröffentlichte sie auf ihrem Blog www.365grateful.com. Im

Laufe eines Jahres veränderte das ihr Leben und gab ihr eine neue Perspektive, insbesondere in Bezug auf ihre Beziehungen und die Natur. Es sind wunderschöne Fotos, die das Poetische der kleinen, alltäglichen Dinge in unserem Leben hervorheben. Schauen Sie sich ihre inspirierende Website an, wo es auch das kostenfreie E-Book *10 Grateful Projects* zum Download gibt.

Schießen Sie jeden Tag ein Foto von einer Sache, für die Sie dankbar sind, und schauen Sie, ob sich daraus ein Muster ergibt. Die neue Version einer Polaroid-Kamera ist die Fujifilm Instax Mini, mit der man viel Spaß haben kann.

Der aufmerksame Spaziergänger
Halten Sie die Augen offen. Um es mit Wayne Dyer zu sagen: »Wenn du deine Sicht auf die Dinge veränderst, verändern sich die Dinge, die du siehst.«

Es ist wahrhaft erstaunlich, was in unser Blickfeld rückt, wenn wir sorgfältig und bewusst hinsehen. Thoreau sagte: »Die Frage ist nicht, was man betrachtet, sondern was man sieht«, und er hatte recht. Vor meinem Fenster gibt es Telefonleitungen, auf denen häufig Vögel sitzen. Ich habe oft gedacht, dass sie wie Noten in einem Notensystem aussehen. Anscheinend war ich damit nicht allein. Jemand machte eine Partitur aus den »Noten«, die die Vögel auf den Leitungen darstellten! Schauen Sie sich das Resultat unter »Birds on Wires« von Jarbas Agnelli auf YouTube an.

Auf ihrem täglichen Spaziergang um den Block beschloss die Schriftstellerin, Psychologin und gebürtige New-Yorkerin Alexandra Horowitz, dass sie mehr sehen wollte. Daher lud sie Experten ein, sie zu begleiten. Unter ihren Begleitern waren ein Geologe, ein Typograf, ein Illustrator, ein Insektenspezialist, eine blinde Frau, ein Verhaltensforscher für Tiere, ein Toningenieur und ein Hund (nicht alle gleichzeitig!). Sie begann, die Dinge mit anderen Augen zu sehen. Plötzlich erhielten Geschäftsschilder, ausrangierte Möbel, die Unterseite von Blättern und sogar die Gangart von Menschen eine neue Bedeutung. Sie lernte, was Schallschatten sind und dass wir unsere Städte mit mehr Tieren teilen, als wir für möglich halten. Ihr Buch heißt *Von der Kunst, die Welt mit anderen Augen zu sehen: Elf Spaziergänge und das Vergnügen der Aufmerksamkeit*. Betrachten Sie Ihre nähere Umgebung mit offenen Augen und Ohren und schauen Sie, was passiert.

»Ich werde kein gewöhnlicher Mensch sein, denn es ist mein Recht, ein ungewöhnlicher Mensch zu sein. Ich werde den glatten Sand der Monotonie aufwühlen.«
Peter O'Toole

Übung vier. Vertrauen Sie auf Ihren Instinkt

Wenn Sie nur eine Sache aus diesem Buch ziehen, dann dass Sie Ihrem Instinkt, Ihrer Intuition und Ihrer Integrität vertrauen. Hören Sie auf das ständige Flüstern. Es ist Gold wert. Aus diesem Grund habe ich darauf beharrt, dass der Satz unten auf jede Seite dieses Buchs gedruckt wird. Die Intuition lügt nicht. Die himmlischen Botschaften ignoriert jeder auf eigene Gefahr! Wir wollen alle den wahren Ausdruck unseres Selbst finden, unsere Essenz im Sonnenlicht. Ich *umso mehr*. Wenn wir älter werden, wird unsere Lebenskraft destilliert. Sie köchelte auf dem Herd vor sich hin und ist jetzt konzentriert. Unsere Instinkte waren noch nie so ausgeprägt. Es verhält sich wie mit edlen japanischen Küchenmessern aus hochwertigem Stahl: Je mehr wir geschlagen werden, desto schärfer werden wir.

Ihr Instinkt wird Ihnen oft sagen, auf was Sie sich zubewegen sollen. Manchmal geschieht das durch die Hintertür. Das ist der leichte Teil. Wirklich hinhören müssen wir, wenn unser Instinkt will, dass wir uns von etwas verabschieden: Wir sollen aufhören, bestimmte Dinge zu tun, oder Gewohnheiten, Tätigkeiten und Beziehungen aufgeben, die uns nichts mehr nützen und uns nicht den gewünschten Weg einschlagen lassen. Manchmal ist es schwer. Wie wäre es, heute statt einer To-Do-Liste eine Not-To-Do-Liste zu schreiben?

Ich glaube, es war Picasso, den man fragte, ob es schwer sei, eine Skulptur von einem Pferd anzufertigen, und er antwortete: Nein, er müsse nur die Teile abschlagen, die kein Pferd seien. Ebenso konnte sich Michelangelo die fertige Skulptur vorstellen, die in einer unbearbeiteten Marmorplatte steckte. Das bewies er mit seiner unglaublich schönen Reihe von vier unvollendeten Sklavenskulpturen aus Marmorblöcken, die in der florentinischen Accademia zu finden sind. Nutzen Sie Ihren Instinkt, um all das loszuwerden, was Sie herunterzieht und zurückhält.

Ihre innere Stimme wird Sie nie im Stich lassen. Sie ist Ihr moralischer Kompass, Ihr GPS fürs Leben. Stellen Sie sicher, dass Sie auf sie hören, denn sie leitet Sie unfehlbar und treu durch das Dickicht.

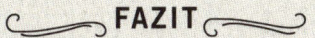

FAZIT

IHR ALTER SPIELT KEINE ROLLE –
WAS SIE MIT DEM REST IHRES
LEBENS TUN SCHON.

Was ziehe ich aus diesem Kapitel?

Was werde ich in den nächsten 48 Stunden
unternehmen?

IHRE VISION

»Im Leben geht es nicht darum, sich selbst zu finden, sondern sich selbst zu erschaffen.«
George Bernard Shaw

»Halte deine Vision und deine Träume in Ehren, denn sie sind die Kinder deiner Seele – die Entwürfe deiner größten Leistungen.« Napoleon Hill

»Wir werden zu dem, worüber wir den ganzen Tag nachdenken.«
Ralph Waldo Emerson

»Wenn wir in die richtige Richtung schauen, müssen wir einfach nur weiterlaufen.« Buddhistisches Sprichwort

»Auch wenn niemand zurückgehen und einen neuen Anfang machen kann, kann jeder jetzt neu beginnen und ein neues Ende gestalten.« Carl Bard

»Wie du denkst, so soll es sein.« Dr. Wayne Dyer

»Frage dich nicht, was die Welt braucht. Frage dich, was dich lebendig macht. Denn die Welt braucht Menschen, die lebendig sind.« Harold Whitman

2. KAPITEL

Ihre Vision

In diesem Kapitel werden Sie:
- *die Wichtigkeit einer klaren Vision erkennen*
- *überlegen, wie Ihre Leidenschaft Ihre Zukunft beeinflussen kann*
- *zehn verschiedene Bereiche erforschen, um Ihre Vision zu definieren*

D ie Lebensmitte ist die perfekte Zeit, um herauszufinden, warum man hier ist, wohin man gehen möchte und was man erreichen will, bevor man stirbt. Die gute Nachricht lautet, dass die Antworten bereits in Ihnen liegen – Sie müssen nur aus Ihrem Herzen herausgekitzelt werden, in Ihren Kopf übergehen und zu Papier gebracht werden. Der erste Schritt besteht darin, Ihre Vision zu definieren. Es geht darum, den Fokus auf die Ziellinie zu legen. Diese sollte klar und einfach sein und Sie sollten sie im Blick behalten, damit Ihre Handlungen konsequent in diese Richtung verlaufen. Es ist, als würde man ein Hemd zuknöpfen. Wenn die Knöpfe oben nicht richtig zugeknöpft werden, sind alle anderen auch falsch. Es ist sehr wichtig, an Ihrer Vision zu arbeiten und sicherzustellen, dass sie die richtige für Sie ist, denn je motivierender sie ist, desto größer die Chance, dass sie umgesetzt wird. Es geht nicht um Willenskraft. *Wenn Sie einen Zielpunkt und einen Grund finden, die stark genug sind, um Ihre Ziele zu erreichen, werden die nötige Disziplin und die Motivation von allein folgen.* So funktioniert es.

Der Ausgangspunkt

Wenn allein bei der Vorstellung, eine »persönliche Vision zu definieren« oder eine Zielcollage zu erstellen, Ihre Alarmglocken läuten, möchte ich Sie um etwas Geduld bitten. Dieses Buch ist nicht als theoretische Übung gedacht. Ich war an dem Punkt, an dem Sie jetzt stehen, und fühlte mich, wie Dante es ausdrückte, »im Wald vom rechten Wege abgeirrt«. Außerdem habe ich viele Frauen getroffen, die sich genauso fühlten wie ich. Es kann erdrückend sein, doch Sie müssen sich durchschlagen und einen Fuß vor den anderen setzen, um sich aus dem Unterholz zu befreien und die Lichtung zu erreichen.

Wie ist Ihre instinktive Reaktion auf die folgenden Fragen?

Wie würden Sie gern beschrieben werden?

Wie wollen Sie sich fühlen?

Wo wollen Sie in einem Jahr oder in fünf Jahren stehen?

Wie würden Sie gern beschrieben werden?

Wenn Sie ein visueller Typ sind, können Sie alternativ ein Bild davon malen, wie Sie sich jetzt fühlen und wie Sie sich fühlen möchten. Es kann abstrakt sein, mit oder ohne Farbe – das liegt ganz bei Ihnen.

Legen Sie ihre Antworten jetzt beiseite. Wir werden am Ende des Buchs in Kapitel 10 darauf zurückkommen. Möglicherweise haben sie sich weiterentwickelt.

Sieben Gründe, warum es so wichtig ist, die eigene Vision zu erkennen

1. ES MACHT SIE SOFORT GLÜCKLICHER

Wann waren Sie zuletzt richtig glücklich? Diese Frage wurde mir vor einer Weile gestellt und ich war entsetzt, weil ich keine Antwort darauf wusste. Ich dachte lange darüber nach. Komm schon, Jane. Nach gefühlten Stunden fiel mir ein Moment im besten Urlaub meines Lebens ein, den ich ein Jahr zuvor mit meinen Kindern in Botswana verbracht hatte. Ähm. Man muss kein Sherlock sein, um zu sehen, was nicht stimmt. Erstens: Es war *mehr als ein Jahr her*. Keinerlei nennenswerte Glücksgefühle *im letzten Jahr*? Zweitens: Es war in Afrika, umgeben von Löwen, Leoparden, Elefanten, Giraffen und Klaffschnabelstörchen, verdammt nochmal. Da sollte man doch davon ausgehen, dass ich glücklich war. Aber wie stand es mit meinem Alltag? Wenn man weiß, dass man eine Vision – ein Ziel – und einen Plan hat, um dorthin zu gelangen, kann man sich seiner Vision jeden Tag ein Stück nähern. Man ebnet den Weg zu einem besseren Selbst. Durch zielgerichtete tägliche Handlungen – wie klein sie auch sein mögen – nähern Sie sich Ihrem Ziel an. Sie schenken sich jeden Tag ein bisschen Optimismus und Zuversicht. Von jetzt an sind Sie eine Frau mit einer Mission. Das ist besser als Botox – sieht besser aus und hält länger.

2. MAN SIEHT DIE ZUKUNFT POSITIVER

An manchen Tagen bin ich unglaublich optimistisch in Bezug auf die Zukunft und an anderen wache ich schweißgebadet auf und fühle mich wie eine Figur aus Dickens' *Weihnachtsgeschichte*. Jane, der Geist der Zukunft, eine einsame, griesgrämige, ausgemergelte und schrumpelige Jane in ausgebeulten Hosen, die in einem braunen Haus inmitten von Katzen lebt, sich von Instant-Nudeln ernährt und an deren Tür sich alte Ausgaben der *Who*-Zeitschrift stapeln. Oder Version B: Jane in einem heruntergekommenen Pflegeheim, wo sie mysteriösen Brei isst und mit anderen Sarganwärtern zwischen alten Möbeln lebt. (Meine Kinder ziehen mich immer damit auf, dass sie diejenigen sein werden, die mein Pflegeheim aussuchen, weshalb ich mir den Besuch in der Fast-Food-Kette, die Konzerttickets, die neuen Jeans, den Fahrunterricht etc. noch einmal überlegen sollte. Wie gern würde ich denken, dass sie nur scherzen.)

Eine klare Vision des zukünftigen Lebens zu haben, ist wie eine Rüstung anzulegen. Es kann dabei helfen, nächtliche Panikattacken zu mildern, wenn man sich wieder einmal das Worst-Case-Szenario ausgemalt hat. Statt sich in der Angst zu verlieren, stellt man sich ein klares Bild vor, das widerspiegelt, wer man im Inneren ist. Man lässt die ruhige Gewissheit, dass es Wirklichkeit werden wird, auf sich wirken. Ich wache mittlerweile so energiegeladen auf wie seit Jahren nicht.

3. MAN VERGEUDET NIE WIEDER ZEIT

Vor einer Weile schockierten eine enge Freundin und ich uns gegenseitig, als wir einander beichteten, dass wir glaubten, die letzten Jahre verschwendet zu haben. Was für eine schreckliche Aussage – auf so vielen Ebenen. Nie wieder. Wenn man ein Ziel hat und sieht, dass man sich ihm nähert, verschwendet man keine Zeit. Kein »*Wo ist die Zeit geblieben?*« mehr.

Um mich daran zu erinnern, habe ich mir eine Tikker-Uhr bestellt. Das ist eine Uhr, die die verbleibende Lebenszeit anzeigt (www.mytikker.com). Wenn man seine Gesundheitsdaten eingibt, prophezeit sie den Todeszeitpunkt und -tag, subtrahiert das Alter und zeigt, wie viele Jahre, Monate, Tage, Stunden, Minuten und Sekunden noch verbleiben. Was für eine brillante Idee! Ich finde es alles andere als unheimlich und sentimental, sondern schließe mich der Meinung des Erfinders Fredrik Colting an: Er nennt sie die »Glücks-Uhr« und hat sie entworfen, um Menschen dazu anzuregen, das Leben wertzuschätzen und das Beste aus jeder verbleibenden Minute herauszuholen. »Wenn Sie eine Tikker tragen, sagen Sie der Welt, dass es Ihre höchste Priorität ist zu leben.« Ein Hoch auf diese Aussage. Darüber hinaus zeigt die Uhr die Zeit an. Eine Erinnerung daran, dass man jeden Tag beim Schopf packen soll. Ich hätte große Lust, die Vorhersage zu übertreffen!

4. MAN STIRBT NICHT, WENN DIE »MUSIK NOCH IN EINEM IST«

»Viele Menschen sterben, wenn die Musik noch in ihnen ist. Allzu häufig liegt das daran, dass sie sich darauf vorbereiten zu leben. Bevor sie sich versehen, ist ihre Zeit abgelaufen.« Oliver Wendell Holmes, Senior

Die ehemalige Hospizkrankenschwester Bronnie Ware hat das Buch *5 Dinge, die Sterbende am meisten bereuen* (Arkana) geschrieben. Folgende Reuegefühle kommen auffällig häufig bei Patienten vor: »Das Bedauern bezieht sich auf Dinge wie authentischer zu sein, nicht so viel zu arbeiten, seine wahren Gefühle zu zeigen, mit Freunden in Kontakt zu bleiben und mehr Freude im Leben zu haben.«

Ihre Ambitionen und Träume werden irgendwie in Erfüllung gehen. Wenn Sie sie aussprechen, sie im Blick behalten und den Weg in ihre Richtung einschlagen, werden Sie sich ihnen nähern. So vermeiden Sie das entsetzliche Szenario weiter unten. Für mich ist es furchterregender als jedes Stephen-King-Buch …

»Ein alter Mann liegt an den letzten Tagen seines Lebens allein im Sterbebett. Er wacht auf und sieht eine große Gruppe von Personen, die um sein Bett herumstehen. Ihre Gesichter sind liebevoll, aber traurig und verwirrt. Der alte Mann lächelt schwach und

flüstert: ›Ihr müsst meine Kindheitsfreunde sein und seid bestimmt gekommen, um euch zu verabschieden. Ich bin so dankbar.‹ Die größte Person nähert sich dem Alten, ergreift sanft seine Hand und antwortet: ›Ja, wir sind deine besten und ältesten Freunde, doch du hast uns vor langer Zeit verlassen. Wir sind die unerfüllten Versprechungen deiner Jugend, die nicht realisierten Hoffnungen, Träume und Pläne, die du einst tief in deinem Herzen gespürt, aber nie verfolgt hast. Wir sind die einzigartigen Talente, die du nie gefördert hast, und die besonderen Gaben, die du nie entdeckt hast. Alter Freund, wir sind nicht gekommen, um dir Trost zu spenden, sondern um mit dir zu sterben.‹«

Anonym

Autsch!

5. DAS LEBEN WIRD VOLL AUSGEKOSTET

Stellen Sie sich Ihr Leben wie ein Haus mit vielen Zimmern vor. Haben Sie je das Gefühl, dass Sie nur im Erdgeschoss wohnen würden (oder schlimmer noch: im feuchten Keller voller Spinnweben und altem Gerümpel)? Wenn sich Ihnen im Leben mehr Möglichkeiten bieten – manche geplant, manche zufällig (zumindest auf den ersten Blick) –, werden Sie voller Freude mehr Etagen, schöne Zimmer und vielleicht sogar geheime Kammern entdecken. Die anderen Zimmer stehen vielleicht für neue Fertigkeiten, einen neuen Job, neue Richtungen, neue Beziehungen oder – die größte Belohnung überhaupt – eine neue Verbindung zu sich selbst. Ich weiß noch, wie ich Suze Orman, Oprahs Finanzberaterin, sagen hörte, dass sie in sich selbst verliebt sei und sich gern auf ein Date treffen würde. Was für eine fabelhafte Einstellung! Diese Frau war nicht egozentrisch, sondern fühlte sich durch und durch wohl in ihrer Haut und mit ihrer Stellung im Leben. Das ist mal eine Frau, die mit Sicherheit alle Zimmer in ihrem Haus erkundet hat.

6. KLUGE MENSCHEN HABEN ES BEWIESEN

Es gibt eine Fallstudie, die in der Geschäftswelt seit vielen Jahren bekannt ist und die hier nicht fehlen soll. In seinem Buch *Was Sie an der Harvard Business School nicht lernen* schreibt Mark McCormack von einer Studie, die 1979 im Rahmen des BWL-Masters von Harvard durchgeführt wurde.

Die Studenten wurden gefragt: »Haben Sie klare Ziele für Ihre Zukunft aufgeschrieben und haben Sie Pläne, um sie zu verwirklichen?« Nur drei Prozent hatten ihre Ziele und Pläne aufgeschrieben, 13 Prozent hatten zwar Ziele, jedoch nicht schriftlich formuliert, und die Mehrheit von 84 Prozent hatte überhaupt keine spezifischen Ziele. Sie wissen schon, worauf ich mit dieser Geschichte hinauswill, nicht wahr?

Zehn Jahre später wurden die Studenten erneut befragt und ... Ja, die 13 Prozent, die Ziele hatten (wenn auch nicht schriftlich formuliert), verdienten im Durchschnitt doppelt so viel wie die 84 Prozent, die keine Ziele hatten. Und was wurde aus den klugen 3 Prozent, die ihre Ziele und Pläne aufgeschrieben hatten? Sie verdienten im Durchschnitt zehnmal so viel wie die anderen 97 Prozent zusammen.

Natürlich ist davon auszugehen, dass ihre Ziele finanzieller Art waren und dass in der Studie Geld mit Glück und Erfolg gleichgesetzt wird, doch Sie verstehen schon, worum es mir geht. Wenn wir unsere Ziele aufschreiben, ist es wahrscheinlicher, dass sie Wirklichkeit werden. Das ist schlichtweg eine Tatsache.

7. MAN ÜBERNIMMT MEHR VERANTWORTUNG

Niemand bestimmt über Ihr Leben außer Sie selbst. Es ist an der Zeit für schonungslose Ehrlichkeit sich selbst gegenüber. Es macht keinen Sinn, jemand anderem die Schuld zu geben. Wenn es in Ihrem Leben immer noch viele Dinge gibt, die Sie erreichen wollen, ist daran nichts verkehrt. Sie müssen nur an dem Plan arbeiten, wie Sie es auf eigene Faust schaffen können. Wenn Sie Ihre Vision schwarz auf weiß vor sich sehen und Ihr Name daneben steht, werden Sie akzeptieren, dass das Erreichen – beziehungsweise Nicht-Erreichen – dieser Vision zu hundert Prozent von Ihnen abhängt.

Herausfinden, wohin Sie wollen

Auf Alices Frage: »Würdest du mir bitte sagen, welchen Weg ich einschlagen soll?«, antwortet die Grinsekatze: »Das hängt in beträchtlichem Maße davon ab, wohin du gehen willst.«

Meiner Ansicht nach gibt es bei der Umsetzung der eigenen Vision keine Methode, die für alle zutreffend wäre. Daher stelle ich zehn Alternativen vor: einfache, effektive und zum Nachdenken anregende Methoden, die für mich funktioniert haben. Manche werden Ihnen mehr zusagen als andere. Folgen Sie Sie daher Ihrem Instinkt.

Das Wunderbare an der Lebenserfahrung (sprich: »den Lebensjahren«) besteht darin, dass man entschlossener wird. Ich kann in einen Schuhladen gehen und innerhalb von drei Sekunden ein Paar Schuhe auswählen. Dasselbe gilt für Brillen. (Immer die teuersten – jedes Mal.) Man weiß es einfach. Manchmal erklärt einem jemand dasselbe, nur anders (Tennis- oder Yogalehrer, Kollege, IT-Nerd) und plötzlich fällt der Groschen und man vergisst es nicht mehr. Aus diesem Grund braucht es mehr als nur eine Sichtweise. Sie werden die richtige(n) sofort erkennen.

Betrachten Sie diese Auswahl wie ein Büffet. Lesen Sie die Liste durch und stellen Sie sich vor, wie Sie einen imaginären Teller und eine Gabel in der Hand halten, um sich hier und da zu bedienen. Fokussieren Sie sich auf ein Kapitel oder arbeiten Sie alle zehn durch. Es ist Ihre Entscheidung. Sie bestimmen auch den Zeitraum, der sich am besten für Sie eignet. Gilt die Vision für fünf oder zehn Jahre oder nur für ein Jahr? Wie gesagt, darüber entscheiden Sie.

Dabei handelt es sich um eine Übung für eine Person. Sie ist nicht dazu gedacht, mit anderen geteilt zu werden. Es geht um Ihre Vision, Ihre Träume, Ihre Ziele und das ist sehr persönlich und privat und geht niemanden etwas an. Weder Ihre Mutter, noch Ihren Liebhaber, noch Ihre beste Freundin, Ihr Kind oder Ihren Hund. Nur Sie allein.

Los geht's!

Zehn verschiedene Arten, die eigene Vision zu definieren

1. Der perfekte Tag
2. Eine tolle Zielcollage erstellen
3. Wichtigste Stärken
4. Leidenschaften
5. Wann sind Sie »im Fluss«?
6. Schreiben Sie Ihre Grabrede
7. Schreiben Sie eine E-Mail an Ihr zukünftiges Selbst
8. Entwerfen Sie Ihr persönliches Wappen
9. Ihr Leben in sechs Worten
10. Ihre Bucket List

1. DER PERFEKTE TAG

Stellen Sie sich Ihren perfekten Tag sehr detailliert von morgens bis abends vor. Wo und um wie viel Uhr wachen Sie auf? Befinden Sie sich in Frankreich in einem weißen Schlafzimmer mit wallenden Voile-Gardinen? Auf dem Land? In einem Büro? Zuhause? Was tun Sie im Laufe des Tags? Am Strand spazieren gehen? Meditieren? Arbeiten? Schreiben? Leute treffen? Unterrichten? Tennis spielen? Etwas lernen? Wer ist bei Ihnen? Eine Freundin? Ein Geliebter? Ihre Familie? Niemand? Was essen Sie? Wohin gehen Sie? Was spüren Sie mit den Sinnen? Was riechen, berühren, sehen, hören und schmecken Sie? Was tun Sie am Abend? Um wie viel Uhr gehen Sie zu Bett? Was lesen Sie? Ist es wichtig, dass Sie etwas erreicht haben oder nicht? Wie *fühlen* Sie sich?

Schreiben Sie Ihren perfekten Tag auf und lesen Sie sich Ihre Antwort durch, um sicherzustellen, dass Sie an alles gedacht haben, was Sie sich wünschen. Es ist eine ambitionierte Vision Ihrer Zukunft, die voller Hinweise steckt.

2. EINE TOLLE ZIELCOLLAGE ERSTELLEN

Ich liebe Zielcollagen – auch »Vision Boards« genannt –, weil sie funktionieren. Das Gehirn speichert die Bilder von Zielcollagen ab und stellt unbewusst Zusammenhänge her, sodass man sich der eigenen Vision nähert. Die Collage wird zu Ihrer Realität. Allerdings ist hier nicht von einem durchschnittlichen, gewöhnlichen Vision Board die Rede. Es geht um den Taj Mahal, den Ferrari, den Oscar unter den Zielcollagen. Vielleicht wird Ihre Collage nicht unbedingt einen Platz im New Yorker MET oder in der Londoner Tate einnehmen, doch sie wird **inspirierend** und **schön** sein und Ihnen gehören.

Dies ist Ihre Chance, Ihr Leben zu entwerfen. Vergessen Sie die Null-Acht-Fünfzehn-Zielcollagen mit Bildern von Dollarnoten, protzigen Autos, Adonissen, Pferden und Häusern auf Tropeninseln. Das schießt am Ziel vorbei. Sogar reiche Frauen, die einen Aston Martin in der Garage haben, in einem Inselparadies leben und mit einem Multimillionär à la George Clooney verheiratet sind, erstellen solche Vision Boards! Es nützt nichts, nur materielle Dinge anzustreben. Davon wird es nie genug geben. Was soll's?

Nutzen Sie Ihre Intuition, um einzigartige Bilder aufzuspüren. Es geht nicht nur darum, dass Sie mithilfe Ihrer Collage Ihre Ziele umsetzen, sondern auch um den Prozess, die Bilder auszuwählen und zusammenzustellen. Es werden Verbindungen geknüpft. Früher war ich skeptisch, doch ich habe sehr oft erlebt, dass es funktioniert: in Beziehungen, auf der Arbeit, bei mir zu Hause und bei Investitionen. Ich wurde also eines Besseren belehrt.

Schritt A – Kaufen Sie eine Papptafel oder eine Pinnwand

Vision Boards sind weder statisch noch gelten Sie für alle Ewigkeit. Sie entwickeln sich weiter. Ihre Ziele können sich verändern und manche können wichtiger werden als andere. Vielleicht finden Sie einfach ein besseres Bild oder ein vielsagenderes Zitat oder Ihre Prioritäten verändern sich. Wenn Sie dieses Buch bis zum Ende gelesen haben und vielleicht neue Ideen entstanden sind, könnte sich Ihre Collage erneut ändern. Aus diesem Grund sollte man nichts auf Papier oder Karton kleben. Kaufen Sie sich stattdessen eine Papptafel oder eine kleine Pinnwand aus Kork (90 cm x 60 cm). Den Hintergrund können Sie mit schönem Geschenkpapier oder Stoff bespannen (so habe ich es auch gemacht).

Im Internet sind jede Menge digitale Vision Boards erhältlich, doch in diesem Buch soll die Frage erlaubt sein, ob digitale Vision Boards tatsächlich denselben persönlichen Touch und die gleiche Wirksamkeit haben wie selbstgebastelte Collagen (und da es mein Buch ist, fällt die Antwort negativ aus).

Schritt B – Denken Sie darüber nach, was Sie sich wünschen

Setzen Sie sich in Ruhe hin und denken Sie darüber nach, welche Dinge auf Ihrer Zielcollage stehen sollen. Aus beruflicher Erfahrung weiß ich, dass man nicht immer sofort an die größte Schwierigkeit denkt, die angegangen werden muss. In der Regel ist es nötig, etwas tiefer in sich zu gehen.

Schritt C – Finden Sie Bilder
Finden Sie Bilder, die Ihre Absichten greifbar machen. Ich ordne sie in Stapeln unter denselben Kapitelüberschriften wie in diesem Buch: Beziehungen, Körper, Zuhause, Spiritualität, Interessen / Arbeit, Stil und Finanzen. Nehmen Sie nicht sofort die augenscheinlichsten Bilder. Halten Sie die Augen offen und hören Sie auf Ihren Instinkt. Vielleicht spricht Sie ein Poster an, das Sie mit dem Handy fotografieren, oder ein Bild im Internet, eine Zeitschrift, ein Zitat, eine Münze, eine Feder, ein Ticket, ein altes Foto, ein Rezept, eine Postkarte in einem Ramschladen, ein Band, eine Karte, ein Buchcover oder eine Mala-Gebetskette – Dinge, die zu Ihrer Vision gehören. Die Bilder können sehr spezifisch sein – zum Beispiel ein bestimmtes Haus oder ein Strand – oder einfach nur etwas darstellen, was ein Gefühl in Ihnen auslöst – zum Beispiel ein Gemälde oder das Bild einer heiteren Buddha-Statue. Ebenso wichtig ist die Frage, wie Sie sich fühlen möchten. Dinge, die Gefühle auslösen, können sein: ein leidenschaftliches rotes Band, ein handgeschriebener Brief von Ihrem Kind oder eine ausgefallene Quaste in Magentarot.

Schritt D – Sortieren und erstellen

Sortieren Sie die Bilder und Gegenstände und achten Sie darauf, dass jedes einzelne tatsächlich das darstellt, was Sie sich wünschen. Jeder Gegenstand muss sich seinen Platz verdienen. Natürlich können Sie ein ganzes Vision Board zu einem Thema erstellen und manche Bereiche werden wichtiger für Sie sein als andere. Das ist kein Problem. Heften Sie die Bilder so an das Board (das vertikal oder horizontal sein kann), dass der Anblick Ihnen Freude bereitet. Die Bilder neu anzuordnen oder zu verschieben hilft Ihnen dabei, sich mit ihnen zu verbinden und sie miteinander in Beziehung zu setzen. Wenn Sie ein Bild von sich haben, auf dem Sie sehr glücklich sind, fügen Sie es ebenfalls hinzu. Durch 3D-Objekte (wie Kompass, Schlüssel, Band oder Halskette) wirkt das Ganze facettenreicher und interessanter. Von Ihrem Board sollten Sie sich wie magisch angezogen fühlen (ungefähr wie von einem Eis von Ben & Jerry's, zum Beispiel dem New York Super Fudge Chunk).

Schritt E – Schauen Sie es an

Hängen Sie Ihre Zielcollage in Ihrem Zuhause so auf, dass Sie es sehen können, es jedoch nicht zu öffentlich ist. Vielleicht auf der Innenseite einer Schranktür, auf der Rückseite der Küchentür oder hinter Ihrem Schreibtisch. Sie können es auch fotografieren und als Bildschirmschoner verwenden.

Fertigen Sie ein paar zusätzliche Ausdrucke an, tragen Sie einen kleinen Ausdruck in Ihrem Portemonnaie bei sich und heften Sie einen anderen an die Vorderseite Ihres Tagebuchs. Zögern Sie nicht, etwas hinzuzufügen und die Bilder zu verändern. Allerdings ist es manchmal gut, sie eine Zeitlang ruhen zu lassen. Wenn Sie mithilfe des Boards Ihre Visionen umsetzen, sind sowohl Ihr Unterbewusstsein als auch Ihr Bewusstsein am Werk. Das Unterbewusste arbeitet von allein und wird die Verbindungen herstellen, die nötig sind. Doch Sie müssen auch bewusst etwas tun, was uns zu Schritt F führt ...

Schritt F – Werden Sie aktiv
Wenn Sie Ihr Vision Board erstellt haben, heißt das nicht, dass es von allein Wirklichkeit wird. Sie benötigen einen Aktionsplan, um dorthin zu gelangen. Zum Glück finden Sie am Ende dieses Buchs einen Plan, der perfekt zu Ihrem Board passen wird. In der Zwischenzeit denken Sie darüber nach, was Sie jetzt schon unternehmen können.

3. WICHTIGSTE STÄRKEN
Stellen Sie Ihr Licht nicht unter den Scheffel. In welchen Dingen sind Sie einfach gut? Fällt es Ihnen leicht zu organisieren, sind Sie kreativ, wortgewandt und gut darin, Informationen zu-

sammenzufassen? Wir verbringen viel zu viel Zeit damit, uns auf das Negative zu konzentrieren. Jetzt ist es an der Zeit, über unsere Talente nachzudenken und wie wir das Beste aus ihnen herausholen können.

Wenn Sie Hilfe benötigen, um Ihre Stärken zu identifizieren, gibt es zwei hervorragende Hilfsmittel. Das Erste ist ein kostenfreies Online-Tool namens VIA Survey. Klicken Sie unter www.viame. org auf den Link zur kostenfreien Umfrage.[1] Man beantwortet 240 Multiple-Choice-Fragen (was nicht allzu lange dauert) und wird am Ende über die persönlichen Charakterstärken informiert. Dabei geht es darum, wer Sie sind.

Meine Charakterstärken waren:
- Kreativität, Einfallsreichtum, Originalitäty
- Neugierde und Interesse
- Liebe zum Lernen
- soziale Intelligenz
- Tapferkeit und Wagemut

Studien haben gezeigt, dass man umso glücklicher wird, je öfter man seine Charakterstärken im Alltag einsetzt (aus *The Happiness Advantage* von Shawn Achor).

Vielleicht reicht diese Umfrage für Sie aus, doch wenn Sie noch mehr ins Detail gehen möch-

---

[1] Die deutschsprachige Version finden Sie unter: www.charakterstaerken.org (Anm. d. Übers.).

ten, besuchen Sie www.gallupstrengthscenter.com/
Home/de-DE/Index und folgen Sie dem Link zum
Clifton-Strengths-Test. Gegen eine niedrige Gebühr werden die mit VIA ermittelten Stärken weiter analysiert und Sie erhalten einen umfassenden
Bericht über Ihre Talentthemen. Dabei geht es
darum, wie Sie die Dinge angehen.

Meine Stärken waren:

- strategisch
- aktivierend
- zukunftsweisend
- Input-orientiert
- einfallsreich

Bei jedem Thema wird auf die Frage geantwortet:
»Wodurch zeichnen Sie sich aus?«

Der Bericht schlägt anschließend zehn Ideen
vor, wie man seine Themen in die Tat umsetzen
kann, zum Beispiel in welchem Job man gut wäre
oder in welchem Umfeld man seine Arbeit am besten machen würde. Am Ende gibt es Zitate von
realen Personen, in deren Top Five dieselben Themen stehen wie bei Ihnen. Ich denke, dieser Test
lohnt sich, weil er eine neue Perspektive bietet.

Denken Sie über Ihre Stärken nach und überlegen Sie, ob Sie eine neue Richtung einschlagen
wollen.

4. LEIDENSCHAFTEN

Unsere Leidenschaften, Begeisterung und Faszination bereichern unsere Seele, schenken uns Erfüllung und sind die Essenz unserer Identität. Einmal abgesehen von Beziehungen – wie sehen Ihre Leidenschaften aus? Es müssen keine großen Dinge sein. Vielleicht haben Sie eine Leidenschaft für ein Lied, Trüffel, den Geruch von frisch geschnittenem Gras oder das Licht, das durch die Blätter auf den Waldboden fällt.

Schreiben Sie eine Liste mit Ihren Leidenschaften auf.

Als kleine Starthilfe habe ich im Folgenden meine aufgeschrieben:

Ich habe eine Leidenschaft für ... den Klang meiner lachenden Kinder, Okapis, hellblau, den Glanz alten Silbers, Schnorcheln, kunstvoll abgeänderte Bücher, das Kochen für Freunde, indigoblau, Baumtunnel, Neugier, den Taj Mahal, die vom Sonnenlicht erzeugten Linien am Boden eines Swimmingpools, Giraffen, Reisen, Reisen planen, das Geräusch von Regen, das Pantheon, Pesto, den Geruch von frisch geschnittenem Gras, Belted-Galloway-Rinder, Noirmoutier (eine französische Insel), Kochen, öffentliche Reden, persönliche Entwicklung, Felszeichnungen der Aborigines, hellrosa Pfingstrosen, Papageientaucher, Badedas-Pflegeprodukte, Schulhefte aus verschiedenen Ländern und das Chrysler-Gebäude.

Drei Dinge, die Sie mit dieser Liste tun können:

- Sich jeden Tag unmittelbar daran erfreuen. So viele Bilder wie möglich dazu finden und sie an eine Pinnwand oder an einen Ort heften, an dem sie gut sichtbar sind. Das sorgt für sofortige Glücksgefühle. Wenn Sie es lieber etwas gehobener mögen, kaufen Sie schöne Bilder oder Fotos im Internet und hängen sie an einer speziellen Wand auf.

    Schauen Sie unter www.greatbigcanvas. com, www.etsy.com, www.allposters.com, www.theanimalprintshop.com oder www.art. com.

- Filtern Sie Ihre Liste und wählen Sie die wichtigsten Leidenschaften aus, die Ihnen bei der Ausarbeitung Ihrer Vision helfen (oder vielleicht Ihres Geschäfts wie im Fall von Nigella Lawson, Martha Stewart und meiner Freundin Maeve O'Meara). Meine gefilterte Liste umfasst Reisen, Noirmoutier, öffentliche Reden, persönliche Entwicklung und Kochen. Nun hat man mehrere Möglichkeiten. Für einige könnte diese kleine Liste schon die Grundlage einer Vision sein. Anderen gibt sie lediglich zusätzliche Hinweise.

- Denken Sie an alte Leidenschaften, die verloren gegangen sind, oder an Dinge, die Sie als Kind geliebt haben. Jetzt ist es an der Zeit, zu ihnen zurückzufinden.

5. WANN SIND SIE »IM FLUSS«?

Ist es nicht ein wunderbares Gefühl, ganz und gar in etwas einzutauchen und von etwas gepackt zu werden, sodass die Zeit wie im Flug vergeht? Man schaut auf die Uhr und kann nicht glauben, dass schon mehrere Stunden vergangen sind. Es fühlt sich einfach richtig an. Das nennt man »im Fluss sein«. Wenn man im Fluss ist, kommt man mühelos an Hindernissen vorbei – so wie Wasser um Felsen. Es ist wichtig zu verstehen, wodurch man »in den Fluss« gerät, weil es ein wichtiger Wegweiser zur eigenen Vision ist.

Mihály Csíkszentmihályi hat einen interessanten *TED-Talk über den »Flow« (dt. »Fluss«) gehalten (und hält wohl den Preis für den Nachnamen mit den meisten Konsonanten). Seiner Meinung nach weiß man, dass man »im Fluss« ist, wenn man:

- ein Gefühl der Ekstase erlebt, so als wäre man außerhalb der alltäglichen Wirklichkeit
- vollkommen vertieft in eine Tätigkeit, fokussiert und konzentriert ist
- große innere Klarheit hat, weiß, was getan werden muss, und ein gutes Gefühl dabei hat
- weiß, dass die Aufgabe machbar ist und dass man die richtigen Fertigkeiten dafür hat
- ein Gefühl der Ruhe verspürt, sich keine Sorgen über sich selbst macht und das Gefühl hat, über die Grenzen des eigenen Egos hinauszugehen

- eine Art von Zeitlosigkeit genießt, ganz und gar auf die Gegenwart fokussiert ist und Stunden wie Minuten erscheinen
- eine innere Motivation verspürt – was auch immer den Fluss erzeugt, ist zugleich eine Belohnung
  * (TED-Talks (www.ted.com) sind eine hervorragende kostenfreie Sammlung von Reden, die von einigen der besten Denker der Welt unter dem Motto *ideas worth spreading* (dt. »Ideen, die es wert sind, verbreitet zu werden«) gehalten werden. Schauen Sie vorbei – es lohnt sich.)

Es gibt Menschen, die das Glück haben, mit ihrer Arbeit »im Fluss« zu sein. Ihre Energie ist förmlich spürbar und erfüllt den ganzen Raum. Ich habe das Glück, mit einer dieser Personen zu arbeiten: Ronni Kahn, Geschäftsführerin und Gründerin der Lebensmittelrettungs-Organisation OzHarvest. Sie wird von einer großen Leidenschaft angetrieben, was anziehend und ansteckend ist. Ein guter Freund von mir, der Journalist Larry Writer, führte eines der letzten Interviews mit jemandem, der auf jeden Fall »im Fluss« war: Dem australischen Dokumentarfilmer und Zoodirektor Steve Irwin, kurz bevor er starb. Larry war sich vor dem Treffen nicht sicher, was ihn erwarten würde, doch danach war er tief beeindruckt von Steves Authentizität, Leidenschaft und Lebenslust. (Übrigens führte Steve ihn während des Besuchs in eine Höhle, in der die 176-jährige Galápagos-Riesenschildkröte Harriet lebte. Sie soll einst Charles Darwin gehört haben. Es war für beide Männer ein erstaunliches Erlebnis. Steve ermutigte Larry, sanft ihren Bauch zu streicheln. Leider starben Steve und Harriet in den darauffolgenden drei Monaten.) Steve war ein Mensch, der sein ganzes Leben im Fluss war und der sehr vermisst wird. Ein weiteres Beispiel (das mein Alter verrät – schneiden Sie mich ruhig in der Mitte durch und zählen Sie meine Jahresringe) ist Torvills und Deans künstlerisch vollkommene Eislaufvorführung des *Boléro* bei der Winterolympiade von 1984. Suchen Sie sie auf YouTube. Bestimmt werden Ihnen die Tränen kommen. Apropos im Fluss sein.

Leider sind nur wenige Menschen in ihrem Leben und mit ihrer Arbeit im Fluss. Angetrieben von der Erkenntnis, dass wir tatsächlich nur dieses eine Leben haben, geben jedoch immer mehr Menschen ihre »vernünftige« Arbeit auf und folgen ihrem Herzen. Es gibt sehr viele Beispiele von tollen Frauen, die genau das getan haben, und *ich kenne keine, die es bereut hätte.* Selbst wenn es in finanzieller Hinsicht heißt, den Gürtel enger zu schnallen. Doch auch wenn wir nicht die perfekte Arbeit haben, können wir bewusst Dinge, die wir lieben, in unser Alltagsleben integrieren, um mehr im Fluss zu sein.

Es ist wichtig, herauszufinden, was Sie wahrhaft antreibt, und die darunter liegenden Themen zu identifizieren. Unterrichten, Wissen weitergeben, von Gleichgesinnten umgeben sein? Allein sein und nachdenken? Etwas erschaffen? Denken Sie gut darüber nach, denn das sind wichtige Hinweise.

6. SCHREIBEN SIE IHRE GRABREDE

Ich war 2011 an dem Tag in Chicago, als Steve Jobs starb. Es geschah etwas Außergewöhnliches: Die Menschen klebten spontan Haftzettel mit Beileidsbekundungen an das Fenster des Apple-Stores auf der Michigan Avenue. Es begann mit einem oder zwei Zetteln, doch mit jedem Tag wurden es mehr, bis das ganze Fenster mit Gelb und Pink und Blau bedeckt war. Manche Nachrichten waren sehr persönlich und zeugten davon, wie sehr Steve Jobs das Leben dieser Menschen verändert hatte. Was für ein außergewöhnlicher Mann, der so viele Leben tief berührt hatte! Wahrscheinlich kennen Sie die Rede, die er 2005 an der Stanford University hielt. Es lohnt sich, sie zu googeln und die ganze Abschrift zu lesen. Damals hatte ihm der Krebs bereits einen ersten Schrecken eingejagt, was ihn tief traf. Sechs Jahre später war er tot und diese Rede wurde tatsächlich zu seiner Grabrede.

Schauen Sie sich auf YouTube auch *The Last Lecture* (dt. »Die letzte Vorlesung«) von Randy Pausch an, einem unglaublichen Mann, der wusste, dass er starb. Das Video ist sehr inspirierend.

Nach dem 11. September 2001 veröffentlichte die New York Times kleine, schön geschriebene Porträts über die Todesopfer des Terrorangriffs. Sie sind überaus ergreifend. (Besuchen Sie die NY-Times-Website und suchen Sie *Portraits of Grief* (dt. »Trauerporträts«). Jedes Porträt wird in wenigen Worten zusammengefasst, zum Beispiel »Poesie und Software«, »ein Mensch der besonderen Art«, »liebte Wein, hasste die Stille«, »fand immer etwas, das man mochte«, »mit seinem Witz wickelte er jeden um den Finger«. Was würde man über Sie sagen?

Gemäß dem US-amerikanischen Philosophen Ralph Waldo Emerson liegt der Sinn des Lebens darin, »oft und viel zu lachen, den Respekt intelligenter Menschen und die Zuneigung von Kindern zu gewinnen, sich die Anerkennung ehrlicher Kritiker zu verdienen und den Verrat falscher Freunde zu ertragen, die Schönheit wertzuschätzen, das Beste in anderen zu sehen, die Welt ein bisschen besser zu hinterlassen, sei es durch ein gesundes Kind, ein Gartenbeet oder einer verbesserten sozialen Lage –, zu wissen, dass nur ein Leben leichter wurde, weil man gelebt hat. Dann hat man es geschafft.«

Wie soll man sich an Sie erinnern? Vielleicht hilft Ihnen die Vorstellung, wie sich verschiedene Menschen an Sie erinnern sollen, zum Beispiel Ihr Partner/Ihre Partnerin, Ihre Kinder, Freunde, Bekannten, Kollegen etc. Auch wenn diese Übung etwas bedrückend erscheint und Sie vielleicht davor zurückschrecken, ist es doch eine interessante Frage zum Nachdenken, die zumindest eine Seite oder ein paar Notizen in Ihrem Tagebuch verdient hat.

Sie bringt mich tatsächlich zum Nachdenken. Ich will kein unbedeutendes Leben führen. Ich möchte meine Kinder inspiriert haben, eine aufmerksame Freundin gewesen sein und anderen Menschen dabei geholfen haben, mehr aus ihrem Leben zu machen. Mir graut es vor der Vorstellung, wie meine alten Freunde aus der Werbebranche nach meinem Tod zusammenkommen und sagen: »Nun, ich denke, die Frosties-Werbung, die sie 1985 gemacht hat, war ihre Beste.« – »Nein, da bin ich anderer Meinung. Ich denke, die regionale Choco-Krispies-Werbung war ihre beste Arbeit.« Arrrgh. Egal, was man von Sarah Ferguson hält, doch als der Duke of Edinburgh sie mit vernichtenden Worten als »nutzlos« beschrieb, muss sie das tief getroffen haben. Niemand will nutzlos sein. Weder Sarah Ferguson noch ich noch ganz gewiss nicht Sie. Verfassen Sie Ihre Grabrede in der Retrospektive, um Ihre Vision zu formulieren.

7. SCHREIBEN SIE EINEN BRIEF AN IHR ZUKÜNFTIGES ICH (UND SCHICKEN SIE IHN PER E-MAIL AB)

Schreiben Sie sich einen Brief aus der Sicht Ihres zukünftigen Selbst, das alles erreicht hat, was Sie sich wünschen. Das ist eine gute Methode, um das herauszuarbeiten, was Sie von Herzen wollen. Nehmen Sie sich in die Pflicht und sorgen Sie dafür, dass dieser Brief Ihnen in der Zukunft zugestellt wird. Dank der Wunder des Internets ist dies möglich. Die E-Mail kann Ihnen irgendwann – in sechs Monaten, einem Jahr, fünf oder zehn Jahren – zugeschickt werden. Ich würde ein Jahr empfehlen. Besuchen Sie hierzu www.zeitbote.com oder www.futureme.org.

Hier einige Dinge, über die Sie beim Verfassen des Briefs nachdenken können:

Wie fühlen Sie sich?
Sind Sie, wo Sie sein wollten?
Wie sieht Ihr Leben aus?
Hätten Sie etwas anders gemacht?

Welche Hindernisse mussten Sie überwinden?
Gab es Überraschungen?
Bedauern Sie etwas?
War es das wert?
Was hätten Sie gern gewusst?
Wer ist in Ihrem Leben am wichtigsten?
Sind Sie finanziell gut aufgestellt?

Ziehen Sie Schlussfolgerungen aus diesen Fragen und finden Sie heraus, was Ihnen wichtig ist.

8. ENTWERFEN SIE IHR EIGENES WAPPEN UND / ODER MOTTO

Warum nicht?! Im Mittelalter trugen die Ritter Schilde mit Wappen, damit man wusste, wer sie waren. Traditionell bestehen Wappen aus vier Elementen: einem Schild, einem Schildhalter, einer Helmzier und einem Wahlspruch. Im Laufe der Geschichte symbolisierten sie Familien, Gemeinden oder Unternehmen – im Grunde waren sie eine frühe Version des Logos. Damals hatte jeder, der etwas auf sich hielt, ein Familienwappen und überall waren Einhörner, Löwen, Hirsche, Bären und Krähen zu sehen. Fragen Sie Ihre älteren Verwandten, ob Sie von einem Familienwappen wissen. Alternativ können Sie das Familienwappen Ihres Namens unter www.houseofnames.com nachsehen oder eines suchen, das Ihnen gefällt.

Warum erfinden Sie nicht Ihr eigenes Wappen mit Tieren und Lebensbereichen, die eine persönliche Bedeutung für Sie haben, sowie einem Wahlspruch bzw. Motto? Entwerfen Sie Ihr eigenes Wappen oder suchen Sie eines im Internet. Ich war auf www.makeyourcoatofarms.com und es hat viel Spaß gemacht! Angenommen, Sie finden ein Wappen, das Ihnen gefällt – was würde dagegen sprechen, es zu Hause an die Wand zu malen?

Wenn Ihnen die Idee eines Wappens nicht zusagt, wie wäre es stattdessen mit einem Motto, das etwas über Ihr Wesen aussagt? Die begnadete Rednerin Mo Fox hat als Motto »Scharfsinn, Widerspruch, Kunstfertigkeit« gewählt und es ist eine tolle Zusammenfassung ihrer Person und Tätigkeit.

Auch das Wappen und das Motto stellen wichtige Hinweise für Ihre Vision dar.

9. IHR LEBEN IN SECHS WORTEN

Im November 2006 forderte Larry Smith die Leser seines E-Zines *Smith Magazine* dazu auf, ihr Leben in sechs Worten zu beschreiben. Inspiriert hatte ihn Ernest Hemingways knappe Kurzgeschichte *For sale: baby shoes, never worn* (dt. »Zu verkaufen: Babyschuhe, nie getragen«). Siebenhunderttausend Einreichungen später – und es ist noch immer kein Ende in Sicht. Schauen Sie selbst unter www.smithmag.net.

Vermeiden Sie nach Möglichkeit Wörter oder Zahlen, die uns normalerweise definieren, zum Beispiel: »Jane, 53, Werbefachfrau, Mutter, Autorin«. Wir sind so viel mehr als die Summe unserer Teile.

Sobald Sie sechs Wörter gefunden haben, mit denen Sie zufrieden sind, nutzen Sie sie als Passwörter. So müssen Sie sie mehrmals täglich wiederholen. Alternativ schreiben Sie die Wörter auf einen Stein, den Sie auf Ihrem Schreibtisch platzieren. Sie können sie auch in Schmuck eingravieren (www.uberkate.com.au oder JoyfullyCrafted auf Etsy) oder sich zum ersten (oder x-ten Mal) ein Tattoo stechen lassen.

10. IHRE PERSÖNLICHE BUCKET LIST

Sie wissen, was zu tun ist: Fertigen Sie eine Liste von Dingen an, die Sie vor Ihrem Lebensende gemacht haben wollen. Es müssen weder 100 noch 50 Dinge sein – schreiben Sie die Liste einfach so lang oder kurz, wie Sie möchten.

Hier ein paar Anregungen. Gibt es bestimmte Orte, die Sie gern besuchen möchten? (Einen bestimmten Wasserfall, ein kleines Dorf in Italien, ein spezielles Restaurant in New York, ein Resort auf Bali, ein Bad mit Blick auf den Taj Mahal?) In welchen Fertigkeiten oder Aktivitäten würden Sie gern gut sein? (Tauchen, Informatik, Fechten, Flöte spielen, ein Soufflé zubereiten?) Wen würden Sie gern treffen oder reden hören? (Eine Meditation beim Dalai Lama, ein Konzert von Coldplay?) Oder würden Sie gern Ihr eigenes Geschäft eröffnen, einen Roman schreiben, vor Publikum sprechen und sich im Applaus baden? Organisierter werden? In einem anderen Land wohnen?

Abschließende Gedanken:

»Ein Schiff im Hafen ist sicher, aber dafür wurde es nicht gebaut.« John Augustus Shedd zugeschrieben

T. S. Eliot sagte: *»Wenn man nicht über sich selbst hinauswächst, wie soll man dann wissen, wie groß man ist?«*

»*Man verpasst 100 % seiner nicht genutzten Chancen.*« Wayne Gretzky

Oder von einer Freundin:

»*Ich bin immer verantwortungsbewusst gewesen. Jetzt ist es an der Zeit zu träumen.*« Julie, 51

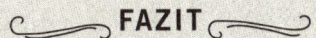

FAZIT

JEDER HAT EINE BESTIMMUNG UND EINE VISION. ES IST AN DER ZEIT, DIE IHRE ZU ENTHÜLLEN.

Wie lautet Ihre Vision (bis jetzt …)?

BEZIEHUNGEN

»Ohne Liebe ist man der Ärmste der Armen.« Anonym

»Ich habe gelernt, dass Menschen vergessen werden, was man gesagt und getan hat, doch sie werden niemals vergessen, welches Gefühl man ihnen gegeben hat.« Maya Angelou

Man bringt den Menschen bei, wie sie einen behandeln sollen.«
Phil McGraw

»Ein Freund ist jemand, der das Lied in deinem Herzen kennt und es dir vorsingen kann, wenn du die Wörter vergessen hast.«
Donna Roberts

»Man kann nur einen Freund haben, wenn man selbst ein Freund ist.« Ralph Waldo Emerson

»Die Leute sollten gescheiterte Liebesbeziehungen nicht als gescheiterte Erfahrungen bewerten, sondern als Teil des Wachstumsprozesses. Eine Beziehung muss nicht im Guten auseinandergehen und kann dennoch eine der kostbarsten Erfahrungen im Leben gewesen sein.« Ethel Person

»Liebe besteht nicht darin, dass man einander anschaut, sondern dass man gemeinsam in dieselbe Richtung blickt.«
Antoine de Saint-Exupéry

»Eine erfolgreiche Ehe ist ein Gebäude, das jeden Tag umgebaut werden muss.« André Mauris

3. KAPITEL

Beziehungen

In diesem Kapitel werden Sie:

- *sich Gedanken machen über Ihre Beziehungen zu Freunden, Eltern, Geschwistern, Verwandten, Ihrem Mann, Ihrem Partner/Ihrer Partnerin und Ihren Kindern und darüber, wie sie verbessert werden können*
- *einen Einblick erhalten, wie es ist, eine geschiedene Frau in der Lebensmitte zu sein*
- *sich Gedanken über die Beziehung zu sich selbst machen*

Unser persönliches Netz an Beziehungen und unsere Gesundheit sind das Wichtigste, was wir haben, und verdienen unsere bewusste Aufmerksamkeit. Laut einer kürzlich durchgeführten, groß angelegten Studie sind »eine liebende Familie und Freunde die wichtigsten Faktoren für das Lebensglück im Alter«. Auf den ersten Blick erscheint es vollkommen offensichtlich, doch was tun Sie derzeit aktiv für den Erhalt und Ausbau Ihres Unterstützernetzwerks? Wir neigen dazu, es für selbstverständlich zu halten, doch darüber sollte man sich einmal gründlich Gedanken machen. Es ist wie mit dem Gummizug eines Schlüpfers: Man schätzt ihn nicht wert, bis er fort ist.

Beziehungen in der Mitte des Lebens sind so unbeständig und wechselhaft wie die Strömung eines Flusses. Sie verändern sich und nehmen neue Gestalt an. Das betrifft Freunde, den Mann, den Partner/die Partnerin, die Kinder (die oft schon aus dem Haus sind), Geschwister, Verwandte und Eltern, die alt geworden sind oder im Sterben liegen. Ganz zu schweigen von der wichtigsten Beziehung in Ihrem Leben, der Sie wahrscheinlich bisher nicht genügend Aufmerksamkeit geschenkt haben: *der Beziehung zu sich selbst.* Aber dazu später mehr.

Freunde

»Man sollte sich nur mit Menschen umgeben, die erbaulich sind und deren Gegenwart das Beste in einem hervorruft.« Epiktet

Freunde sind kostbar. Sie sind wie ein Garten: Um zu blühen, dürfen sie nicht vernachlässigt, sondern müssen gedüngt und bewässert werden. Zudem müssen sie wie Unkraut gejätet werden. Entrümpeln bezieht sich nicht nur auf den Kleiderschrank. Nicht alle Freunde sind so, wie sie scheinen – manche entpuppen sich als ›Freinde‹ *(frenemies)*, wie Nancy Mitford sie nannte. Auch wenn es gefühllos klingt, kann man Freundschaften knüpfen und lösen, und man sollte immer auf seinen Instinkt vertrauen und danach handeln.

Die Welt besteht aus Energieräubern und -spendern. Bei Energieräubern handelt es sich um Menschen, die erschöpfend wirken und Energie abziehen. Nach einem Treffen mit ihnen fühlt man sich schlechter als vorher. Sie sind nicht vollkommen nutzlos, aber fast. Mit Energiespendern hingegen umgibt man sich gern: Sie inspirieren, geben Energie und Aufwind. Man sollte sich bewusst nur mit Energiespendern umgeben, danach streben, selbst einer zu sein, und weniger Zeit mit Energieräubern verbringen. Das klingt vielleicht hartherzig, aber warum sollten Sie sich dafür entscheiden, Zeit mit Menschen zu verbringen, die Sie von Ihrer Vision abbringen, anstatt Sie näher an sie heranzuführen? Wie Jim Rohn es so wortgewandt und passend ausgedrückt hat: »Man ist der Durchschnitt der fünf Personen, mit denen man am meisten Zeit verbringt.«

Neulich schrieb ich einen (richtigen) Brief an eine alte Freundin in England, die mich mehr be-

> »Der Wunsch nach Freundschaft entsteht sehr rasch, Freundschaft selbst hingegen nicht.«
> Aristoteles

einflusst hatte, als ihr bewusst war. Es fühlte sich großartig an, ihr das zu sagen, und sie war sehr glücklich und bewegt über meine Worte.

»Unsere Gefühle gegenüber Freunden spiegeln unsere Gefühle gegenüber uns selbst wider.«
Aristoteles

Wenn Sie eine gute Freundin haben, die eine besondere Rolle in Ihrem Leben gespielt hat, denken Sie darüber nach, ihr einen Brief zu schreiben. Ich weiß nicht, wie es Ihnen geht, aber 99,9 Prozent meiner Post besteht aus Rechnungen. Es ist etwas Besonderes, einen Brief zu erhalten.

Eine schöne Überraschung in meiner Lebensmitte war die Erkenntnis, dass zwar alte Freunde so selten wie Sternschnuppen sind, man jedoch in jedem Alter und in jeder Lebensstufe gute neue Freunde finden kann. (Allerdings kann ich auch eine Freundin gut verstehen, die in Bezug auf neue Freunde nach dem Motto lebt: »Keine freien Stellen zu vergeben«.) Häufig unterscheiden sich neue Freunde von der bereits bestehenden Truppe. Als ich jünger war, fühlte ich mich von Leuten angezogen, die waren wie ich, eher extrovertiert, jetzt interessieren mich zunehmend ruhigere Menschen. Außerdem habe ich gelernt, dass man nach einem Stellenwechsel oder einem Umzug in eine andere Stadt nicht unbedingt mit denjenigen Leuten in Kontakt bleibt, von denen man es gedacht hätte. Ich habe das unglaubliche Glück, viele verschiedene Freunde in allen Ecken der Welt zu haben. Sie sind die Familie, die ich mir selbst ausgesucht habe.

Wir stellen hohe Erwartungen an Freundschaften – vielleicht zu hohe – und es kommt unweigerlich zu Hochs und Tiefs. Wir alle sagen manchmal Dinge, die wir später bereuen (und goldener wäre das Schweigen gewesen). Kritik ist immer verletzend – insbesondere von Freunden. Auch ich reagiere recht empfindlich darauf. Ich versuche, sie im Kontext einer längeren Freundschaft zu sehen, denn wir sind es uns selbst schuldig, das große Ganze im Blick zu behalten.

Manchmal fühlen sich Freunde vor den Kopf gestoßen, weil man neue Wege einschlägt und etwas anderes ausprobiert. Ich möchte jeden ermutigen, der etwas Neues versuchen will. Es gibt ein wunderbares Zitat von Theodore Roosevelt: »Es ist nicht der Kritiker, der zählt, nicht derjenige, der aufzeigt, wie der Starke strauchelte, oder wo der, der Taten vollbracht hat, sie hätte besser machen können. Die Anerkennung gebührt dem, der tatsächlich in der Arena steht, dessen Gesicht verschmiert ist von Staub und Schweiß und Blut, der tapfer strebt, der irrt (…) und der, wenn er scheitert, zumindest dabei scheitert, dass er etwas Großes gewagt hat.« Um es mit den Worten des finnischen Komponisten Sibelius zu formulieren: »Achten Sie niemals darauf, was Kritiker sagen. Erinnern Sie sich daran, dass noch nie zu Ehren eines Kritikers eine Statue errichtet wurde!« Wenn Ihre Kritiker nicht »in der Arena« stehen, haben sie kein Recht zu kommentieren oder zu urteilen.

Sie können nicht kontrollieren, was andere sagen, aber Sie können sehr wohl kontrollieren, wie Sie sich dazu äußern. Sie können auf Kritik reagieren oder sich dazu äußern. Indem Sie reagieren – im wahrsten Sinne des Wortes »zurück-agieren« –, wiederholen Sie den angerichteten Schaden und schlagen lediglich zurück. Versuchen Sie, besonnen und überlegt zu antworten. Ich glaube, dass Kritiker häufig unterbewusst einen Mangel an Zufriedenheit im Leben spüren. Vielleicht könnte man sie »Neidgenossen« nennen! Vielleicht haben Sie das Gefühl, dünnhäutig zu sein, doch es darf sich nicht darauf auswirken, wie Sie sich im Inneren fühlen. Wenn Sie einen Plan für die Zukunft haben – Ihr Midlife-Manifest –, dann sitzen Sie am Steuer. Sie bestimmen selbst und – wie mein Coach Nancy Sherr sagte: »Die anderen sind nebensächlich.«

Im Vergleich zu unseren Vorfahren erleben wir heute einen Mangel an Gemeinschaft. Unterhaltungen am Brunnen oder am Feuer wurden durch virtuelle Gespräche oder Smalltalk in der Mittagspause ersetzt. Um mehr Gemeinschaftssinn zu entwickeln, könnten wir einfach unsere Nachbarn kennenlernen. Vielleicht haben Sie das Glück, an einem Ort zu leben, wo Sie bereits jeden kennen, doch am Anfang kannte ich niemanden in meinem Viertel. In meiner Straße eilten alle (auch ich) auf dem Weg nach Hause oder zur Arbeit aneinander vorbei. Letztes Jahr feierten wir an Weihnachten unser erstes Straßenfest und alle waren da. Vermutlich hat jeder darauf gewartet, dass ein anderer den ersten Schritt macht! Es gibt jetzt ein ganz neues Netz in meinen sozialen Verbindungen.

Eltern
ELTERN IM HOHEN ALTER

In der Lebensmitte sind die Rollen vertauscht und wir kümmern uns um unsere Eltern oder sind mit ihrem Tod konfrontiert. Wenn sie alt oder krank sind, ist die Beziehung auf das Wesentliche reduziert und daher häufig besser als zuvor. Ich habe mehrere Freundinnen, die früher eine distanzierte Beziehung zu ihren Eltern hatten, ihnen jetzt jedoch nähergekommen sind und mehr Geduld und Toleranz für sie aufbringen. Es ist mir zwar unangenehm, aber bei mir war es nicht so. Ich fand es schwer, den körperlichen Verfall meiner Eltern mitanzusehen. Es frustrierte mich enorm, mitzuerleben, wie meine Liebsten gebrechlich wurden (im Fall meines Vaters) oder der Demenz anheimfielen (im Fall meiner Mutter). Das machte mich ungeduldig und unwirsch. Ich konnte es nicht ertragen, wie sie vor

»Auf lange Sicht zählt allein die Frage, ob es Menschen gibt, die wir lieben und die uns geliebt haben.«
Oprah Winfrey

meinen Augen dahinschieden und immer weniger vom Leben mitbekamen. Ich frage mich, ob man jemals denkt: »Das ist das letzte Mal, dass ich im Meer schwimme, das letzte Mal, dass ich Paris sehe …« Bei den eigenen Eltern ist es schwer, das hohe Alter als etwas anderes als eine Zeit der Gebrechlichkeit und Einbußen zu sehen. Wir können viel dafür tun, um im Alter gesund zu sein, doch wie Bette Davis es ausdrückte: »Hohes Alter ist nichts für Memmen.«

In *The Journey of Life: A Cultural History of Aging in America* schreibt der Altersforscher Thomas Cole, dass Altern »genauso wie Krankheit und Tod den fundamentalsten Konflikt der menschlichen Natur offenbart: die Spannung zwischen unendlichen Ambitionen, Träumen und Wünschen auf der einen Seite und der verletzlichen, endlichen, verfallenden Körperlichkeit auf der anderen.«

TOD DER ELTERN

In der Mitte des Lebens kann man den Fängen des Todes nicht entkommen. Er ist nicht länger ein lästiges Gerücht. Am meisten erschreckt mich die Tatsache, dass die Erinnerung an meine Eltern kurz vor ihrem Tod viel stärker ist als die Erinnerung an ihre überschäumende, kreative Lebensenergie. Mein einst starker, gut aussehender Vater konnte sich kaum mehr aufsetzen und meine Mutter hatte feuchtkalte, knochige Hände, gläserne, ausdruckslose Augen, Hängebrüste und schlechten Atem. Mir wurde gesagt, dass sich meine Erinnerungen mit der Zeit ändern werden, aber bisher ist das nicht eingetreten.

Die Welt ist geteilt in diejenigen, deren Eltern verstorben sind, und diejenigen, deren Eltern noch leben.

Ich bleibe immer noch wie angewurzelt stehen, wenn ich eine Kleinigkeit von meiner Mutter finde, und sei es nur eine Schnur, die sie gebunden hat, und mir die Tränen kommen. Dennoch sollte man sich nach dem Tod seiner Eltern ein dickes Fell anlegen, wenn es um das Entrümpeln ihrer Sachen geht. Ihre alte Kleidung, ein Stuhl oder eine Lampe sind nicht *sie*.

Ich erkenne etwas von meiner Mutter, wenn ich in den Spiegel sehe oder »entsetzlich« sage – ein Wort, das sie oft benutzte, wenn ich jetzt darüber nachdenke. Ich vermisse sie sehr. Nicht dass ich blind für ihre Mängel gewesen wäre … Ich habe nie gesehen, dass sie ein Buch gelesen hätte, sie neigte dazu, etwas versnobt und abschätzig zu sein, und war gelegentlich einseitig, wenn es ihr gelegen kam … Aber sie war überaus stilvoll und verkehrte im Chelsea der 1960er-Jahre mit der Modedesignerin Mary Quant. Sie konnte gut mehrere Dinge gleichzeitig tun und sie ist die einzige Person, die ich je gekannt habe, die einen Blumenstrauß auseinandernehmen, die Blumen nach Art sortieren und in separaten

Vasen aufstellen musste. Außerdem kochte sie einen himmlischen Graupenbrei mit Lamm. (Und verdammt, das Rezept konnte ich in ihrem Kochbuch nicht finden.) Es stimmt mich traurig, dass ich der einzige Mensch auf der Welt bin, der davon weiß. (Oder der weiß, dass mein Vater ein Muttermal in der Form von Spanien auf dem Bauch hatte.) Ich wünschte, ich hätte ihre Geschichten aufgeschrieben, als sie noch lebten. Einmal habe ich versucht, meine Mutter aufzunehmen, doch als sie das Diktiergerät sah, sagte sie kein Wort mehr. Ich wünschte, sie wären noch hier, damit ich ihnen sagen könnte, wie dankbar ich ihnen bin und wie sehr ich sie liebe. Ich denke, sie wussten es, aber ich würde es ihnen gern noch einmal sagen.

Über Trauer habe ich kürzlich zwei schöne Beschreibungen gelesen: »Ein Teil deines Herzens wird für immer hohl und leer bleiben« vom Blog von *Lady and Pubs* und »In meiner Trauer fühlte ich mich wie in einem Käfig« von Anna Funder.

Briefe sind unglaublich tröstlich, wenn jemand stirbt. Schreiben Sie Ihren Verwandten. (Eine mir nahe stehende Person sagte, dass sie mir nach dem Tod meines Vaters eigentlich hatte schreiben wollen. Das ist nicht genug. Tun Sie's oder lassen Sie's, aber flüchten Sie sich nicht in Ausreden.) Einer der Briefe enthielt ein Gedicht von Mary Elizabeth Frye, das mich jedes Mal zu Tränen rührt:

> *Steh nicht an meinem Grab und weine*
> *Ich bin nicht dort, ich schlafe nicht.*
> *Ich bin wie tausend Winde, die wehen,*
> *Ich bin das diamantene Glitzern des*
> *Schnees.*
> *Ich bin das Sonnenlicht auf reifendem Korn,*
> *Ich bin der sanfte Regen im Herbst.*
> *Wenn du am stillen Morgen erwachst*
> *Bin ich der flinke Flügelschlag*
> *Friedlicher Vögel im kreisenden Flug.*
> *Ich bin wie die milden Sterne, die nachts*
> *leuchten.*
> *Steh nicht an meinem Grab und weine*
> *Ich bin nicht dort, ich bin nicht tot.*

Wenn Sie das Glück haben, dass Ihre Eltern noch leben, möchte ich Sie dazu einladen, sieben Dinge zu tun:

1. Sagen Sie ihnen, dass Sie sie lieb haben und ihnen dankbar sind für das Leben, das sie Ihnen ermöglicht haben.
2. Stellen Sie sicher, dass Ihre Kinder sie kennenlernen.
3. Halten Sie ihre Geschichten fest – vorzugsweise als Stimmaufnahme. Inspiration finden Sie auf www.storycorps.org

oder beim *Listening Project* von BBC Radio 4.

4. Versuchen Sie aufzunehmen, wie sie »Ich hab dich lieb« sagen. Meine Mutter muss es mir tausendmal gesagt haben. Was würde ich jetzt dafür geben, es noch einmal zu hören.

5. Stellen Sie sicher, dass ihr Testament und ihre Papiere auf dem aktuellen Stand sind.

6. Schreiben Sie einen medizinischen Familienstammbaum.

7. Klären Sie, wo sie hingehen sollen, wenn sie sehr alt sind und im Sterben liegen. Ich bin sehr traurig darüber, dass meine Mutter allein starb. In den USA gibt es ein inspirierendes Freiwilligenprogramm namens *No One Dies Alone*, das von der Krankenschwester Sandra Clarke gegründet wurde. Eines Nachts drehte sie ihre Runde. Zu Beginn ihrer Schicht ging sie in das Zimmer eines gebrechlichen alten Mannes, auf dessen Akte die Anweisung »Nicht wiederbeleben« stand. In kaum vernehmbarer Stimme fragte er: »Bleiben Sie bei mir?« Sie antwortete, dass sie nach ihren anderen Patienten sehen müsse, doch so schnell wie möglich wiederkommen würde. Die Pflege der anderen Patienten dauerte länger, als sie angenommen hatte, und als sie zurück-

kam, war er bereits gestorben. Diesen Moment vergaß sie nie und gründete daraufhin eine Wohltätigkeitsorganisation mit ehrenamtlichen Hospizbegleitern, die den Sterbenden beistehen. Es gibt jetzt auch die Organisation Soul Midwives, die keine medizinische Ausbildung voraussetzt, Sterbende unterstützt und ihnen einen sanften, friedlichen Tod ermöglicht. Beides klingt nach einer guten Idee.

Geschwister und Verwandte

Abgesehen von den Eltern sind die Beziehungen zu den Geschwistern die längsten, die wir im Leben führen. Es ist unvermeidlich, dass sie sich mit der Zeit wie tektonische Platten verschieben und manchmal tauscht man die Rollen. Als Heranwachsende war ich unglaublich schüchtern und wurde von meiner betörenden Schwester in den Schatten gestellt. Andere Geschwister hatte ich nicht. Im Gegensatz zu mir besaß sie Charisma. Im Laufe der Jahre verfiel sie einer Sucht. Und ich war immer noch so arrogant und ignorant zu denken: »Du kannst da raus, wenn du nur richtig willst«. Wir zerstritten uns. Ich hatte das Gefühl, nicht mehr zu wissen, wer sie war. Als sie im Alter von 32 Jahren starb, hatte ich seit über einem Jahr nicht mehr mit ihr gesprochen, was ich jetzt bereue. Manchmal erkenne ich sie in meiner Tochter wieder – eine Ausdrucksweise oder eine Geste lässt mein Herz einen Schlag aussetzen. Ich denke jeden Tag an Ann. Wenn Sie Geschwister haben, ist das Glück auf Ihrer Seite. Machen Sie das Beste daraus. Die herrliche, wunderbare Lebensmitte ist nicht die Zeit für Streitereien und Zerwürfnisse.

In den vergangenen Jahren habe ich Kontakt zu meinen Cousins und Cousinen gesucht. Aufgrund eines alten Familienkonflikts (nach all der Zeit weiß niemand mehr, worum es sich handelte) hatte ich sie nie kennengelernt. Es war eine große Freude, ihnen zu begegnen. Sie haben mich herzlich aufgenommen, so als wäre ich eine von ihnen – was ich natürlich auch bin. Die Familie wird mit dem Alter wichtiger, und es ist schön, verschiedene Personen aus dem Familienstammbaum zu treffen. Sie sind Ihr Stamm.

Probieren Sie einmal, Ihren Familienstammbaum zu zeichnen. Fragen Sie ältere Verwandte, ob sie schon einen erstellt haben, und besuchen Sie www.ancestry.com, um zu überprüfen, ob Sie die Lücken füllen können. Denken Sie darüber nach, einen Ausflug an den Ort zu unternehmen, an dem einst Ihre Vorfahren lebten oder begraben liegen. Begeben Sie sich auf Spurensuche.

Ich finde es schön, dass die Familie in vielen asiatischen Kulturen eine wichtige Stellung einnimmt. In zahlreichen Ländern werden im Wohnbereich Fotos von verstorbenen Verwandten auf einen Schrein gestellt oder an die Wand gehängt, damit sie weiterhin am Geschehen teilnehmen.

Besonders faszinierend finde ich die lebensgroßen chinesischen Ahnenporträts. Sie wurden einst von Verwandten in Auftrag gegeben und im Privaten aufgestellt und verehrt. Damals (und auch heute) glaubte man, dass die Geister der Vorfahren Gesundheit, ein langes Leben, Wohlstand und Kinder bescheren. In den vergangenen einhundert Jahren wurden die Gemälde durch Fotografien ersetzt und die Menschen im Westen begannen, diese alten Porträts aufzukaufen. Sie müssen selbst entscheiden, ob Sie bei sich zu Hause fremde Ahnenbilder als Deko aufhängen wollen oder das seltsam finden, aber sie sind sehr schön und es gibt hochwertige Reproduktionen zu günstigen Preisen. Ich besitze das Bild einer schönen Frau in edler Garderobe und finde es sehr ergreifend. Zudem hängen bei mir an der Wand gerahmte Sepia- und Schwarz-Weiß-Fotos von meinen Verwandten (mit ihren Namen und Informationen über ihr Leben auf der Rückseite). Ich denke, meinen Kindern gibt es ein Gefühl von Kontinuität, und mir gefällt der Gedanke, dass meine Verwandten ein Auge auf mich haben.

Ihr Ehemann / Partner – Entscheidungen, die es zu treffen gilt

»Ich habe kein Problem damit, verheiratet zu sein. Nur damit, eine Ehefrau zu sein.« Sally, 45

Auch die Ehe entwickelt sich neben allen anderen Lebensbereichen in der Mitte des Lebens weiter. Es kommt auf beiden Seiten zu einem Wachstumsprozess und einer Weiterentwicklung, die unabhängig vom Partner stattfindet – egal, ob man sich dessen bewusst ist oder nicht. Das Geheimnis besteht darin, dass man seinem Partner gestattet, heute anders zu sein, als er gestern war. Keiner von beiden ist der gleiche Mensch wie bei der Hochzeit – beide haben sich entwickelt. Es heißt, Männer heiraten in der Hoffnung, sie möge sich nie verändern, und Frauen in der Hoffnung, er möge es tun. Wieder ein Klischee mit einem wahren Kern! Im Grunde weiß jedoch jeder tief im Herzen, ob der Lebenspartner noch der *richtige* ist. Es ist ein Gefühl der Ruhe, so als wäre man im Zentrum eines Hurrikans, und man fühlt, dass es richtig ist. Im Jiddischen gibt es dafür ein großartiges Wort: *bashert*. Wortwörtlich übersetzt bedeutet es »füreinander bestimmt«. Das heißt nicht, dass es immer perfekt laufen muss, doch es herrscht ein tiefes Gefühl von Gelassenheit.

Aber bist du nicht geschieden, Jane? *Touché!* Ja, und zwar glücklich. Meine Scheidung gehört zu den härtesten Erfahrungen meines Lebens, aber sie hat mich viel gelehrt. Wie jede Beziehung war auch unsere vielschichtig, doch mein Mann und ich sahen – einfach ausgedrückt – tatenlos dabei zu, wie wir uns in verschiedene Richtungen entwickelten. Es war, als würden wir Kleider tragen, die nicht mehr passten. Wer weiß, wozu es gut war. Ich habe zumindest etwas daraus gelernt und damals hätte ich mir jemanden gewünscht, der mir Folgendes gesagt hätte:

Sie haben die Chance, Ihre Beziehung neu zu gestalten. Jeden Tag, an dem Sie aufwachen, haben Sie die Wahl, ob Sie verheiratet sein wollen oder nicht. Wenn Sie sich dafür entscheiden, stehen Sie zu dieser Entscheidung und machen Sie sich bewusst, dass Sie sich dazu entschieden haben. Bringen Sie einander jeden Tag zum Lachen. Gestalten Sie den Spaziergang um den Block so besonders, als wären Sie in Paris. Stellen Sie Ihre Beziehung über die Kinder. Sex ist ein wichtiger Bestandteil jeder Beziehung. Tun Sie's. Tun Sie's mehr. Und dann tun Sie's noch mal auf dem Küchentisch. Die besten Ehen, die ich kenne, zeichnen sich durch ein gesundes Sexleben aus. In Bezug auf Sex verfolgen Männer natürlich einen anderen Ansatz. (Das verdeutlicht der folgende, wenn auch etwas abstoßende Witz: Was wollen Frauen am liebsten hören? »Ich liebe dich.« Und Männer? »Steck ihn rein, wo du willst.« – Ich sagte doch, dass er abstoßend ist.)

Manche Menschen fühlen sich ihrer Beziehung sehr verpflichtet, doch sie wissen, dass sie ihren Partner für selbstverständlich halten und die Beziehung so behaglich geworden ist wie ein Paar alter Hausschuhe. Dann ist es an der Zeit, sie bewusst anzukurbeln. Steuern Sie etwas dazu bei, dass das

> *»Es ist schwierig, mit jemandem zusammenzuleben. Ich glaube, nur wer vor sich hin vegetiert, lebt glücklich bis ans Lebensende.«*
> Patrick White

Leben Ihres Partners glücklicher und magischer ist? Andere hingegen werden sich bewusst, dass sie ihren Partner schon lange nicht mehr richtig gesehen haben. Sie erkennen, dass sie aneinander vorbeileben und nicht mehr zusammenkommen oder sich in verschiedene Richtungen entwickeln.

Wenn Ihre Ehe hundertprozentig perfekt ist, schön für Sie. Andernfalls haben Sie vier Optionen:

a. Sie können offen über Ihre Beziehung sprechen und auswerten, wie gesund sie ist.

b. Sie können versuchen, es selbst in Ordnung zu bringen, und nicht darüber sprechen.

c. Sie können die Probleme vollkommen ignorieren.

d. Sie können beschließen, dass die Beziehung Ihnen nicht wichtig genug ist, um darum zu kämpfen, und sie beenden.

a. Talk about it

Wenn Sie es nicht nur darauf abgesehen haben, einen Ring am Finger zu tragen, sondern eine innige, erfüllende Beziehung führen wollen, dann müssen Sie darüber sprechen. Ich weiß, ich weiß. Die meisten Menschen schrecken davor zurück, weshalb ein Buch mit dem Titel *Schatz, wir müssen gar nicht reden! Wie Sie Ihre Beziehung in weniger als 5 Minuten täglich verbessern* von Patricia Love und Steven Stonsy sehr oft verkauft wurde. Wenn man die Distanz anspricht und sagt, dass es ein Problem oder zumindest Raum für Verbesserung gibt, hat man die Büchse der Pandora geöffnet und kann nicht mehr zurück.

Wenn noch ein Fünkchen Liebe da ist, sollte man meiner Meinung nach an der Beziehung arbeiten, bevor man an das Schreckgespenst »Scheidung« denkt. Öffnen Sie die Büchse der Pandora, polieren Sie die verstaubten Ecken Ihrer Beziehung auf und denken Sie darüber nach, wie Sie beide an der Beziehung arbeiten können. Lassen Sie nicht zu, dass aus einem kleinen Problem eine große Last wird. Ihr Partner kann Ihre Gedanken nicht lesen. Ein Gespräch ist zwar eine Konfrontation, doch notwendig, wenn die Beziehung wiederbelebt werden und authentisch sein soll. Es ist an der Zeit, sich auf vernünftige Art und Weise neu aufeinander einzustellen und den Kurs zu korrigieren. Die Ehe macht keine glücklichen Menschen. Die Menschen machen eine glückliche Ehe.

»Ich glaube, dass alles aus einem Grund passiert. Menschen verändern sich, damit man lernt, loszulassen, Dinge gehen schief, damit man sie wertschätzt, wenn sie funktionieren, man glaubt an Lügen, damit man irgendwann lernt, niemandem außer sich selbst zu vertrauen, und manchmal bricht etwas Gutes auseinander, damit etwas Besseres zusammenfindet.«
Marilyn Monroe

Wenn Sie in einem emotionalen Trott gefangen sind, probieren Sie etwas aus, um Ihren Rhythmus zu durchbrechen. Finden Sie etwas, das Sie gemeinsam unternehmen können. Gehen Sie ins Stadion, machen Sie einen Kochkurs, veranstalten Sie ein Picknick oder überraschen Sie ihn im Bett. Es ist nicht alles seine Schuld – seien auch Sie dazu bereit, ein bisschen verrückt zu sein. Versuchen Sie, sich daran zu erinnern, was Sie am Anfang ineinander gesehen haben, und entdecken Sie diese Charakterzüge neu.

b. Versuchen, es allein zu lösen, ohne darüber zu redent

Ich hege keine große Hoffnung für diese Strategie. Es ist, als würde man allein Tennis spielen. Vielleicht klappt es, doch die Chancen stehen nicht gut. Anstatt das Fundament zu stärken, haben Sie nur ein bisschen Tapete über die Risse geklebt.

c. Die Probleme ignorieren

Während ich dieses Buch schrieb, sprach ich mit vielen unterschiedlichen Frauen und ich war erschrocken darüber, wie kritisch und abwertend viele von ihnen über ihre Ehemänner und Beziehungen sprachen, ohne es jedoch vor dem Partner ansprechen oder Verantwortung dafür übernehmen zu wollen. Lieber keine schlafenden Tiger wecken. Lieber nicht ins Wespennest stechen. Manche unglückliche Frauen bleiben verheiratet, weil sie Angst haben, ihren sozialen Status zu verlieren, oder weil ihre Identität auf ihrer Beziehung basiert. Andere Gründe sind finanzielle Sicherheit und Gewohnheit. Für mich ist das die traurigste Gruppe, in der Liebe in Pragmatismus und Gleichgültigkeit umgeschlagen ist. Das Gegenteil von Liebe ist Gleichgültigkeit. Daran wird ein gewisser Mangel an Selbstachtung offenbar. Sind Sie nicht mehr wert als das? Erinnern Sie sich an meinen Kühlschrankmagneten aus dem ersten Kapitel mit der Aufschrift »Dazu bestimmt, eine alte Frau ohne Reue zu werden«? Ignorieren Sie ihn auf eigene Gefahr.

d. Einen Schlussstrich ziehen

»Eines Morgens drehte ich mich im Bett um, schaute ihn an und sagte: »Ich liebe dich nicht mehr.«
Diana, 50

Autsch. Wenn Sie nicht glauben, dass Ihre Beziehung es wert ist, gerettet zu werden, und Sie beide versucht haben, daran zu arbeiten, dann ist es vielleicht das Beste, sie zu beenden. Tun Sie es jedoch auf einfühlsame und freundliche Art und Weise. Betrachten Sie die Situation aus der Perspektive des anderen, doch bleiben Sie sich selbst treu. Setzen Sie immer die Kinder an die erste Stelle.

Scheidung: Die Krise in den mittleren Lebensjahren

»Lieber Single sein, als es sich zu wünschen.« Maggie 60

»Wir haben uns auseinandergelebt.« »Mangelnde Kommunikation.« »Wachsende Einsamkeit.« In Studien über Scheidung tauchen immer wieder dieselben Ausdrücke auf. Es sind zunehmend die

Frauen in der Lebensmitte, die die Reißleine ziehen, weil sie es leid sind, ignoriert, herabgesetzt und emotional missbraucht zu werden oder eine toxische Ehe mit jemandem zu führen, den sie nicht mehr wiedererkennen. Laut dem australischen Institut für Familienforschung werden fast 60 Prozent der Scheidungen von Frauen eingeleitet. Es stimmt: Jede dritte Ehe wird geschieden und die Zahlen steigen. Es gibt einen auffälligen Anstieg von Scheidungen nach dem Abitur der Kinder, was darauf hindeutet, dass die Paare um der Kinder willen mit der Scheidung gewartet haben. Wenn der Puffer aus dem Haus ist und die zerbrochene Beziehung offensichtlich wird, ist es manchmal an der Zeit, sich mit der Wirklichkeit auseinanderzusetzen. Wir stellen höhere Erwartungen an eine Ehe, als es unsere Eltern taten, und haben weniger Respekt für die Institution an sich (so viel zu »bis dass der Tod uns scheidet«). Im Gegensatz zu früheren Generationen sind viele Paare einfach nicht mehr bereit, »daran zu arbeiten« oder die Probleme zu ertragen.

Manche Menschen haben schön darüber geschrieben ... und den unglaublich traurigen Niedergang von Beziehungen in etwas Ergreifendes und beinahe Poetisches verwandelt.

Vor fünfzig Jahren schrieb die ebenfalls geschiedene Betty Friedan in *Der Weiblichkeitswahn oder Die Selbstbefreiung der Frau: Ein Emanzipationskonzept* über die »Verzweiflung in den Herzen von Vorstadthausfrauen«, die häufig gebildete Frauen waren und deren Leben immer unbedeutender wurde. »In den Vorstädten hatte jede Hausfrau allein damit zu kämpfen. Während sie die Betten machte, Lebensmittel einkaufte, Sofabezüge aufeinander abstimmte, Erdnussbutterbrote mit den Kindern aß, Pfadfinder durch die Gegend fuhr und nachts neben ihrem Mann lag, fürchtete sie sich vor der Frage: Ist das alles?«

Allison Glock sagte: »Ich habe mich in die Häuslichkeit geflüchtet, um die Löcher in meiner Beziehung zu füllen. Ich konnte keinen emotionalen Zugang zu meinem Mann finden, aber ich konnte ihn versorgen. Ich konnte ihn nicht dazu bringen, mich mehr oder besser zu lieben, doch ich konnte kochen, putzen und dekorieren ... Mit der Zeit machten mich diese Entscheidungen freudlos, ich war angespannt und sorgte mich wegen Fadenstärken, Pasteten und allem Möglichen, was uns jedoch keinen Zentimeter näher zusammenbrachte ... Nach acht Jahren Ehe war es beglückend und befreiend, sich nicht mehr einfügen zu müssen.«

Meine Erfahrungen mit Scheidung muteten dagegen alles andere als lyrisch an:
- Es war wie ein Meteoriteneinschlag, der nichts als Verwüstung hinterließ und meine Welt zerschmetterte.

»Ich habe immer gesagt, dass ich ihn verlasse, wenn die Kinder erwachsen sind, doch als sie es waren, wusste ich nicht, wo ich hinsollte.«
Shirley Valentine
(Willy Russell)

- Ich war nie davon ausgegangen, eines Tages geschieden zu sein, und es war eine deprimierende Erkenntnis, dass es die erhoffte Zukunft nicht geben wird. Dabei ist es gleichgültig, wer sich von wem trennt.
- Ich möchte lieber allein und glücklich, als mit jemandem zusammen zu sein, der mich nicht liebt. Es ist weitaus schlimmer, sich mit jemandem einsam zu fühlen als ohne ihn.
- »Anmut und Würde« wurde zu meinem Mantra und ich gab mein Bestes, um mich daran zu halten, auch wenn ich provoziert wurde.
- Aufgrund meiner tiefen Überzeugung, dass die Antwort auf alle Fragen in Büchern zu finden sei, bestellte ich nach der Trennung von meinem Mann etliche Bücher über Scheidung auf Amazon. Die meisten davon landeten schnell in der Tonne, abgesehen von einer nennenswerten Ausnahme: Ein unscheinbares, dünnes Taschenbuch, das eine große Wirkung auf mich hatte. Es heißt *Transformational Divorce* von Karen Kahn Wilson. Dieses Buch brachte mich durch meine Scheidung. In meiner Ausgabe ist fast alles unterstrichen. Ich kann es nur wärmstens empfehlen.
- Manche Freundinnen standen mir bei, andere nicht und es sind nicht immer diejenigen, von denen man es erwartet hätte. Manche Men-

schen verschwanden komplett von der Bildfläche, obwohl mir ihre Freundschaft wichtig gewesen war. Vielleicht hatten sie noch nichts davon gehört, dass Scheidung nicht ansteckend ist.

- Ich lernte, dass jede Geschichte drei Seiten hat: die andere, meine und die Wahrheit. Da ich durch meine Trennung zum Gegenstand von Tratsch und Klatsch wurde, versuche ich, so wenig wie möglich über die Beziehungen anderer zu urteilen. Die einzigen beiden Personen, die wirklich wissen, was vor sich geht, sind die beiden Betroffenen.

- Ich legte ein Sammelalbum mit aufmunternden Karten und Briefen von Freunden an und ließ mich selbst seitenweise darin aus. Niemand hat das Buch je gesehen und es ist sicher verwahrt, doch es war mir eine immens große Hilfe in einer Zeit, in der ich emotional am Boden war.

- Ich empfinde jetzt nichts als Mitgefühl für meinen Ex-Mann und ich hoffe, dass er findet, wonach er sucht. Wahrscheinlich war die Scheidung für ihn genauso hart wie für mich und ich weiß, dass es ihn auch Mut gekostet hat, einen Schlussstrich zu ziehen. Wir waren offensichtlich nicht füreinander bestimmt und jetzt können wir jeweils unseren eigenen Weg gehen und das Leben führen, für das wir bestimmt sind.

- Aber es war sehr, sehr schwer. Die Auswirkungen einer Scheidung sind weit-
  reichend. All die glücklichen Erinnerungen
  unserer gemeinsamen Vergangenheit wurden
  schlichtweg ausgelöscht. Sie erscheinen jetzt
  bedeutungslos. Insgesamt waren es achtzehn
  Jahre. Es ist so wie mit Eltern, die alt geworden sind: Die neueren Erinnerungen
  haben die älteren in den Hintergrund ge-
  drängt, was sehr traurig ist.
- Der weitere Verlauf meines Lebens wird allein
  durch mich bestimmt. Es ist an der Zeit, neue
  Erinnerungen zu schaffen.

Weitermachen nach der Scheidung
»*Es ist nicht so, dass ich meinem Ex-Mann den Tod
wünsche, aber es wäre viel leichter, verwitwet statt
geschieden zu sein.*« Susan, 49

Wieder autsch. Bei mir dauerte es mehrere Jahre,
bis ich mein Gleichgewicht wiederfand. Zahlreiche Frauen, mit denen ich sprach, können mit
der Enttäuschung über den Verlust der Liebe umgehen, sind jedoch nicht darauf vorbereitet, dass
sich einst geliebte Menschen sehr grausam verhalten können.

> »*Sie können uns unsere Selbstachtung nicht
> nehmen, wenn wir nicht bereit sind, sie ihnen
> zu geben.*« Mahatma Gandhi

Es gibt viele Möglichkeiten, nach einer Scheidung weiterzumachen. Hier sind einige, die für mich funktioniert haben:

- Die anfängliche, erschütternde Einsamkeit ist einem glücklicheren, unabhängigeren und erfüllteren Ich gewichen. Es dauerte länger, als ich es für möglich gehalten hätte. Die harten Zeiten wurden unterbrochen von Momenten, in denen ich unerwartet und spontan Spaß hatte – zum Beispiel, als alleinstehende Ex-Freunde auftauchten. »Wie nennt man den Umstand, wenn zwei Ex-Freunde gleichzeitig in der Stadt sind?«, fragte ich meine Kollegen bei der Arbeit. »Eine Wahl, Jane, eine Wahl.«
- Allein zu leben ist nicht dasselbe wie sich einsam zu fühlen. Ich habe gelernt, es zu genießen, und vielleicht genieße ich es jetzt sogar etwas zu viel. Man muss sich mit sich selbst wohl fühlen und die eigene Unabhängigkeit wertschätzen. Man muss akzeptieren, dass das gesellschaftliche Leben ruhiger wird, da man nicht mehr in die Pläne verheirateter Paare einbezogen wird. Als ich allein wohnte, gönnte ich mir am Anfang Massagen, auch wenn ich kein großer Fan davon bin. Der Groschen fiel, als eine Freundin meinte, dass ich wahrscheinlich den Körperkontakt suche, weil ich von niemandem berührt wurde. Und nochmal autsch.

- Ein Drittel von uns lebt allein. Ein schönes, positives Buch über das Alleinsein ist One von Victoria Alexander. Sie sagt, das Buch handele davon »sich selbst zu suchen und das, was man findet, zu lieben.«

- Lassen Sie sich nicht von der negativen Energie und dem schwelenden Groll anderer herunterziehen und belasten Sie Ihre Seele nicht mit Selbstkritik. Wenn es eine schwere Last in Ihrem Leben gibt, die Sie herunterzieht, kappen Sie die Verbindung. Oder legen Sie sich einen mentalen Panzer an. Ihre Energie ist kostbar. Lassen Sie nicht zu, dass sie vergeudet wird oder dass andere sie ihnen rauben.

- Es ist schon komisch: Wenn man geschieden ist, achtet man auf Dinge, die einem vorher gar nicht aufgefallen sind. Beweisstück »A«: Diese Sticker auf der Heckscheibe von Autos, auf denen eine Bilderbuchfamilie einschließlich süßem Hund abgebildet ist. Ich hätte nicht wenig Lust, sie neu zu entwerfen für die nicht so perfekte Familie: Die Single-Mutter, die wegen ihrer aufbrausenden Teenager oder den schrecklichen Stiefkindern auf dem Zahnfleisch geht … Oder vielleicht eine glücklich geschiedene Frau, die zufrieden allein lebt – *ohne eine Katze weit und breit.*

- Um weiterzumachen, sollte man sich nicht auf Rache, sondern auf Erfolg konzentrieren. Seien Sie kein Opfer, denn Opfer sind immer ohnmächtig. Schöpfen Sie neuen Mut und neue Kraft!

- Ein Manifest – einen Lebensplan – zu haben verleiht Kraft.

Sich wieder mit Männern verabreden

Ich persönlich fand es ganz schön schwer, meine emotionalen Mauern abzubauen. Außerdem führe ich ein sehr beschäftigtes Leben, doch die Zeit wird kommen. Es gibt kein Loch in meinem Leben, das ich mit einem Mann füllen müsste, doch selbst wenn – statistisch gesehen stehen die Chancen schlecht, dass ich jemanden kennenlerne. Für Frauen in der Lebensmitte ist es weitaus schwerer, ein Date zu finden, als für Männer, wie der schrecklich komische Blog *The Plankton* aufzeigt. Das »Plankton« ist eine geschiedene englische Frau in der Mitte des Lebens, die über ihre Versuche schreibt, eine neue Beziehung zu finden. Sie gab sich selbst diesen Spitznamen, da sie das Gefühl hatte, ganz unten in der »sexuellen Nahrungskette« zu stehen. Ihr Blog steckt voller geistreicher und berührender Geschich-

»Aus irgendeinem Grund herrscht in der Gesellschaft die vorgefasste Meinung, dass man Teil eines Paares sein muss, um ein vollwertiges Individuum zu sein. Nichts könnte weiter von der Wahrheit entfernt sein … Wer ein Leben mit Freunden, Familie und Karriere hat, kann sich glücklicher schätzen als Millionen von Menschen, die verheiratet und unglücklich sind.«
Phil McGraw

ten – egal, ob man Single ist oder nicht. Das folgende Zitat stammt von ihrem Blog www.plank tonlife.wordpress.com.

»Ich höre unzählige Geschichte über Ehen, die so schnell geschieden werden wie Geschäfte geschlossen, und die emotionale Landschaft erscheint so kahl, verwittert und trostlos wie eine ausgestorbene Einkaufsmeile. Die Geschichten handeln alle von Männern, die ihren Laden dicht machen, weil das Gras bei anderen Frauen grüner scheint. Mein Mitgefühl geht an die Ehefrauen, die voller Schmerz zurückbleiben – wie die mit Graffiti übersäten Fensterläden. Sie sind verfrüht und ohne es zu wollen (übrigens sage ich nicht »zu Unrecht«, auch wenn das in vielen Fällen zutrifft) auf sich selbst gestellt und haben keine andere Wahl, als durch die Tunnel ihrer Dunkelheit hindurchzugehen. Allerdings ist das Gehen in diesem Fall viel schlimmer als das Ankommen.«

Das klingt vielleicht etwas verbittert, aber ihre Texte sind sehr lustig und ehrlich.

Ich wäre gern die Person, die mein idealer Partner auswählen würde. Mein Manifest verlangt meine Aufmerksamkeit. Fortsetzung folgt.

Kinder

Wir tragen die Verantwortung für die Handlungen unserer Kinder: Wir bringen ihnen bei, wie man sich verhält und das Leben liebt, während wir fleißig scheinbar endlose Mengen von »Teilnahmebescheinigungen« an die Wand hängen. Manchmal macht man es richtig, manchmal nicht. In der Regel erzielt man mehr Treffer in ersterer Kategorie, wenn sie älter werden und man als Elternteil dazugelernt hat.

Als meine Kinder noch klein waren, habe ich viel falsch gemacht, zum Beispiel erschien mir einmal ein Meeting wichtiger als Alex' Auftritt als Frosch bei einer Grundschulaufführung (heute weiß ich nicht mehr, mit wem das Meeting war ...). Einmal arbeitete ich übers Wochenende zu Hause an einem Angebot und wurde von meinem sechsjährigen Sohn unterbrochen. Er wollte mir das Papierflugzeug zeigen, das er gerade gebastelt hatte, doch ich zerriss es in der Luft und sagte, dass ich mich konzentrieren müsse (ich weiß heute auch nicht mehr, für wen das Angebot war). Meine Glanzleistung: Ich schnautze meinen (immer noch sechsjährigen) Sohn an, weil er ein Handy, engl. *mobile*, haben wollte. Die Unterhaltung verlief ungefähr folgendermaßen:

Alex: »Kann ich bitte ein *mobile* haben, Mum?«

Ich: »Die Antwort lautet Nein. Ich bin so enttäuscht, dass du mich das überhaupt fragst. Du bist erst sechs. Das ist lächerlich. Du brauchst kein *mobile*. Du bist doch sonst nicht so gierig. Ich kann nicht fassen, dass du mich das überhaupt gefragt hast.«

Alex: »Aber alle meine Freunde haben eins.«

Ich: »Kein Aber. Das ist mir egal und ich glaube dir nicht. Du bist erst sechs.«

Alex: »Ich hatte eins in England.«

Ich: »Nein, hattest du nicht.«

Alex: »Doch. Ich hatte ein Thunderbird 5, das von der Decke hing. Du hast es gemacht.«

Ach so, er meinte diese Art von *mobile* – »Mobile«. Gute Arbeit, Jane. Der Preis für die Mutter des Jahres geht an dich.

Ich freue mich, Ihnen mitteilen zu können, dass er heute ein reizender, ausgeglichener junger Mann von achtzehn Jahren ist, der unglaublich große Schuhe à la Jeff Koons im ganzen Haus herumliegen lässt, über einen gesunden »Kleiderboden« verfügt (Wortschöpfung für herumliegende Klamotten auf dem Boden im Schlafzimmer) und all die typischen Charakterzüge eines Jugendlichen aufweist: In horizontaler Lage schläft er und in vertikaler Lage hat er Hunger. Ich habe auch eine jugendliche Tochter, die nicht unansehnlich ist. Daher habe ich mir einen elektrischen Schlagstock bestellt, um mögliche Verehrer abzuwehren. Kleiner Scherz. Obwohl … Nein, das werde ich nicht tun.

»Man ist nur so glücklich wie sein unglücklichstes Kind«, lautet eine Redewendung und sie stimmt. Im Folgenden finden Sie ein paar Vorschläge, wie man versuchen kann, dass die Kinder eine glückliche oder mindestens friedliche und zufriedene Kindheit erleben.

Erinnerungen

Eine der wichtigsten Aufgaben von Eltern besteht darin, für die Kinder *Erinnerungen* zu schaffen für die Zeit, wenn sie älter sind. Antoine de Saint-Exupéry sagte: »Im hohen Alter werden wir unter den schützenden Zweigen unserer Erinnerung sitzen.«

Es besteht kein Zweifel daran, dass sich die Kindheit auf das Erwachsenenalter auswirkt. Der britische Dichter William Wordsworth hatte recht, als er schrieb: »Das Kind ist des Mannes Vater.«

Manche der besten Erinnerungen basieren auf verlässlichen Familientraditionen. Vom jährlichen Aufhängen derselben unmodischen Weihnachtsdekoration bis zur Erlaubnis, sich am Geburtstag den Bauch vollzuschlagen. Das kommt alles gut an. Für meine Tochter dachte ich mir Geschichten über die Prinzessin Annabella aus, die in Parsley Bay lebte, und mein Sohn hörte Geschichten über eine Gruppe von Goldadlern namens Goldie, Mouldie, Boldie und Regina. Sie liebten die Tatsache, dass diese Geschichten nur für sie bestimmt waren. Ein Vater aus meinem Bekanntenkreis nimmt sein Kind jedes Jahr für einen Tag aus der Schule – das Kind weiß nicht, wann. Er überrascht es mit einer schönen Aktivität – sei es Angeln oder Radfahren. Was für eine schöne Tradition! Kinder mögen auch geheime Familienworte. Ab und zu führen wir eine Pseudo-Befragung durch, um sicherzustellen, dass niemand ein böser Doppelgänger ist. Frage:

»Wie lauten die anderen Namen des Hundes?«
Antwort: »Genius«, »Spufty«. Frage: »Familien-
wort für Korb?« Antwort: »Korbi.« Frage: »Wo ist
›oben und oben‹?« Antwort: »Dachgeschoss«..

Schon als die Kinder noch ganz klein waren,
verbrachten wir mit ihnen »internationale Abende«, um ihnen die Küchen und Kulturen anderer
Länder zu zeigen. Wir suchten ein Land aus und
die Kinder mussten lernen, wo es liegt, wie die
Hauptstadt heißt, wofür es berühmt ist und wie
man »Hallo« und »Danke« in der Landessprache
sagt. Dann reservierten wir einen Tisch in einem
Restaurant mit der Landesküche – vorzugsweise
in einem weiter entfernten, unbekannten Vorort – und machten uns einen schönen Abend.
Viele glückliche Stunden wurden in Sri Lanka,
Japan, Russland, Indonesien, Malaysia, Nepal,
Chile, Korea, Thailand, Äthiopien, Vietnam, im
Libanon, in Portugal, China, Indien, Tibet und
Südafrika verbracht, ohne dass wir Sydney je ver-
lassen hätten.

Familienspiele

Als Kind habe ich oft Karten mit meiner Familie
gespielt und ich spiele immer noch manchmal mit
meinen Kindern. Nicht so viel wie in unseren
Urlauben ohne Strom, in denen wir unsere Abende
mit Kartenspielen, Backgammon und Würfelpoker
verbrachten. Es ist eine großartige Möglichkeit, die
Familie an einem Tisch zu versammeln.

Briefe schreiben

In meiner Kindheit schickte mir mein Vater Postkarten von allen Orten, die er besuchte, und meine Mutter schrieb mir unablässig Briefe, als ich im Internat war. Sie schickte mir lustige kleine Zeitungsausschnitte oder Sticker, die mir die Welt bedeuteten. Ich versuche, diese Tradition fortzusetzen, indem ich meiner Tochter Briefe schreibe (sie ist ebenfalls im Internat). Besonders gefiel ihr ein kürzlich versandter, klitzekleiner Brief vom kleinsten Postamt der Welt (www.leafcutterdesigns.com). Einfach fabelhaft.

Fotos

Kinder sind fasziniert von Fotos von sich selbst als Kleinkind. In meiner Küche hängen Collagen unserer gemeinsamen Urlaube und in meinem Schlafzimmer gibt es Regale mit Fotos von den Kindern, als sie noch kleiner waren. Sie gehen oft hinein und schauen sie sich an. Meistens stellen sie dabei ihre Fotos nach vorn und das ihres Geschwisterteils nach hinten. Im heutigen digitalen Zeitalter werden die meisten Fotos nicht mehr ausgedruckt, weshalb es etwas Besonderes ist, ein Fotoalbum für den achtzehnten oder einundzwanzigsten Geburtstag zusammenzustellen. Es dauert zwar stundenlang und man kann das Ganze wahrscheinlich nicht bei Snapfish anlegen, doch es ist die Mühe wert.

Wenn die Kinder aus dem Haus gehen ...

Natürlich können wir nur eine gewisse Zeit mit unseren Kindern zusammenwohnen. Irgendwann werden sie erwachsene Persönlichkeiten. Passend dazu ein Zitat von Carol M. Anderson und Susan Stewart aus *Flying Solo*: »Wenn Kinder von zu Hause ausziehen, werden sie vermisst. Zum Glück hat die Natur es so angelegt, dass sie vorher Teenager sind, sodass der Schmerz gemindert wird.« Während ich das schreibe, steht mein Sohn kurz davor, das Haus zu verlassen, um zur Uni zu gehen. Bin ich traurig darüber, dass er geht? Ja. Aber ich bin noch gespannter darauf, ihn als unabhängigen Menschen zu erleben, der sein Glück in der Welt sucht. Ich hoffe, dass ich ihm Rückhalt und Vorstellungskraft mit auf den Weg gegeben habe. Rückhalt, weil die Kindheit aus einer Reihe von Abenteuern bestehen sollte, die von einer sicheren Grundlage aus unternommen werden. Wenn Kinder älter werden, müssen wir uns ein Beispiel am Buch der Natur über Wildtiere nehmen und sie nach dem Prinzip des »wohlwollenden Laissez-faire« zur Eigenständigkeit erziehen, d. h. was sie selbst tun können, tun wir nicht für sie. Und Vorstellungskraft, damit er den Mut hat, groß zu träumen.

Ich versuche bewusst, mein »leeres Nest« in ein angenehmes »offenes Nest« zu verwandeln, in dem neue Freunde und Abenteuer stets mit offenen Armen empfangen werden.

Beziehung zu sich selbst

»Wenn wir uns wahrhaft selbst lieben, wird alles in unserem Leben gelingen.« Louise L. Hay

»Wenn wir endlich begreifen, dass Selbstfürsorge bei uns selbst beginnt und endet, werden wir von anderen nicht mehr einfordern, dass sie für uns sorgen und uns glücklich machen.« Jennifer Louden

»Sich selbst zu lieben ist der Beginn einer lebenslangen Romanze.« Oscar Wilde

Dies ist die wichtigste Beziehung in unserem Leben, doch seltsamerweise beginnen wir in der Regel erst in der Mitte unseres Lebens damit, darüber nachzudenken und sie zu erforschen. Mögen Sie sich? Ich habe gelernt, dass man sich selbst die beste Freundin sein muss. Mit Glück verhält es sich wie mit einem zwielichtigen Banküberfall: Es ist ein Insider-Job. Selbsterkenntnis (nicht Selbstbezogenheit) ist der erste Schritt. Wir müssen uns selbst lieben, bevor wir damit beginnen können, anderen unsere Liebe zu geben. Ich habe auch gelernt, dass niemand von anderen Menschen all die Liebe bekommt, die er braucht. Auch deshalb muss man sich selbst lieben. Die Lebensmitte ist die perfekte Zeit für Metamorphose und Reflektion, damit man sich selbst besser versteht und zu der Person entwickelt, die man werden will. Es sei denn, Sie sind es schon – in diesem Fall, herzlichen Glückwunsch. (Kommen wir nun zum Lügendetektortest ...)

Man bringt nicht nur anderen bei, wie sie einen behandeln sollen, sondern auch sich selbst. Man hat die Wahl zwischen Selbstfürsorge und Unterstützung oder Missbrauch. Halten Sie die kleinen sprechenden Monster in Ihrem Innern von Anfang an in Schach. Sie sind die Nörgler im Sumpf ihrer Gedanken. Wenn Sie aufschreiben würden, wie viele negative Gedanken Sie an einem einzigen Tag haben, wären Sie vermutlich erschrocken über die hohe Anzahl. Negative Energie wird von negativen Gedanken angezogen wie Eisenspäne von einem Magneten. Selbstgespräche sind der Soundtrack unseres Lebens und es liegt an uns, sie positiv zu gestalten. Werden Sie zu Ihrer persönlichen Cheerleaderin.

»Liebe fließt im Leben nicht von außen nach innen, sondern von innen nach außen.« Barbara De Angelis

Du bist nie allein, weil du dich hast. Du bist kostbar. Wie Aibileen Clark in The Help *zu dem kleinen Mädchen sagt: »Du bist liebenswert. Du bist klug. Du bist wichtig.«*

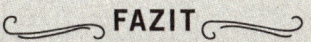

FAZIT

*LIEBEVOLLE BEZIEHUNGEN SIND
DER SCHLÜSSEL ZUM GLÜCK,
ABER MAN MUSS DARAN ARBEITEN.
LASSEN SIE IHRE HANDLUNGEN
AUF LIEBE BASIEREN UND
UMARMEN SIE SICH SELBST.*

Was ziehe ich aus diesem Kapitel über Beziehungen?

**Was werde ich in den nächsten 48 Stunden
unternehmen?**

»Gesundheit ermöglicht eine Freiheit, die nur wenige schätzen,
bis man sie nicht mehr hat.«
Bronnie Ware

»Wenn man vor der Vorstellung zurückschreckt, sich selbst im
Spiegel anzusehen – bekleidet oder unbekleidet –, wie soll man
sich dann stolz der Welt präsentieren?«
Laure Redmond

»Menschen, die in ihrem Leben unglücklich sind, atmen nur selten
tief durch. Sie schlafen nicht gut, essen nicht richtig und haben
Verspannungen im Körper. Wenn Sie übergewichtig oder von
andauerndem Stress geplagt sind, will Ihr Körper Ihnen etwas
sagen. Es ist an der Zeit, zuzuhören.« Phil McGraw

»Ich möchte etwas ungemein Wichtiges sagen. Menschen
entschließen sich dazu, alt zu werden. Ich habe gesehen, wie sie es
tun. Es ist, als würden sie sagen: ›Okay, das war's. Jetzt bin ich alt.‹
So ist es dann auch. Warum sie das tun, weiß ich nicht.«
Doris Lessing

»Das Altern obliegt der Natur, aber der Verfall obliegt einem
selbst. Verstehen Sie Bewegung als eine permanente Aufforderung,
zu wachsen, um stärker, beweglicher und jünger zu werden.«
Chris Rowley and Henry S. Lodge

4. KAPITEL

Ihr Körper

In diesem Kapitel werden Sie:

- *merken, dass es nie zu spät ist, etwas zu verändern*
- *Ihre Gedanken neu sortieren*
- *sich neu mit Ihrem Körper verbinden*
- *Ihre Sinne erwecken*
- *sich die beste Bewegungsart für sich überlegen*
- *mehr über die besten Lebensmittel für die Lebensmitte erfahren*
- *die vier Zahlen überprüfen, die wir alle kennen sollten*
- *sich anschauen, wie Sie schwerwiegenden Krankheiten vorbeugen können*
- *über Gewichtsverlust nachdenken*
- *über Sex nachdenken*

Sie können nichts daran ändern, älter zu werden. Aber Sie können etwas daran ändern, *wie* Sie älter werden.

Der erste Teil unseres Lebens war auf Automatik gestellt. Wir schwammen einfach mit dem Strom wie Treibgut. Das traf auch auf unsere Gesundheit zu, die wir im Großen und Ganzen immer noch für selbstverständlich halten. Doch wenn wir uns jetzt umschauen, sehen wir plötzlich Menschen in unserem Alter, die mit Krebs, Bluthochdruck, Rückenschmerzen, Gewichtsproblemen und sogar Schlaganfällen zu kämpfen haben. Wir hinterfragen Schmerzen, über die wir uns vor wenigen Jahren noch keine Gedanken gemacht hätten, und machen uns Sorgen darüber, ob uns etwas Schlimmes zustoßen könnte. Die erschreckende Wahrheit lautet, dass es vielleicht keinen großen Unterschied macht, ob man als 50-Jährige in Form ist oder nicht, doch in unsern Sechzigern und Siebzigern spielt es sehr wohl eine Rolle. Ich sage es nur ungern, doch was wir jetzt tun, wird den entscheidenden Unterschied machen.

Das Fazit lautet also, dass das hohe Alter sehr viel härter sein wird, wenn man nicht bei guter Gesundheit ist. Es geht nicht nur darum, wie lange man lebt, sondern wie man lebt. Der Unterschied besteht darin, ob man abhängig oder unabhängig ist, in einem Pflegeheim oder zu Hause lebt, Windeln trägt oder nicht, sein Leben mit mehr gesunden Jahren bereichert und es genießt, anstatt es zu ertragen.

Die gute Nachricht – und zwar die Art von guter Nachricht, bei der man am liebsten süße Pandababys knutschen und die Puppen tanzen lassen würde: *Es ist nicht zu spät.* Unser Körper kann sich von vielen Belastungen regenerieren. Tatsächlich ist unser Körper in diesem Moment damit beschäftigt, sich zu erneuern und zu erholen. Unsere Haut erneuert sich alle fünf Wochen, einige Zellen in unserer Lunge alle zwei bis drei Wochen, unsere Magenschleimhaut alle zwei bis drei Tage und unser Blut alle drei Monate.

Während ich an diesem Buch schrieb, traf mich die folgende Erkenntnis mit der Schlagkraft eines 500-Kilo-Nashornbabys: Beim Erreichen und Leben der eigenen Vision geht es lediglich darum, *Entscheidungen zu treffen.* Das fällt nirgendwo mehr ins Gewicht – Kilo für Kilo – als bei Entscheidungen über den Körper. Unser Körper ist eine kluge, leistungsfähige Kreation. Er schreckt naturgemäß vor allem Schlechten zurück und wird von Gutem angezogen. *Wenn wir auf ihn* hören. Das wird nirgendwo offensichtlicher als in Bezug auf Bewegung und Ernährung. Ich habe die Weisheit nicht mit Löffeln gefressen und auch ich kämpfe jeden Tag mit alldem, doch ich befürchte, dass die Lebensmitte keine gute Zeit ist, um Dinge zu ignorieren, aufzuschieben oder sich in Ausreden zu flüchten. Es ist eine Zeit, in der man denken sollte: »Gut, jetzt will ich die Regie über mein Leben führen.« Man sollte für

sich einstehen, vielleicht einen neuen Weg einschlagen, sich neu mit seinem Körper verbinden
und Gesundheit zur Priorität seines Alltags machen. Leichter gesagt als getan. Wo anfangen?
Schauen Sie sich die vier Bereiche an, die ich im
Folgenden hervorhebe. Ich hoffe, es hilft Ihnen
weiter.

1. **Den Geist beflügeln:** Die Gedanken neu
   sortieren, sich wieder mit seinem Körper
   verbinden und die Sinne wecken.

2. **Bewegung und Ernährung:** Die Grundlage, auf der alles basiert, insbesondere
   für unsere Altersgruppe.

3. **Krankheit vorbeugen:** Welche vier
   Zahlen man kennen und welche Tests
   man durchführen lassen sollte sowie
   praktische Methoden, um gegen un-
   willkommene Begleiter wie die Wechseljahre, Herzerkrankungen, Krebs, Osteoporose, Depression, Gewichtsverlust und
   Alkohol vorzugehen. Wie man seine
   Chancen erhöht, diesen speziellen Wider-
   sachern auszuweichen.

4. **Sex:** Erinnern Sie sich noch an Sex?

TEIL EINS: DEN GEIST BEFLÜGELN

Wir wissen instinktiv, was richtig für uns ist, doch
wir haben aufgehört zuzuhören. Also beflügeln Sie
Ihren Geist und schauen Sie, was passiert.

Gedanken neu ordnen

Nach Jahren der negativen Selbstgespräche und Selbstzerfleischung musste ich mein Gehirn auf die folgenden vier »Werkseinstellungen« zurücksetzen:

1. Man muss kein Psychiater sein, um den Zusammenhang zwischen Selbstfürsorge und Selbstachtung zu verstehen. Der Körper spiegelt wider, wie man sich im Inneren fühlt. Jeder kann es in Ihrem Gesicht lesen. Indem man sich um sich selbst kümmert, schickt man die kraftvolle Nachricht aus, dass man es wert ist, Fürsorge zu erhalten.

2. Die Macht der Visualisierung. Anstatt meinen Körper abzulehnen und seine Makel zu suchen, versuche ich ihn wie eine starke, hilfsbereite Freundin zu sehen. Wenn man jemanden nicht mag und ihm nicht einmal in die Augen schauen kann, wie soll er sich dann gut fühlen? Machen Sie sich die positiven Eigenschaften Ihres Körpers bewusst. Ich muss meinen Körper respektieren und für ihn sorgen, damit er wiederum in einigen Jahren für mich sorgt. (Der eigene Körper ist der offensichtlichste Partner bei der Transformation.)

3. Selbstannahme. Ihr Körper wird nie mehr so sein, wie er einst war, doch Sie können danach streben, für Ihr Alter in Topform zu sein. Das bedeutet, dass man mit seinem

Körper arbeitet – nicht gegen ihn. Hören Sie auf, ihn zu kritisieren, akzeptieren Sie ihn so, wie er ist, und helfen Sie ihm, weiter voran und nach oben zu kommen. *Be-you-tiful –* Seien Sie schön!

»Wenn man mit seinen Freunden wie mit seinem Körper reden würde, hätte man keine Freunde mehr.« Marcia Hutchinson

»Die Entscheidung liegt bei uns. Früher hatte ich einen besseren Körper, aber ich mag ihn jetzt lieber. Ich bin mit meinem Körper befreundet.« Kate, 50

4. Lenken Sie Ihren Fokus weg vom Gewichtsverlust und hin zu einer täglichen Selbstfürsorge. Sie müssen heute anfangen, sich um sich selbst zu kümmern.

Verbinden Sie sich wieder mit Ihrem Körper

»Ich will mich einfach gut fühlen, wenn ich mich bewege.« Nora, 52

Am meisten beunruhigte mich an der Lebensmitte, wie ich nach und nach das Gefühl für meinen Körper verlor – wie ein Schiff, das die Halteleinen abwirft. Ich hörte nicht mehr auf meinen Körper und ignorierte ihn, erwartete jedoch gleichzeitig, dass er einwandfrei funktionierte. Ein großer Fehler. Wir sind auf das Überleben ausgerichtet und unser Körper gibt uns ständig Feedback. Es ist daher sehr vernünftig, auf seinen Körper zu hören. Eine einfache Methode, um wieder mit ihm in Verbindung zu treten, ist das morgendliche Dry Brushing (dt. »Trockenbürsten«) vor dem Duschen. Mit einer weichen Körperbürste (im Body Shop erhältlich) reibt man von unten nach oben in Richtung Herz über den ganzen Körper, bevor man in die Dusche steigt. Das regt die Durchblutung an, löst abgestorbene Hautzellen und unterstützt das Lymphsystem, aber nicht nur das: Irgendwie tritt man auch wieder mit sich selbst in Kontakt.

Eine andere Möglichkeit besteht darin, einfach tief und bewusst zu atmen und die Lungen mit frischer Luft zu füllen. Ich weiß, es klingt lächerlich. Ich meine, es ist keine Kunst zu atmen und wir tun es 20.000 Mal am Tag, ohne darüber nachzudenken, doch für gewöhnlich erneuern wir nur die Luft in der oberen Lunge, was etwa 50 Prozent des Lungenvolumens entspricht. Das heißt, der Rest lungert vermutlich nur herum. Hm. Tief zu atmen reinigt also nicht nur diese Luft, sondern führt uns auch mehr Sauerstoff zu. Ganz legal sind wir sofort high!

Wenn man mit dem Zwerchfell atmet, wölbt sich der Bauch, sodass in der Lunge mehr Platz für Sauerstoff entsteht. Beim Atmen sollte man versuchen, den Zwerchfellmuskel zu aktivieren, wodurch die Organe im Unterleib von der Lunge getrennt werden. Für den Anfang legt man sich auf den Rücken, zieht die Knie an und legt eine Hand auf den oberen Brustkorb und die andere auf den Bereich unterhalb der Rippen. Während man durch die Nase einatmet, drückt sich der Bauch gegen die untere Hand, wodurch das Zwerchfell gesenkt wird und sich die Rippen wie Engelsflügel nach oben und nach außen heben. Lassen Sie dabei Ihre Hand auf dem Brustkorb. Beim Ausatmen tut man das Gegenteil: Die Rippen ziehen sich zusammen, der Bauch wird wieder flach und das Zwerchfell hebt sich. Um Ihre Lungenkapazität zu vergrößern, zählen Sie einfach beim Ein- und Ausatmen und vergrößern Sie die Zahl mit jedem Atemzug. Versuchen Sie, dies dreimal am Tag für fünf Minuten zu tun. Die Idee dahinter: Mit ausreichender Übung werden Sie automatisch so atmen.

Pilates und Yoga haben mir ebenfalls dabei geholfen, mich wieder mit mir selbst zu verbinden. Vielleicht haben Sie auch schon von »BodyTalk« gehört: Bei diesem alternativen Gesundheitsansatz synchronisiert der Anwender den Körper des Patienten durch einfaches Klopfen und Muskeldehnen. Dabei werden die inneren Kommunikationslinien des Körpers neu miteinander verbunden. Als ich zum ersten Mal davon hörte, läuteten bei mir alle Alarmglocken, doch für mich hat es sich als heilsam erwiesen. Es lohnt sich, es auszuprobieren.

Unser Körper ist darauf programmiert, zu wachsen oder zu verfallen. Spazieren gehen oder mit Freunden lachen = Wachsen. Auf dem Sofa bei einem Wein und Pizza sitzen und Serien über Fashion schauen = Verfall. Ihr Körper wird es Ihnen laut und deutlich in Form von Gewichtszunahme, Bluthochdruck, Magenschmerzen und Antriebslosigkeit mitteilen, allerdings nur wenn Sie auf ihn hören.

Es ist ein ernüchternder Gedanke, doch die meisten können sich nicht daran erinnern, wie es sich anfühlt, wahrhaft gesund zu sein. Jeder Muskelschmerz ist wie eine Einladung mit dem Vermerk »Um Antwort wird gebeten«. Das ist das Mindeste, was wir tun können. Unser Körper und auch unser Gehirn sind zu weitaus mehr fähig, als wir ihnen abverlangen (es ist wie mit unserem Computer, von dessen Leistungsfähigkeit wir nur 20 Prozent nutzen). Wenn man sich neu auf seinen Körper einlässt, weiß man genau, was »normal« ist, und kann besser auf Ungewöhnliches reagieren. Ignorieren Sie nicht, was er versucht, Ihnen mitzuteilen: Brustschmerzen, plötzliche Müdigkeit, Knoten – auch in den Unterarmen –, Hautveränderungen auf der Brust oder den Brustwarzen, veränderter Stuhlgang, Blutungen, Schmierblutungen oder Blut im Stuhl sind alles Dinge, die einen Arztbesuch erfordern.

Ich bin offen für ergänzende alternative Medizin und *Die verborgene Sprache* des Körpers von Inna Segal ist eine hervorragende Quelle. Ihre Prämisse lautet, dass wir uns selbst von vielen gesundheitlichen Problemen heilen könnten, wenn wir nur sorgfältiger auf unseren Körper hören würden. Ihre zehn Prinzipien der Heilung stimmen exakt mit meinen überein. (Gesundheit zur Priorität machen, Gefühle spüren, bewusst atmen, gesund und bewusst essen, sich ausreichend bewegen, auf seinen Körper hören, kreativ sein, mehr Farbe ins Leben bringen, dankbar sein und lachen.) Es ist auf jeden Fall empfehlenswert.

Die Sinne wecken

Eine andere Möglichkeit, sich neu mit seinem Körper zu verbinden, besteht darin, jeden Sinn neu zu aktivieren. Es gibt keine bessere Anleitung als das zum Nachdenken anregende Buch *Die schöne Welt der Sinne* von Diane Ackerman. Es ist komplex und schön geschrieben und gibt viele verschiedene Denkanstöße zu jedem Sinn.

Hier ein kleiner Einblick in ihr Buch:

Riechen: »Gerüche explodieren in unserem Gedächtnis wie Landminen, die unter dem wuchernden Unkraut vieler Jahre und Erfahrungen versteckt liegen. Tritt man auf einen Stolperdraht des Geruchs, explodieren auf einmal die Erinnerungen.«

(Übrigens: Auf Demeter Fragrance (www. demeterfragrance.com) ist eine unglaubliche Auswahl an Düften verfügbar – von »Kamin« über »frisches Heu«, »Taschenbuch« und »Petersilie« bis zu »salziger Luft« und »Sägemehl«. Wie soll man da widerstehen?)

Berühren: »Die Hände sind die Boten der Gefühle.«

Schmecken: »Die Zunge ist wie ein Königreich, das je nach sinnlicher Begabung in Fürstentümer aufgeteilt ist.«

Hören: »Geräusche verdichten das sinnliche Gebräu unseres Lebens …«

Sehen: »An das zwanzigste Jahrhundert wird man sich vorrangig als die Zeit erinnern, in der wir zu verstehen begannen, wie unsere Adresse lautet … Der Blick aus dem Weltall bietet uns evolutionsgeschichtlichen Kleinkindern erstmals die Chance, die kosmische Straße zu überqueren und vor unserem Zuhause zu stehen – erstaunt darüber, es zum ersten Mal klar und deutlich zu sehen.«

»Wenn unser Körper und unsere Sinne erweckt sind, wird die Welt lebendig. Weisheit, Kreativität und Liebe werden entdeckt, während wir uns entspannen und durch unsere Körper erwachen.«
Tara Brach

Achten Sie auf Ihre Sinne, während Sie Ihren Unternehmungen nachgehen. Sie werden auf überraschende und bereichernde Weise belohnt werden.

TEIL ZWEI: BEWEGUNG UND ERNÄHRUNG
Bewegung für Kraft

»Aha! Ich verstehe. Durch Sport wird der Alterungsprozess verlangsamt und man fühlt sich lebendiger. Aha! Aha! Aha!« Oprah Winfrey

Indem wir uns ausreichend bewegen – und ich spreche nicht von einem Marathon oder einem schweißtreibenden Spinning-Kurs, sondern nur vom Spazierengehen oder Dehnen –, zögern wir nicht nur den Tod hinaus, sondern *bejahen das Leben*. Natürlich wirkt sich Bewegung auf den Geist aus. Jedes Dehnen des Körpers ist ein Dehnen des Geistes. Beide werden stärker. Ich versuche, körperliche Betätigung nicht als Strafe oder Last zu sehen, sondern als eine Möglichkeit, meinen Körper zu *ehren*, ihm etwas zurückzugeben und eine Art Anzahlung zu leisten. Allerdings weiß ich auch aus eigener Erfahrung, dass die Trägheit ein machtvoller Gegner ist.

Dreiviertel der Frauen schafft es nicht, am Tag die dreißig Minuten körperliche Betätigung einzuhalten, die für den Erhalt der Gesundheit nötig wären. Wenn man das liest, ist es leicht, darüber den Kopf zu schütteln, aber ich kann es verstehen. Ich musste nur ein Fitnessprogramm finden, das für mich persönlich funktionierte. Wenn mir noch einmal einer von diesen bevormundenden Artikeln unterkommt, in denen das Klischee bedient wird, dass man statt des Aufzugs die Treppe nehmen, sein Auto weiter entfernt vom Supermarkt abstellen oder die Hausarbeit in körperliche Betätigung verwandeln soll, dann kann ich für nichts mehr garantieren.

Allerdings bin ich es leid, aufzuwachen und mich eingerostet zu fühlen. Mein Aha-Erlebnis war die Erkenntnis, dass man durch Bewegung Energie gewinnt, anstatt sie zu verlieren. Ins Gewicht fiel auch die Tatsache, dass man nie vom Sport kommt und es bereut. Das könnte ein guter Anhaltspunkt sein. Es heißt, der Schlüssel zum Leben besteht darin, weniger das zu tun, was uns ein schlechtes Gefühl gibt, und mehr das, was uns gut tut. Ich habe immer tolle Ideen, wenn ich laufe oder schwimme. Man sagt, jede Stunde Sport fügt dem Leben einen weiteren Tag hinzu, aber das würde sicher bedeuten, dass manche meiner ungemein fitten Freundinnen einhundertfünfzig Jahre alt werden … Das alte Klischee »Wer rastet, der rostet« war noch nie so wahr. In diesem Moment (stellen Sie sich im Hintergrund den Soundtracks von *Der weiße Hai* vor) tun Sie eines der tödlichsten Dinge überhaupt: sitzen. (Erinnern Sie sich? Im Englischen steckt es in »Fettleibigkeit« ja direkt mit drin, nämlich sit in obesity.)

Sitzen ist das neue Rauchen. Laut einer Studie des *Journal of the American College of Cardiology* ist für Menschen, die mehr als vier Stunden am Tag sitzen (Arbeit ausgenommen), das Risiko für einen Schlag- oder Herzanfall mehr als doppelt so hoch als für diejenigen, die weniger als zwei Stunden pro Tag sitzen. Die Forschung der *American Cancer Society* bestätigt das. Eine kürzlich durchgeführte australische Studie belegt, dass jede verbrachte Stunde vor dem Fernseher unser Leben um zweiundzwanzig Minuten verkürzt. Unternehmen Sie jede Stunde einen kurzen Spaziergang. (Und machen Sie zugleich anstehende Erledigungen.) Ich möchte nur ungern als ein Mensch mit »Sitzfleisch« beschrieben werden, doch im Grunde trifft (oder traf) es auf mich zu. Wenn Sie zu viel sitzen, bedeutet das sowohl im wahrsten als auch übertragenen Sinne des Wortes, dass Sie stagnieren und nicht vorwärtskommen. Wir müssen aufstehen und uns bewegen, um die Bewegungsenergie unseres Körpers erneut anzufachen. Das erinnert mich an diese batterielosen Dynamotaschenlampen, die man drehen muss, um Licht zu erzeugen.

»Sie müssen es nicht tun wollen. Sie müssen es nur tun.«
Phil McGraw über Bewegung

Unser Körper ist auf Bewegung ausgerichtet, doch mit dem Alter verlieren wir an Muskelmasse. Wenn wir uns nicht ausreichend bewegen, hören manche Zellstrukturen in unseren Muskeln auf zu funktionieren, sodass Muskelzellen absterben und durch Fettzellen ersetzt werden. Die gute Nachricht lautet, dass dieser Prozess umgekehrt werden kann und dass es nie zu spät ist, mit Sport anzufangen und die Lorbeeren zu ernten.

Um stärker und fitter als die Frauen in der Lebensmitte Ihres Umfelds zu sein, gibt es drei Bewegungsarten, die Sie abdecken sollten:

1. Herz-Kreislauf-Training, zum Beispiel Walking, Radfahren, Schwimmen, Wasseraerobic, Tanzen, Laufen, Fitness-

kurse auf YouTube oder Tennis
2. Krafttraining, zum Beispiel Gewichte heben, Kniebeugen, Ausfallschritte, starke Fitnessbänder
3. Gelenkigkeit und Core, zum Beispiel Pilates, Yoga, Tai Chi, Qigong, Dehnen, Beckenbodenübungen

Wählen Sie eine Übung (oder mehrere) aus jeder Kategorie als Grundlage Ihres persönlichen Fitnessplans. Wie gesagt, ich habe nie viel Sport getrieben, doch mir gefällt das Konzept der persönlichen Verantwortung, auf dem das *Midlife-Manifest* basiert. Außerdem fühlt es sich wie ein Abenteuer an, weil ich weiß, dass ich das Programm nur für mich gestalte.

Meine Dreierübungen

Walking, Gewichte und Pilates (einschließlich der gefürchteten Beckenbodenübungen) sind die drei Übungen, die für mich am besten sind (sowie gelegentlich Schwimmen).

1. WALKING

Walking ist die leichteste Bewegungsart der Welt und – hey, wer hat es nicht gern leicht? Ich walke jetzt jeden Morgen, wodurch ich meine 10.000 Schritte pro Tag sicherstelle. (Natürlich kann man in Bezug auf die 10.000 Schritte mogeln und stattdessen auf dem Sofa sitzen, den Schrittzähler oder das iPhone einschalten, Wiederholungen von Familienserien anschauen und Kekse essen, aber darum geht es nicht, oder?) Das Einzige, was bei mir funktioniert, ist eine Stunde früher aufzustehen und walken zu gehen, wenn der Rest der Welt gerade aufwacht.

Mittlerweile liebe ich es, einen neuen Tag so zu beginnen. Es ist, als würde ich einen Briefumschlag öffnen. Ich betrachte diese Zeit als meine »geheime Zeit«. Der Tag liegt mit all seinen Möglichkeiten verlockend und erwartungsvoll vor mir. Im Frühjahr und im Sommer ist das Licht schön, die Vögel zwitschern und man fühlt sich einfach *gut*. Also bringe ich mich in eine aufrechte Lage, ziehe mich an und gehe früh aus dem Haus. Der Einfachheit halber lege ich mir meine Laufklamotten am Vorabend bereit. Nach einer kurzen Fahrt zum örtlichen Park walke ich im Kreis und dabei entdecke ich immer etwas Schönes: den Tau auf einem Spinnennetz, einen fliegenden Pelikan oder ein altes Paar, das Hand in Hand spazieren geht. Fantastisch. Einen Teil des Fitnessprogramms habe ich bereits erfüllt und der Rest des Tags kann kommen. Es hat sehr geholfen, eine Gewohnheit daraus zu machen. Eine App wie *mapmywalk* kann das Ganze etwas spannender gestalten und mit meinem iPod höre ich mir Bücher und Theaterstücke an. Meine Freunde denken, ich wäre gut belesen. Tatsächlich bin ich gut darin, Hörbücher zu hören. Stephen Fry verlor etliche Kilos, während er durch

London lief und sich die gesammelten Werke von Dickens und Trollope anhörte. Natürlich hat jeder seine eigenen Laufwege. Vor Kurzem erfuhr ich vom Konzept *Mall walking*, bei dem man 10.000 Schritte erreicht, indem man durch ein Einkaufszentrum walkt und sich dabei die Schaufenster anguckt. Auf jeden Topf passt ein Deckel!

Viele meiner Freundinnen joggen und sie lieben es. Ich persönlich würde mir lieber die Gallenblase entfernen lassen und mache mir auch Sorgen darüber, dass es meine Gelenke zu sehr belastet. Falls Sie jedoch Lust haben, damit anzufangen, kann ich Ihnen von Bekannten, die noch nie in ihrem Leben joggen waren, *Couch to 5k* (www.c25k.com) und das Buch von Ruth Field mit dem herrlichen Titel *Run Fat Bitch Run* empfehlen. Ich weiß, dass es unglaublich effektiv ist, aber ich würde 1000 Dollar wetten, dass Sie mich niemals laufen sehen werden. Neben mir sieht ein Faultier wie Usain Bolt aus.

2. GEWICHTE

Genauso wäre es bis vor Kurzem wahrscheinlicher gewesen, dass ich vom Blitz getroffen werde, als dass ich in ein Fitnessstudio gehe. Es versteht sich von selbst, dass man sein Fitnesscenter und seine Trainerin sehr sorgfältig aussuchen muss. Es ist wie bei der Wahl des Hausarztes: Er muss nicht nur qualifiziert sein, sondern man muss auch einen Draht zu ihm haben – oder zumindest Verständnis und Respekt. Am besten suchen Sie sich eine ältere Trainerin, da viele männliche Trainer und jüngere Trainerinnen die Körper von Frauen in der Lebensmitte nicht verstehen und nicht wissen, wie schwierig es ist, sich eine regelmäßige Trainingsroutine zu erarbeiten.

Zum Glück ist mein Fitnessstudio klein und es gibt andere Frauen in der Mitte des Lebens – keine Glamour-Girls mit knackigen Hintern. Ich bat eine Trainerin, einen kleinen Zirkel für mich zu erstellen, und sagte ihr, dass ich dieses Studio nie wieder mit meiner Anwesenheit beehren würde, wenn sie die Übungen zu anstrengend gestaltet. Sie machte es genau richtig und das Training ist mittlerweile zu einer Gewohnheit geworden. Ich mag es nicht besonders und führe mir immer wieder Dr. Phils Worte vor Augen: »Sie müssen es nicht tun wollen. Sie müssen es nur tun.« Jetzt bin ich so weit, dass ich mit Gewichten anfange. Dabei gehe ich wie bei einer Meditation langsam vor und achte auf den Muskel, den ich trainiere. Mit der Zeit spürt man Fortschritte. Durch Krafttraining bildet sich gutes Testosteron mit Anti-Aging-Effekt – kein schlechtes à la Schwarzenegger. Es hilft bei Arthrose und wirkt stimmungsregulierend, weshalb es nicht schlecht sein kann. Außerdem hilft ein bisschen Boxen, um Frust abzubauen …

Darüber hinaus kann man immer auf das Training im Flur zurückgreifen. Bevor ich den Mut fand, in ein Fitnessstudio zu gehen, begann ich in meinem Flur Sport zu treiben, denn es ist der größte offene Bereich in meinem kleinen Haus. Ich kaufte mir eine Yogamatte, erstellte einen persönlichen Fitnessplan (mithilfe von www.acefitness.org), klebte ihn auf ein Stück Pappkarton und legte los. Mit meinem Laptop habe ich auf YouTube Tai-Chi-Übungen im Flur gemacht. Ich mochte die Privatsphäre und baute nach und nach Muskeln auf.

3. »UND HALTEN!« PILATES UND DER BECKENBODEN

Eine starke Körpermitte (Core oder Rumpf) zu haben ist unabdingbar, wenn man älter wird. Nach dem Herzmuskel ist das die wichtigste Muskelgruppe, die wir haben. Ich stelle mir die Körpermitte wie einen Eiffelturm an der unteren Wirbelsäule vor: Sie ist ein Gerüst, das den Körper aufrechthält, oder das zentrale Verbindungsglied einer Kette, das die obere Körperhälfte mit der unteren verbindet. Eine starke Mitte sorgt für die richtige Haltung, hilft beim Heben, lindert Schmerzen im Kreuz, hält die unteren Organe an Ort und Stelle und fördert die Kontinenz. Pilates ist diesbezüglich sehr effektiv und die Kursleiter sind die beste Werbung für das Training. Wer es nicht zu einem Kurs schafft, kann einfach auf YouTube suchen. (Es gibt noch andere einfache Übungen für die Körpermitte. Auf Google oder YouTube nach »Körpermitte stärken Übungen« suchen oder unter www.realsimple. com den Suchbegriff *core* eingeben.)

Pilates stärkt die tiefliegenden Bauchmuskeln, die die Wirbelsäule stützen, und sorgt für die richtige Körperhaltung: Im Sitzen oder Stehen werden die Muskeln der Körpermitte stimuliert und man trägt aktiv dazu bei, die Beckenbodenmuskeln zu trainieren. (Vernachlässigen Sie auch Ihr Gleichgewicht nicht. Verbessern Sie es und probieren Sie dafür den Bosu-Gymnastikball aus. Wie gesagt, man kann erstaunlich schnell Fortschritte erzielen. Für Geduld bin ich nämlich nicht gerade bekannt.)

Ich kann die Bedeutung der Körperhaltung gar nicht genug betonen. Stellen Sie sich vor, ein Faden würde wie bei einer Puppe von oben bis unten durch Ihren Körper laufen. Wenn Sie den Faden nach oben ziehen, haben Sie Ihre Haltung automatisch verbessert und sehen dazu noch tausendmal besser aus. Nun stellen Sie sich vor, dass Licht aus der Mitte Ihrer Brust strahlt, direkt oberhalb der Brüste. Strecken Sie die Brust raus und lassen Sie das Licht erstrahlen. Dass wir jahrelang über unsere Computer gebeugt sitzen, wird uns teuer zu stehen kommen, wenn wir uns nicht auch in die andere Richtung strecken.

Dasselbe gilt für den Beckenboden. Jede Frau, die ich kenne, verdreht bei der Erwähnung von Beckenbodenübungen (Kegelübungen) die Augen. Ich nenne es meine »Beckenschwäche«. In einem Paralleluniversum gibt es eine Version von mir, die jeden Tag joggen geht, Zahnseide benutzt und solche Beckenbodenmuskeln hat wie die Mädels im

Rotlichtviertel von Bangkok. Aber noch ist es nicht so weit. Wir wissen alle, dass wir die Übungen machen sollten, aber nur wenige tun es. Ich weiß noch, wie uns die Kursleiterin in meinem postnatalen Kurs aufforderte, den Beckenboden zu heben und zu halten, so als wäre man ein Aufzug, der nach oben steuert. »Hochheben und hoch und hoch und halten, halten, halten, halten, halten, halten und … absenken.« Mein Aufzug schaffte es fast nie bis in den ersten Stock, bevor er wieder nach unten donnerte wie in einem Ausschnitt aus *Stirb langsam*. Ich habe mich oft gefragt, ob es sonst noch jemanden gibt, der schummelt – wie bei einer Gruppenmeditation, in der man sich fragt, ob man die Einzige ist, die sich mit geschlossenen Augen die Einkaufsliste für den Supermarkt zurechtlegt. Mit Beckenbodenübungen konnte ich mich nie so richtig anfreunden, aber ich weiß, dass ich das jetzt tun muss. Keine Ausflüchte mehr. Ich kann es schaffen. Abgesehen von den üblichen Vorteilen (besserer Sex, keine Senkung der Organe) haben starke Beckenbodenmuskeln in unserem Alter einen wichtigen Grund: *Sie verhindern Inkontinenz.* Vierzig Prozent der Menschen in unserem Alter sind bereits ein bisschen inkontinent. »Ein kleiner Spritzer«, wie Whoopi Goldberg es ausdrückte. Es ist ein totgeschwiegenes Leiden und wie bei Hämorrhoiden (70 Prozent der Frauen über 45 sind von diesen kleinen Biestern betroffen!) entscheiden wir uns dafür, es zu ignorieren. Früher habe ich es mitten in der Nacht manchmal kaum rechtzeitig zur Toilette geschafft (ach, dafür wurden Zimmer mit angrenzendem Bad erfunden), aber mittlerweile geht es mir in dieser Hinsicht … gar nicht so schlecht.

Es gibt Spezialisten, die sich ausschließlich mit dem Beckenboden befassen und sicherstellen, dass man die Muskeln richtig aktiviert. Eine Sitzung dieser Art ist eine gute Investition. Zudem gibt es jede Menge Informationen im Internet – ganz zu schweigen von den spezifischen Produkten, die angeblich weiterhelfen (»Beckenbodentrainer«), aber ich konnte mich nie dafür erwärmen.

Der Beckenboden besteht aus vier Muskelschichten und umfasst die Gebärmutter, den Dünndarm, die Blase und den Enddarm. Machen Sie sie ausfindig und schließen Sie Ihre Bekanntschaft. Um sie zu identifizieren, halten Sie auf der Toilette den Mittelstrahl an. Legen Sie sich für die Übung hin. Ein kleiner Tipp: Es ist einfacher, wenn Sie dabei aus- und nicht einatmen. (Denn beim Ausatmen hebt sich das Zwerchfell, wodurch die richtigen Muskeln aktiviert werden und man leichter mit dem Körper arbeiten kann.) Spannen Sie den Muskelring Ihrer Vagina und Ihres Anus an und versuchen Sie, sie anzuheben. Dabei handelt es sich um dieselben Muskeln, die sich beim Orgasmus zusammenziehen. Manchen hilft die Vorstellung, wie man mit den vaginalen Muskeln ein Tampon in sich hineinzieht oder wie man versucht, durch einen Strohhalm in der Vagina eine Erbse hochzuziehen. Bleiben Sie fünf Sekunden lang in dieser Haltung und dann entspannen Sie für fünf Sekunden. Wenn Ihr Beckenboden schwach ist, werden Sie am Anfang nicht viel spüren. Halten Sie nicht den Atem an, spannen Sie nicht ihre Bauch- oder Gesäßmuskeln an. Theoretisch soll niemand merken können, dass Sie die Übungen ausführen.

Wiederholen Sie das fünfmal. Steigern Sie sich langsam auf zehn Sekunden und machen Sie zehn Übungen hintereinander. Versuchen Sie, pro Tag mindestens drei Durchgänge mit zehn Übungen durchzuführen – wenn möglich mehr. Kaufen Sie kleine rote Punktesticker, die Sie daran erinnern, und kleben Sie sie überall hin: auf den Lampenschirm neben dem Bett, auf Ihr Portemonnaie, Ihre Kreditkarte, oben auf das Lenkrad, auf den Kühlschrank etc. Manche Frauen führen die Übungen ausschließlich vor Verkehrsampeln durch.

Ein letztes Wort zu Bewegung ...

Ihr Körpergewicht besteht zur Hälfte aus Muskeln – Ihre Muskelspannung und Ihre Kondition haben einen großen Einfluss auf Ihr Wohlbefinden.

Wenn Sie immer noch nicht überzeugt sind, finden Sie hier zehn Gründe für mehr Bewegung:
1. Man lebt länger. US-Forscher (*Archives of Internal Medicine*, 2005) haben herausgefunden, dass Menschen 1,3 Jahre länger

leben, wenn Sie an fünf Tagen pro Woche dreißig Minuten lang walken (und bis zu 3,7 Jahre, wenn sie joggen).

2. Eine halbe Stunde Sport am Tag mindert das Risiko einer Herzkrankheit und eines Schlaganfalls, senkt den Blutdruck und den Cholesterinspiegel, schützt vor Demenz, Diabetes, Brust- und Darmkrebs, Osteoporose und Arthritis. Mein lieber Schwan!

3. Bewegung schenkt Energie.

4. Es ist nie zu spät, damit anzufangen. Die Forschung hat gezeigt, dass die Wahrscheinlichkeit einer Herzerkrankung sinkt, wenn man anfängt, Sport zu treiben – auch im höheren Alter.

5. Bewegung mindert Stress.

6. Bewegung hilft bei Gewichtsverlust. Sport fördert den Muskelaufbau und den Stoffwechsel, sodass Kalorien schneller verbrannt werden. Er wirkt auch appetithemmend.

7. Man sieht jünger aus, da die Zellen mit sauerstoffangereichertem Blut versorgt werden – ein schöner Nebeneffekt der verbesserten Durchblutung und des besser funktionierenden Lymphsystems.

8. Im Laufe der Zeit kann die Notwendigkeit für verschreibungspflichtige Medikamente gesenkt werden (zum Beispiel für den Cholesterinspiegel, den Blutdruck, Diabetes etc.).

9. Durch Bewegung genießt man einen besseren Schlaf.
10. Je mehr man sich bewegt, desto einfacher wird es.

> **Die »beste« Bewegungsart ist diejenige, zu der man immer wieder zurückkehrt.**

Ernährung

»Bei falscher Ernährung nützt keine Medizin. Bei richtiger Ernährung ist keine Medizin notwendig.«
Ayurvedisches Sprichwort

»Es geht nur darum, was man zu sich nimmt.« Freundin Linda, 53, schlank

»Du bist, was du isst.« Junkfood rein, Junkfood raus. Essen ist eine sehr emotionale Angelegenheit, und wenn man einmal darüber nachdenkt, führen wir eine unglaublich intime Beziehung mit Lebensmitteln. Wir treffen die bewusste Entscheidung, was wir zu uns nehmen und was wir in unseren Körper lassen – nicht nur in unseren Bauch, sondern auch in unser Blut und unsere Knochen. Wir sollten daher achtsam sein. (Darum geht es in dem Buch und der Dokumentation *Das Omnivoren-Dilemma*, in dem Autor Michael Pollan unsere Nahrungskette erforscht und daraus spannende Schlüsse zieht.)

Über unsere Ernährung haben wir die absolute Kontrolle. Niemand zwingt uns, etwas zu essen, das wir nicht essen wollen. (In der Kindheit sieht das anders aus: Als Kind wünschte ich mir zum Geburtstag, ein Jahr lang keinen Rosenkohl essen zu müssen. Igitt. Ich esse immer noch keinen. »Nicht zum Jux mit einem Fuchs. Nicht im Haus mit einer Maus«, wie es in dem Kinderbuch *Grünes Ei mit Speck* heißt.) Eine inspirierende Freundin und Krebsüberlebende meinte, dass sie sehr wütend wird, wenn sie übergewichtige Menschen sieht, denn sie haben die Kontrolle, üben sie jedoch nicht aus. Sie hingegen konnte ihren Krebs nicht kontrollieren. Wieder einmal geht es um Entscheidungen und darum, eine gute neue Gewohnheit einzuführen, anstatt eine destruktive zu wiederholen. Sie können ein Stück Brie von der Größe Ihres Kopfes verschlingen oder einen köstlichen, knackigen grünen Salat mit einem himmlischen Reisweinessig-Dressing genießen. In jedem Fall lassen Sie Ihren Körper wissen, ob Sie für ihn sorgen oder nicht. Betrachten Sie Ernährung als eine Möglichkeit, Ihrem Körper *etwas Gutes zu tun* und ihn zu nähren, anstatt sich nur den Bauch vollzuschlagen.

Die gute Nachricht lautet, dass alle Studien zu den empfohlenen Lebensmitteln für unsere Altersgruppe miteinander übereinstimmen und unkompliziert sind.

- mehr Vollwertkost, d. h. nicht verarbeitete Produkte, also alles, was Ihre Großmutter wiedererkennen würde

- Gemüse
- Obst
- Vollkornprodukte
- Hülsenfrüchte
- Samen und Nüsse
- mageres Fleisch und Fisch
- ballaststoffreich, wenig Fett, wenig Salz

Gedankennahrung

VEGETARISCHE ERNÄHRUNG

Die neueste Empfehlung lautet, dass wir sieben (nicht fünf) Stücke Obst und Gemüse pro Tag essen sollen. Das erfordert eine bewusste Planung. Ich versuche, mehr Obst und Gemüse zu essen, doch es gibt einen Grund, weshalb ich keine Vegetarierin auf ganzer Linie bin. Nein, es liegt nicht am Duft von Lammbraten oder Bratenkruste – noch nicht einmal von Speck, sondern eher an dessen gehobener italienischer Variante: Allzu mächtig ist die Verlockung von italienischem Parmaschinken – so dünn geschnitten, dass man eine Zeitung durch ihn lesen könnte. Würden Sie damit eine Fährte legen so wie Hänsel und Gretel mit ihren Brotkrumen, würde ich Ihnen überallhin folgen. Wickeln Sie eine frische reife Feige damit ein und ich überlasse Ihnen meinen Erstgeborenen. Abgesehen davon esse ich fast nie Fleisch, wenn ich allein bin. Ich probiere gern neue Gemüserezepte aus, aber sie müssen meine Geschmacksnerven zum Jubeln bringen. Wie wäre es mit pikantem Tempeh oder Miso mit Auberginen? Und wer kann schon Yotam Ottolenghis karamellisierter Knoblauchquiche, seinen Soba-Nudeln mit Aubergine und Mango oder seinen Sellerielinsen mit Haselnuss und Minze widerstehen? Ein anderes Lieblingskochbuch ist *The Heart of the Plate* von Mollie Katzen (durch das Restaurant Moosewood berühmt geworden). Denken Sie an Kreuzkümmel-Burger aus schwarzen Bohnen, Wildreis-Pfannkuchen mit Pilzen und Ziegenkäse sowie Bulgur-Walnuss-Kibbeh-Klöße.

Beim Gedanken, dass Gemüse weniger die Beilage als vielmehr der Star meiner Gerichte sein soll, kommen mir die Marktbesuche auf meinen Asienreisen in den Sinn. Das waren wunderbare Möglichkeiten, ein Land aus der Nähe zu betrachten und zu erriechen. Die Obst- und Gemüseabteilungen sahen immer schön und ansprechend aus, doch die Fleischabteilungen sind selbst für Hartgesottene eine Herausforderung. Möchte mein Magen seine Tage lieber in einem Schlachthof oder einem Gemüsegarten verbringen? Schließen Sie sich den vielen Menschen an, die die Woche mit einem »fleischlosen Montag« beginnen (www.meatlessmonday.com).

Großartig finde ich übrigens David Sedaris urkomische Wortschöpfung »Flexitarier« – Menschen, die Fleisch essen, wenn es nicht zu viele andere mitbekommen!

GABEL STATT SKALPELL

Das ist ein interessanter Punkt. *Gabel statt Skalpell* ist ein *New-York-Times*-Besteller und eine Dokumentation, die für eine Ernährung mit pflanzlichen Produkten eintritt. Der Autor schreibt: »Eine pflanzliche Ernährung ist sehr einfach. Sie besteht darin, alle Lebensmittel zu vermeiden, die von einer Quelle stammen, die irgendwann ein Gesicht oder eine Mutter hatte.« Anders ausgedrückt, bei dieser Ernährungsweise verzichtet man komplett auf Fleisch, Fisch, Milchprodukte und Eier. Der Titel *Gabel statt Skalpell* bezieht sich auf folgenden Sachverhalt: »Da so viele Krankheiten auf die Ernährung zurückzuführen sind, ist es für die Gesundheit und den Heilungsprozess viel besser, nicht auf Operationen (im übertragenen Sinne: das Skalpell), sondern auf Lebensmittel (die Gabel) zu setzen.« Der Experte Dr. Caldwell B. Esselstyn Junior sagt: »Herz-Kreislauf-Erkrankungen sind zahnlose Papiertiger, die es eigentlich niemals hätte geben oder die sich zumindest nie hätten ausbreiten dürfen. Es sind Krankheiten, die auf Ernährung zurückgehen. Ändern Sie Ihre Ernährung und Sie ändern Ihr Leben.« Ich habe das noch nicht hundertprozentig ausprobiert, doch es interessiert mich. Die Rezepte klingen köstlich: Thai-Nudelsuppe, Baba Ghanoush-

> *»Betrachten Sie Essen als eine Aktivität des Genießens und nicht als Einladung zur Völlerei.«*
> Michelle Stacey

Wraps mit eingelegten Tomaten oder Zucht-Champignon-Tacos mit Salsa Verde. Das würde mich ansprechen. (Aber dieser italienische Prosciutto …)

BIO-LEBENSMITTEL

Ich glaube an die Idee, dass Bio wahrscheinlich besser für uns ist. Allerdings werde ich mich nie zu hundert Prozent Bio ernähren, daher frage ich mich, ob ein bisschen Bio hier und da besser ist als gar keine Bio-Produkte. Sicherlich, das Bio-Gemüse am Stand meines örtlichen Bauernmarkts sieht so frisch und munter aus, als wolle es einen jeden Moment anspringen. Man kann nicht umhin, zu denken, dass sich dieses Gefühl auf den Körper übertragen wird, wenn man es gegessen hat. Andererseits findet man im Supermarkt das Bio-Obst manchmal schon, wenn man den Fruchtfliegen folgt, und da Bio erheblich teurer ist, bin ich nicht vollkommen überzeugt. Der allgemeine Konsens lautet anscheinend: Wenn man es sich leisten kann, sollte man bestimmte Obst- und Gemüsesorten im Bio-Supermarkt kaufen, da sie ansonsten hohe Pestizidrückstände aufweisen können, darunter Äpfel, Pfirsiche, Nektarinen, Erdbeeren, Birnen, Trauben, Sellerie, Spinat, Suppengrün und Salat. Ich wasche Obst, Gemüse und Salate immer nochmal ab, auch wenn deutlich erkennbar ist, dass sie bereits gewaschen sind. Milch, Butter und Fleisch stehen ebenfalls regelmäßig auf der Liste der empfohlenen Bio-Lebensmittel. Die Entscheidung liegt bei Ihnen …

PORTIONEN KONTROLLIEREN

Eine Freundin kam vor Kurzem von einem Aufenthalt bei einer französischen Familie zurück und bei einem Mittagessen wurde ein Brathähnchen durch acht Personen geteilt. So viel dazu.

»ACHTSAM ESSEN«

… ist der letzte Schrei. Mir gefällt die Kernaussage, da sie Spiritualität mit Achtsamkeit in Bezug auf die Sinne vereint. Damit ist einfach gemeint, dass man isst, wenn man Hunger hat, und auf Ablenkung verzichtet (an einen Tisch setzen, ohne fernzusehen, zu lesen oder zu arbeiten). So kann man mit allen Sinnen den Duft, den Geschmack und die Textur des Essens genießen. Eine nachhaltige Ernährung wird dadurch beinahe garantiert. Auch wenn man nur beim ersten Bissen achtsam ist, steigert es die Aufmerksamkeit für das, was man gerade isst. Manchmal stelle ich mir vor, wie meine Mahlzeit auf einer Speisekarte beschrieben würde: »dreifach begossen, langsam geröstet, goldbraun, gabelzart, nahrhaft, butterweich, knackig, spritzig, mit Essig beträufelt, geröstet, samtig«. Das bedeutet Achtsamkeit für mich. Nigella Lawson ist eine Koryphäe auf diesem Gebiet. Ihr Buch *How to Eat* ist mit wunderbaren Beschreibungen rund ums Essen gespickt. »Ich nehme an, dass uns Granatäpfel mit ihrem roten Carpaccio-Saft und ihren glasigen Perlen immer exotisch erscheinen werden, und aus diesem Grund finde ich sie großartig«; »ich aß einen fabelhaften schwarzen Kabeljau in Miso: Das Fleisch war weich und dicht, die Kruste kohlrabenschwarz und mit gegrilltem karamellisiertem Sake versüßt«; »ein scharf angebratenes Lachssteak, braun und orangerot gesprenkelt, doch innen immer noch rosa und dazu knackiger Brokkoli und ein paar Tropfen honigsüßes Sesamöl ...« Achtsames Essen in seiner köstlichsten Version.

SMOOTHIES MIXEN

Besonders gefallen hat mir Nigel Slaters Smoothie-Buch *Thirst* mit seinen anregenden Beschreibungen: »Durch einen Saft verwandelt sich Obst von einem einfachen Genuss in ein sinnliches Erlebnis. Alle Säfte sind gut, aber manche sind grandios – zum Beispiel Mango, Maulbeere und Papaya, Kirsche, Pfirsich und Schwarze Johannisbeere. Ein Saft ist für mich die wahre Essenz, der feiste Kern einer Frucht ... Die kalte Flüssigkeit, die von der perfekten reifen Wassermelone tropft, ist in meinem Buch ein Geschenk der Götter.« Ich habe viele seiner empfohlenen Kombinationen ausprobiert: Ananas und Sellerie, Erdbeere und Grapefruit, Spinat und Apfel – alles köstlich. Ich mixe fast jeden Morgen einen Saft und habe mir angewöhnt, das Obst und Gemüse am Vorabend zu schneiden und den Entsafter sofort nach dem Trinken zu reinigen, sonst wird es nicht gemacht und bei der nächsten Nutzung hat der Smoothie eine seltsame Apfelmost-Note. Man spült den Saft hinunter und fühlt sich großartig. Ich weiß, dass Säfte nicht denselben Ballaststoffgehalt wie ein ganzes Stück Obst oder Gemüse haben und dass Gemüsesäfte gesünder sind als Obstsäfte, doch ich wette mit Ihnen, dass Sie dennoch spüren werden, wie Sie Ihrem Körper etwas Gutes tun.

»TEMPELESSEN«
Ich bin verflucht, denn ich liebe Kochen und Essen, auch wenn das hübsche Bäuchlein, das ich mir angefuttert habe, am liebsten die Zügel an sich reißen und »Halt!« schreien würde. Wie eine weibliche Indiana Jones in der Mitte des Lebens suche ich nach dem Heiligen Gral des unbelasteten, gesunden Essens. Es soll trotzdem gut schmecken, sodass einem das Wasser im Mund zusammenläuft. Meine Antwort fand ich in der Asia-Supermarktabteilung, wo Geschmäcker eine wichtigere Rolle spielen als Kalorien. Das ist wichtig, da unserer Geschmackssinn im Alter nachlässt. Nigella nennt das »Tempelessen«. Ich nenne es fettarme asiatische Küche und könnte mich nur davon ernähren. Tatsächlich tue ich das auch. Denken Sie an würzige Chili-Rindfleisch-Nudelsuppe, frische vietnamesische Reispapierröllchen, Spinat-Sesam-Salat, San Choy Bau, kleine, leichte gedämpfte Teigtaschen, nussiger Asia-Krautsalat, Shiitake-Pilze mit Soba-Nudeln, Tom Sum (thailändischer grü-

ner Papaya-Salat), Thai-Muscheltopf, Pfannkuchen mit Char-Siu-Schweinefleisch (statt mit Ente) und Ma-Po-Tofu. Lecker.

ERNÄHRUNGS-HIGHLIGHTS IN DEN WECHSELJAHREN

Laut Jane Frank, der Autorin von *Eat Smart, Beat the Menopause*, sollte die folgende Lebensmittelliste in den Einkaufskörben aller Frauen in der Lebensmitte und den Wechseljahren liegen:

- **Sojaprodukte** wie Sojabohnen, Edamame in Dosen oder gefroren, Shoyu oder Tamari, Miso, Tempeh, Tofu, Sojamilch
- **Dunkelgrünes Blattgemüse:** Kohl, Brokkoli, Spinat, Kohl, Brunnenkresse
- **Obst und Gemüse**
- **Nüsse und Samen,** besonders Sesam und Flachs- oder Leinsamen
- **Seetang,** jetzt »Meeresgemüse« genannt, um die Akzeptanz zu steigern. Es kann etwas gewöhnungsbedürftig sein, aber getränktes Arame macht sich gut in Nudelsalaten, und Wokgerichte sind ein guter Anfang. Sobald man sich einen weißen oder gelben Seetang-Gürtel umgelegt hat, kann man mit Wakame und Hijiki zum schwarzen Kombu-Gürtel übergehen.
- **Vollkornprodukte** – Vollkornbrot und -nudeln, brauner Reis, Quinoa, Amaranth, Hafer, Wildreis, Gerste usw.

- **Natürliche Süßstoffe** – konzentrierter Apfel-saft, Zucker-, Ahorn- und Dattelsirup, brauner Reissirup und Honig
- **Fette und Öle** – natives Olivenöl extra, Walnuss-, Flachs- und Kürbiskernöl

… und sieben Dörrpflaumen pro Tag geben Ihrem Körper alle Antioxidantien, die er braucht.

Zu guter Letzt:
- **Wasser.** Wir verlieren jeden Tag 1,5 Liter über die Haut und den Urin und sollten daher etwa zwei Liter pro Tag trinken. Bei einem Hungergefühl sind wir manchmal einfach nur durstig. Jane Frank schlägt gefiltertes Wasser vor und rät dazu, vier 500-Milliliter-Flaschen über den Tag verteilt zu trinken.
- Eine vor dem Frühstück, eine zwischen Frühstück und Mittagessen, eine am Nachmittag und eine am Abend. Zur Abwechslung geben Sie Limette, Zitrone oder Minze hinzu. Die Farbe des Urins ist ein guter Indikator, um zu sehen, ob Sie genug Wasser trinken. Geben Sie in der Google-Bildersuche einfach »Urinfarbe Tabelle« ein und Sie werden erstaunliche Ergebnisse bekommen. Vom idealen »blassen Strahl« über »Bernstein und Honig« bis hin zu Orange, Grün und Lila!

TEIL DREI: KRANKHEITEN VORBEUGEN
Die vier wichtigsten Zahlen, die man kennen sollte

Es ist sinnvoll, einen Check-up vom Arzt durchführen zu lassen. Eine gründliche Untersuchung ist wirklich eine gute Sache – nicht zuletzt um einen Maßstab zu haben, an dem man sich orientieren kann. Es ist an der Zeit, Ihre Krankenakten zu sortieren und alle Befunde, Rezepte, Impfprotokolle, Versicherungs- und Krankenkasseninformationen zusammenzutragen.

Im Folgenden die vier wichtigsten Zahlen, die man kennen sollte:

1. CHOLESTERIN

Zwei Drittel der Menschen unserer Altersgruppe haben einen hohen Cholesterinspiegel, was das Risiko von Herzerkrankungen und Schlaganfällen erhöhen kann. Durch einen Cholesterintest erfährt man seinen Gesamtcholesterinspiegel, die LDL-Werte (»schlechtes« Cholesterin), die idealerweise unter Hundert liegen, und die HDL-Werte (»schützendes« Cholesterin), die idealerweise über 60 liegen. Wichtig ist das Verhältnis dieser beiden Werte.

Die Richtlinie zum Gesamtcholesterinspiegel lautet:

Idealwert: unter 200
Etwas erhöht: 200–239
Erhöht: 240+

Wie man Cholesterin reduziert:
Im Grunde sind die Empfehlungen immer gleich:
Mehr Sojabohnen, Tofu, Mandeln, Walnüsse, Olivenöl, Avocados, Hafer, Gerste und Hülsenfrüchte essen. Gesättigte Fette und Fertigprodukte, die Transfette und gesättigte Fette enthalten, reduzieren und mehr Obst, Gemüse und Fettfische (oder Fischölpräparate) essen. Abnehmen, aufhören zu rauchen und sich ausreichend bewegen.

2. BLUTDRUCK

Ein Wert von 110 zu 70 ist ideal. Hoher Blutdruck wird »der stille Killer« genannt, da er selten Symptome verursacht. Wer seinen Blutdruck deutlich reduziert, senkt auch das Risiko für Schlaganfall, Herzversagen und Nierenerkrankungen.

Wie man Blutdruck senkt:

Weniger Salz essen, abnehmen, mehr Sport treiben, weniger Alkohol trinken, wegen des Kaliums mehr Obst und Gemüse essen (besonders Aprikosen, Bananen, Avocados, Spinat, Kiwis, Bohnen und Linsen) und weniger Fertigprodukte konsumieren.

3. DER BODY-MASS-INDEX (BMI)

Der BMI ist eine Maßzahl für das Verhältnis von Gewicht und Körpergröße. Im Internet gibt es viele BMI-Rechner (ansonsten teilen Sie Ihr Körpergewicht in Kilogramm durch Ihre Körpergröße in Metern zum Quadrat; BMI = Körpergewicht: (Körpergröße in m^2). Ein BMI von 18,5 bis 25 ist gesund, ein Wert von 25 bis 30 steht für übergewichtig und von über 30 für Fettleibigkeit.

4. TAILLENUMFANG

Indem Sie Ihre Taille messen, erhalten Sie einen Hinweis darauf, wie das Fett in Ihrem Körper verteilt ist. Der Umfang sollte unter 80 cm oder weniger als die Hälfte Ihres Gewichts sein.

Screening-Untersuchungen

Hierbei handelt es sich um eine Liste mit Empfehlungen ohne Anspruch auf Vollständigkeit. Fragen Sie Ihren Arzt, was relevant und angemessen für Sie ist.

- Hautkrebsvorsorge
- Darmspiegelung
- Knochendichtemessung
- Mammografie
- PAP-Test
- Sehtest
- Hörtest
- zahnärztliche Untersuchung
- Herz-Check
- Bluttest für Diabetes (bei Übergewicht)

Es gibt mittlerweile viele Self-Tracking-Geräte – eine schnell wachsende Branche – und Sie werden wahrscheinlich etwas finden, das für Sie nützlich ist. Self-Tracking ersetzt zwar keine Screenings beim Arzt, ist aber sinnvoll für die Überprüfung der eigenen Gesundheit. Allerdings kann es ganz schön süchtig machen! Im Grunde sind wir alle bereits sprechende Schrittzähler, aber jetzt gibt es auch Geräte für den Blutdruck sowie Schlaf- und Fitnesstracker wie *Nike Fuelband* und *Fitbit*. Apps wie *Moves, Lose it!, Sleep Cycle, MoodPanda, Cardiio* und *Withings* (sowie die unvermeidliche Stuhlgang-App *Poo Log*, die ziemlich lustig ist, aber nicht an die schaurig-fesselnde Bristol-Stuhlformen-Skala heranreicht – bitte einmal in der Google-Bildersuche danach suchen).

Gehen Sie mit Dr. Google, Dr. Wikipedia und anderen beängstigenden Selbstdiagnosen behutsam um. Um es mit Mark Twain zu sagen: »Seien Sie vorsichtig mit Gesundheitsbüchern. Sie könnten an einem Druckfehler sterben.« Manche Websites bieten fundierte Ratschläge, aber genauso viele werden von Laien geschrieben. (Laut einer kürzlich durchgeführten US-Umfrage diagnostizieren sich 74 Prozent der Menschen selbst, bevor sie zum Arzt gehen. Davon stellen 87 Prozent fest, dass ihre Online-Diagnose falsch war!) Gebrauchen Sie Ihren gesunden Menschenverstand und lassen Sie Vorsicht walten.

Nutzen Sie Dr. Google sinnvoll, indem Sie sich über alle Medikamente informieren, die Sie gerade einnehmen. Stellen Sie sicher, dass Sie genau wissen, wofür die Medikamente sind. Fragen Sie Ihren

Arzt bei Unsicherheiten und erkundigen Sie sich, ob Sie Ihre Abhängigkeit von diesen Medikamenten verringern können (zum Beispiel durch eine Veränderung des Lebensstils).

Multivitamine und Ergänzungsmittel

Ja, ja, bei einer richtigen Ernährung muss man nicht darauf zurückgreifen, aber es schadet auch nicht (eine Überdosis ist kaum möglich) und kann zusätzlichen Schutz bieten.

Diese Nahrungsergänzungsmittel sind sinnvoll: *Multivitamine.* Stellen Sie sicher, dass die von Ihnen gewählte Marke folgende Vitamine enthält: A (mindestens die Hälfte davon Betakarotin oder gemischte Carotinoide), B1 (Thiamin), B2 (Riboflavin), B3 (Niacin), B5 (Pantothensäure), B6 (Pyridoxin), B7 (Biotin), B9 (Folsäure), B12, C, D, E und K. Als Minerale sollten enthalten sein: Kupfer, Chrom, Magnesium, Mangan, Molybdän, Selen und Zink. Ungefähr 100 Prozent der empfohlenen Tagesdosis (RDA – engl. Recommended Daily Allowances) für die meisten dieser Vitamine und Mineralstoffe sollten enthalten sein.

Omega 3. Ist enthalten in Fischöl, Krill oder Algen und man benötigt 1000 mg täglich mit einer Mischung aus DHA (Docosahexaensäure) und EPA (Eicosapentaensäure). Es gibt auch geruchsneutrales Omega 3.

Kalzium. Frauen unter 50 Jahren benötigen 1000 mg pro Tag, Frauen in den Wechseljahren oder über 50 hingegen 1200 mg. Für eine bessere Aufnahme ist es sinnvoll, Kalzium mit Vitamin D zu nehmen, da wir oft unter dem empfohlenen Wert liegen (der Nachteil, wenn man die Sonne meidet).

Optional – Probiotika. Diese »gesunden« Bakterien leben im Darm und helfen dem Körper, Nährstoffe besser aufzunehmen und Entzündungen zu reduzieren oder zu verhindern. Ja, Sie haben richtig geraten: Am besten erhält man gesunde Probiotika-Werte, indem man sich von reichhaltigen, nahrhaften Lebensmitteln wie Vollkornprodukten, Obst, Gemüse und Hülsenfrüchten ernährt. (Dafür muss man einiges tun. Zum Beispiel sollen wir 30 g Ballaststoffe pro Tag zu uns nehmen und ein Apfel hat nur 3 g.) Wenn Sie das Gefühl haben, dass es Ihnen auf den Magen schlägt, könnten Sie ein probiotisches Nahrungsergänzungsmittel einnehmen. Studien haben gezeigt, dass es bei vielen Symptomen helfen kann – von Durchfall bis zu Reizdarmsyndrom (RDS).

Unwillkommene Begleiter

Ein kurzer Überblick über die Menopause, Herzerkrankungen, Krebs, Osteoporose, Depression, Alkohol und Übergewicht und was wir tun können, um ihnen aus dem Weg zu gehen.

Die Wechseljahre

Die Menopause ist eine echte Herausforderung in der Lebensmitte. Eine der großen. Mutter Natur, die normalerweise auf unserer Seite ist, spielt uns in der Mitte des Lebens einen Streich (das Durchschnittsalter für die Menopause beträgt 51 Jahre). Es ist ein dreifacher Schlag: Die nachlassende Hormonzufuhr, die Schwerkraft und ein geringes Selbstvertrauen sorgen für ein riesiges Durcheinander. Um es kurz zu machen: Das Östrogen und Oxytocin, welche in unseren fruchtbaren Jahren unser Herz und unsere Organe wie magisch geschützt haben, werden nicht mehr produziert. Mutter Natur lässt uns auf brutale Art und Weise wissen, dass unser Nutzen für die Menschheit – Babys zur Welt zu bringen – verwirkt ist und wir jetzt entbehrlich sind. Und noch dazu: behäbig. An Hüfte und Taille sammeln sich Fettpolster an und – das Schlimmste von allem – die Brüste werden größer, insbesondere zwischen 55 und 64 Jahren. Dann schrumpfen sie wieder. Die Haut wird dünner, der Teint unregelmäßiger und Pigmentzellen bilden Altersflecke auf der Haut. Herrgott nochmal!

So weit, so schlimm, aber da viele vor Hitzewallungen zergehen und mit ihrem Schweißschimmer auf der Haut wie wütende Delphine aussehen, stellt sich die Frage, wie wir mit den Symptomen umgehen sollen. Und was ist mit Hormonersatztherapie (HRT)? (Aus meiner Sicht ist das eine sehr persönliche Entscheidung, aber man hört immer wieder von ominösen Berichten, die dafür sprechen. Wenn man ein Zimmer mit 75-Jährigen in zwei Kategorien unterteilt, sind diejenigen, die HRT nehmen, noch voll im Leben, fahren Auto, sind fidel und aktiv und helfen der anderen Hälfte des Zimmers …). Die gute Nachricht lautet, dass Dr. Christiane Northrup alle Antworten kennt. Ich möchte dem Thema nicht ausweichen, doch ich habe festgestellt, dass jede Frau die Wechseljahre anders erlebt. Manche sehen aus, als hätten sie den ganzen Tag Elektroschocks bekommen, anderen scheint diese Zeit spielend leicht zu fallen. Es ist ein sehr weites Feld, daher würde ich Ihnen raten, sich an anerkannte Experten auf dem Gebiet zu wenden.

Wahrlich, ihr, die ihr im finsteren Tal des Östrogens wandert, sollt euch nur von einer Person leiten lassen. Ihr Name lautet: Dr. Christiane Northrup und ihr heiliges Buch trägt den Titel *Weisheit der Wechseljahre*. Es enthält viele tiefsinnige Einsichten. Und so sollt ihr es lesen und selbst sehen, dass das Orakel *sehr viel Sinn* macht.

Aber jetzt mal im Ernst: Dieses Buch gehört in das Bücherregal einer jeder Frau in der Lebensmitte (mit seinen mehr als 600 Seiten eignet es sich nicht gerade als E-Book). Ich kann es nur wärmstens empfehlen. In dieses Buch kann man über einen langen Zeitraum immer wieder eintauchen und es dann wieder zur Seite legen. Es ist eine absolute Glanzleistung und deckt viel mehr ab als die physischen Aspekte der Wechseljahre wie Hormone, HRT und Osteoporose, die hervorragend behandelt werden. Es befasst sich auch mit vielen Themen des *Midlife-Manifests*, darunter »Warum sich eine Ehe im mittleren Lebensalter verändern muss«, »Einen tieferen Sinn finden«, »Depression: eine Chance für Wachstum« und »Die Rückkehr zu sich selbst«. Es wurde millionenfach verkauft und das zu Recht.

»Es gibt auf der ganzen Welt keine kreativere Kraft als eine enthusiastische Frau in den Wechseljahren.«
Margaret Mead

Unsere Mütter und Großmütter haben Stillschweigen über dieses Thema gewahrt. Northrups Buch schließt diese Lücke und ist zuverlässig. Um die Symptome zu lindern, sollte man die üblichen Ratschläge befolgen (ich weiß, es klingt wie eine kaputte Schallplatte, aber Sie wissen selbst, dass es stimmt): gesund bleiben, sein Gewicht kontrollieren und sich richtig ernähren.

Herzerkrankungen

Herzerkrankungen sind die am weitesten verbreitete Todesursache von Frauen in unserer Altersgruppe und das Risiko steigt nach den Wechseljahren, auch wenn man fit und nicht übergewichtig ist. An Herzkrankheiten sterben mehr Frauen als an allen Krebsarten zusammen. Tatsächlich sterben viermal mehr Frauen an Herzerkrankungen als an Brustkrebs. (Zwei von drei Frauen erkranken an Krebs oder am Herzen.) Wie können wir diesen Zahlen etwas entgegensetzen? Wie gesagt, die gute Nachricht lautet, dass die meisten Herzkrankheiten vermeidbar sind und dass 70 bis 80 Prozent durch den »Lebensstil« – wie es im medizinischen Fachjargon so schön heißt – verursacht werden. Übersetzt bedeutet das für Sie und mich: Ernährung und Bewegung. Auf die Gefahr hin, dass ich mich wiederhole: Von Bedeutung sind ein gesundes Gewicht, eine gesunde Ernährung, Bewegung sowie die Kontrolle des Blutdrucks und des Cholesterinspiegels.

Krebs

Hier einige ernüchternde Statistiken: In Australien wird jede Stunde bei vierzehn Menschen Krebs diagnostiziert[1]. Achtzig Prozent der Krebserkrankungen sind vermeidbar und 30 bis 40 Prozent der Krebserkrankungen werden durch schlechte Ernährung verursacht. Nach Angaben des World Cancer Research Funds könnte eine gesündere Ernährung die Hälfte aller Brustkrebsfälle und drei von vier Darmkrebsfällen verhindern.

Die besten krebsvorbeugenden Lebensmittel sind Brokkoli, Heidelbeeren, Karotten, Curry-Gewürze, Tomaten, Paranüsse, Zwiebeln, Knoblauch, Kiwis, Linsen, Sprossen, Kohl, Granatäpfel, Vollkornprodukte, Bohnen, Hülsenfrüchte und grüner Tee.

---

[1] In Deutschland sind es 55 Menschen pro Stunde (Anm. d. Übers.).

Vermindern Sie Ihren Konsum von Fleisch (besonders geräuchertes oder verarbeitetes Fleisch wie Salami, Speck und Schinken) und Alkohol. Hören Sie auf zu rauchen, halten Sie ein gesundes Gewicht und schützen Sie sich vor der Sonne.

Osteoporose

Osteoporose steht für eine degenerative Abnahme der Knochendichte. Dabei werden die Knochen immer dünner und schwächer und nach einer gewissen Zeit können sie mit hoher Wahrscheinlichkeit leichter brechen. Meine Mutter hatte es, und mit 80 Jahren war sie so dünn, dass man glaubte, ein Windstoß könne sie davontragen. Die meisten Frauen wissen nicht, dass sie es haben, bis sie stürzen. Es ist unglaublich, aber eine von zwei Frauen erleidet in ihrem Leben einen Knochenbruch aufgrund von Osteoporose. Eine von zwei! Hunderttausende Frauen haben jedes Jahr Knochenbrüche, die durch Osteoporose verursacht werden. Viele Frakturen (bis zu 80 Prozent) sind genetisch bedingt, doch man kann die Chancen verbessern.

Essen Sie Milchprodukte (oder mit Kalzium angereicherte Sojamilch), Mandeln, Brokkoli, Bohnen, mageres rotes Fleisch, Meeresfrüchte, Hühnchen, grünes Blattgemüse, Tofu, Tempeh, Eier, Paranüsse und Sardinen aus der Dose. Hören Sie auf zu rauchen, reduzieren Sie Getränke mit Kohlensäure und Koffein, achten Sie auf Ihr Gewicht und denken Sie darüber nach, Lebertran zu nehmen.

Krafttraining würde definitiv auch helfen.

Wir benötigen 1000 bis 1500 mg Kalzium pro Tag. Wenn Sie glauben, dass Sie nicht genug davon zu sich nehmen, ziehen Sie ein Kalziumpräparat wie Caltrate mit Vitamin D in Erwägung, um die Aufnahme zu unterstützen.

Depression

»Manchmal denke ich nur noch: ›Wann ist dieser Tag endlich vorbei, damit ich mich wieder hinlegen kann?‹« Sue, 55

Zu meiner Schande vertrat ich früher in Bezug auf Depression die typische Reiß-dich-mal-zusammen-Einstellung. Seitdem waren viele Menschen aus meinem Bekanntenkreis davon betroffen (mich eingeschlossen). »Der schwarze Hund«, wie Churchill es einst nannte, ist eine sehr reale Angelegenheit und kann – unbehandelt – zu schwerwiegenden Krankheiten führen. (Interessanterweise produzieren Männer 52 Prozent mehr Serotonin als Frauen – ein Hormon, das Depressionen verhindert.)

Ich weiß noch, dass ich mich schuldig fühlte, weil ich deprimiert war. Im Vergleich zu vielen anderen kann ich mich wirklich sehr glücklich schätzen. Aber damit hat Depression nichts zu tun. Wenn Sie sich antriebslos, lustlos und müde fühlen, schnell anfangen zu weinen, nichts genießen können, was Sie früher genossen haben, oder einfach nicht aus dem Bett kommen und das Haus nicht verlassen können, dann gehen Sie in sich. Erstaunlicherweise bleiben 90 Prozent der Depressionen unbehandelt. Wenn Sie glauben, dass Sie depressiv sein könnten, machen Sie das Selbst-Quiz auf www.deutsche-depressionshilfe.de/depression-infos-und-hilfe/selbsttest oder www.therapie.de/psyche/info/test/depressionen/depression-test.

Die Webseite www.moodgym-deutschland.de bietet verschiedene Methoden, wie man mit der Diagnose umgehen kann. Manche Menschen benötigen rezeptpflichtige Medikamente, andere nicht. Erkundigen Sie sich auch bei Ihrem Hausarzt.

Stellen Sie zudem sicher, dass Sie den Unterschied zwischen Melancholie und Depression kennen. Bei einer Depression muss etwas unternommen werden, traurig sein gehört zum Leben. Wie Seneca sagte: »Immer glücklich zu sein und ohne jede Gemütstrübung das Leben zu durchwandern, heißt, nur die *eine* Seite der Natur zu kennen.«

Alkohol

Ein Glas Wein mit jemandem, den man mag, oder nach einem langen Tag gehört zu den Freuden des Lebens. Allerdings kann es schnell passieren, dass man zu viel Alkohol trinkt. Die Lebensmitte ist eine gute Zeit, um zu entscheiden, wo man steht. Ich bin dafür bekannt, dass ich gern mal ein Glas Weißwein (oder vier!) trinke, aber ich merke immer mehr, dass ich dadurch schneller alt werde, dass es den inneren Organen schadet und langfristige Auswirkungen hat. Ich versuche jetzt bewusst, nicht mehr allein zu trinken und mich mit köstlichen Alternativen zu verwöhnen. Meine neueste Kreation ist Sprudelwasser mit Minze, frischer Limette und einer Erdbeere in einer schönen Glaskanne. Ich spiele mit dem Gedanken, eine Wasserdegustation für Freunde zu veranstalten – wie eine Weinprobe, aber mit verschiedenen Wassersorten. Ein guter Rat lautet, zwischen jedem alkoholischen Getränk ein Glas Wasser zu sich zu nehmen und kontrolliert zu trinken.

Wie dem auch sei, es lässt sich nicht bestreiten, dass es in Bezug auf Alkoholgenuss einen gesellschaftlichen Druck gibt, was schwierig sein kann. Um ihn zu umgehen, kann man sagen, dass man Medikamente nimmt oder noch fahren muss, was jeder versteht. Manchmal nippe ich einen ganzen Abend lang an einem Glas Wein. Jeder schaut auf sein eigenes Glas, nicht auf das der anderen. Die geistreich benannte Webseite »Hello Sunday Morning« (www.hellosundaymorning.org) greift diesen sozialen Druck auf und ist eine interessante und inspirierende Seite für Menschen, die weniger trinken wollen.

Abnehmen

»Mein Hintern versuchte, eine Affäre mit meinen Kniekehlen zu beginnen.« Sophie, 56

»Ich habe das Gefühl, die Kontrolle verloren zu haben. Ich mache mich selbst kleiner, indem ich mich größer mache.« Janine, 49

Auf gesamtgesellschaftlicher Ebene ist Übergewicht ein großes Problem in Australien, wo unglaubliche drei von fünf Erwachsenen fettleibig sind.[1] Unter den Ländern mit den dicksten Menschen der Welt belegt Australien den fünften Platz.[2] Anscheinend ist die eine Hälfte der Weltbevölkerung unterernährt und die andere übergewichtig. (Es scheint, als würden die Menschen ihre Gesundheit aufgeben, um zu Reichtum zu gelangen, und dann ihren Reichtum aufgeben, um wieder gesund zu werden.)

Catherine Deneuve soll gesagt haben: »Nach 40 Jahren hat man die Wahl zwischen Hintern und Gesicht.« Mit anderen Worten: Man kann Kurven, einen dicken Hintern und ein Gesicht ohne Falten haben oder dünn sein und ein faltiges Gesicht haben. Das ist unfair!

Wenn die TV-Show *Mastermind* noch laufen würde, wäre »Abnehmen« mein Spezialthema. Es ist für alle ein sensibler Punkt und ich stelle keine Ausnahme dar. In der Mitte des Lebens nahm ich deutlich zu. Manchmal fragte ich mich, was ich tun würde, wenn ich umkippen würde und allein wäre. Ich würde wie ein Insekt hilflos auf dem Rücken liegen, mit den Beinen strampeln und mich tagelang im Kreis drehen. Der heilige Sebastian war ein

---

[1] In Deutschland sind mehr als die Hälfte der Erwachsenen übergewichtig und fast jeder Vierte adipös (Anm. d. Übers.).

[2] Deutschland den neunten (Anm. d. Übers.).

früher christlicher Märtyrer, der in einem Pfeil-
hagel starb. So fühlte ich mich jedes Mal, wenn
mich meine Freunde oder meine Familie – und
Fremde – auf mein Gewicht ansprachen. Die Pfeile
kamen immer dichter und schneller. Eine entfernte
Verwandte schrieb in einem Brief, dass Schwimmen für mich eine gute Möglichkeit wäre, Gewicht
zu verlieren. Freundinnen besprachen unter-
einander (aber nicht vor mir), dass sie sich um
mein Gewicht sorgten. Ich erhielt eine Weih-
nachtskarte, in der man mir ein *gesundes* neues
Jahr wünschte. Glaubten die alle, dass ich keinen
Spiegel hätte? Diese Kommentare waren nicht hilfreich. Ich begann abzunehmen, weil die Zeit gekommen war. Ich änderte meine Einstellung, denn
ich wollte *gesünder* und *stärker* werden. Abnehmen
ist an sich schon hart genug, ohne dass andere
ihren Senf dazugeben, wodurch man sich noch
elendiger fühlt. Ist es nicht offensichtlich, dass
nicht das Essen das Problem ist, sondern der Auslöser fürs Essen? Es gibt nicht viele Freunde, die
bereit sind, über dieses Thema zu sprechen.

Ich probierte Weight Watchers aus, doch es
funktionierte bei mir nicht. Ich fand die Treffen
und das Programm sinnvoll und viele Menschen
hatten Erfolg damit, aber mir kam es etwas bevor-
mundend vor. Ich hatte das Gefühl, in einer »Fat
Fighters«-Episode aus *Little Britain* gelandet zu
sein. Abgesehen davon – wenn man es zum fünften
Mal ausprobiert, heißt das dann nicht, dass es nicht

funktioniert? Ich halte nicht viel von gefrorenen Fertiggerichten, die nach Hause geliefert werden, da es mir auf lange Sicht nicht nachhaltig erscheint. Viele Freundinnen schwören auf die Diät, bei der man an fünf Tagen normal und an zwei Tagen weniger isst, aber Fasten bewirkt bei mir für gewöhnlich nur, dass ich am Ende mehr esse. Die Wahrheit ist, dass eine Diät meistens dann funktioniert, wenn man sie langfristig einhält.

Was war für mich die Kehrtwende? Nun, im Grunde war es dieses Buch. Ich hätte nie gedacht, dass es auch nur eine Sache gibt, die ich mit Madonna oder Pink gemein hätte, doch dann begriff ich, dass sie beide unglaublich diszipliniert sind und für *ihre Arbeit* fit und gutaussehend sein müssen. Ich erkannte, dass es bei mir genauso ist. Ich muss eine Vertreterin meines persönlichen *Midlife-Manifests* sein. Für mich persönlich hat Folgendes funktioniert. Jeder ist anders. Wählen Sie daher nur diejenigen Punkte aus, die Sie ansprechen. Hier die Prinzipien meines persönlichen Abnehm-Manifests:

- Ich musste meine Denkweisen verändern (siehe »Den Geist beflügeln«, S. 132). In gewisser Hinsicht ist Gewichtsverlust die Folge eines glücklicheren Lebens.

- Für mich war es 40 Prozent Kopf, 40 Prozent Ernährung und 20 Prozent Bewegung. Finden

Sie das Verhältnis, das zu Ihnen passt. Die Erkenntnis, dass es vorrangig um mein *Gefühl* dabei ging, nahm den Druck von mir und ich glaubte nicht länger, mich ins Fitnessstudio schleppen zu müssen. Stattdessen konnte ich neue Gewohnheiten annehmen. Übrigens belegen zahlreiche Studien, dass Ernährung beim Abnehmen eine wichtigere Rolle spielt als Bewegung. (80 Prozent Ernährung, 20 Prozent Bewegung).

- Ich respektiere meinen Körper jetzt mehr. Er ist noch kein Tempel, aber auch kein Mülleimer.

- Ich plane meine Mahlzeiten gewissenhaft und stelle meine Geschmacksnerven nach und nach um, damit ich Obst und Gemüse mehr genießen kann.

- Ich sage mir, dass ich heute nicht abnehmen, sondern einfach gesund sein muss. Es geht immer nur um die nächste Mahlzeit und den heutigen Tag.

- Teilen Sie es auf. Ich muss nicht zwanzig Kilo abnehmen, sondern viermal fünf Kilo (oder so ähnlich). Eine Freundin hat als Motivation ein altes Foto von sich auf die Waage geklebt, auf dem sie übergewichtig ist. Wenn sie sich wiegt, hat sie das Gefühl, über ihr altes Selbst zu triumphieren.

- Ich habe ein »Portofolio« mit Gerichten, die ich häufig esse und die mir schmecken. Mein Frühstück besteht aus Vollkorntoast, Tomaten und Avocado oder Smoothies mit fettarmem Joghurt, frisch gepressten Säften und frischem Obst. In meinem Kühlschrank gibt es ein spezielles Frühstücksregal mit fettarmem Joghurt, LSA (Leinsamen, Sesam und Mandelkleie), Chiasamen, Mandeln sowie gewaschenem Obst und Gemüse, um Smoothies oder frischen Saft zu mixen. Das Mittagessen besteht aus hausgemachten Gemüsesuppen und Salaten oder Sandwiches mit etwas Avocado, Salat, Sprossen, gerösteten Kürbiskernen und einer Scheibe Schweizer Käse oder ab und zu dünn geschnittener, geräucherter Hähnchenbrust (auch hier schlägt der Geschmack die Kalorien). Abends werde ich kreativ und probiere mindestens ein- oder zweimal pro Woche neue Gerichte aus – meistens »Tempelessen« (siehe S. 161 im Kapitel über Ernährung).

- Ich versuche, in Bezug auf die Präsentation japanisch zu denken – das Gericht ist nicht üppig, aber dafür gedankenvoll und sorgfältig aufbereitet und überaus frisch. Ich habe mir angewöhnt, jeden zweiten Tag etwas Obst und Gemüse zu kaufen und es sofort aufzubrauchen, anstatt es wegzuschmeißen.

- Wenn ich allein esse, benutze ich spezielle Teller, Schüsseln, Platten und Besteck. Sie sind kleiner als gewöhnlich und schön (aber nicht teuer). Ich verwende eine hübsche rosa Brennholzschale im Dinosaurier-Design, eine Seladon-Nudelschale aus Vietnam, eine dünne blaue Mud-Porzellanschale, einen unterteilten Muji-Teller und alte Silberlöffel und -gabeln. Außerdem habe ich Geschirr gesammelt, das meine gesunden Mahlzeiten zu etwas Besonderem macht. Kleine Email-Backformen, einzelne Gusseisen-Kasserollen, einen vietnamesischen Tontopf, Lao-Klebreiskörbe, eine japanische Bento-Box und so weiter – alles für eine Person. Damit kann ich meine Single-Gerichte verlockender gestalten. Ich setze mich mit einer Kerze und einer Serviette an den Tisch.

- Wie unsere schlanken Freunde unter Beweis stellen, muss man für den Rest seines Lebens auf seine Ernährung achten. Am Anfang ist es schwer, doch es fühlt sich schnell normal an und man wird reich belohnt.

Ein ayurvedischer Ansatz

Ich interessiere mich für das Potenzial des indischen Ayurveda-Systems (Ayurveda bedeutet »Wissen vom Leben« auf Sanskrit). Es gibt zwei Bücher über dieses Thema, die ich empfehlen würde. Das erste heißt *Balance Your Hormones,*

Balance Your Life von Dr. Claudia Welch. Der Titel wird dem Buch nicht gerecht, denn es ist ein umfassendes Werk über alle Aspekte der weiblichen Gesundheit, darunter Ayurveda-Prinzipien, chinesische Medizin und westliche Wissenschaft. Die Lektüre lohnt sich.

Das zweite Buch trägt den Titel *Perfect Health* von Deepak Chopra. Darin werden die Vorteile des ayurvedischen Ansatzes vorgestellt und es gibt einen klaren, maßgeschneiderten Plan für jeden Ayurveda-Typ: den dünnen, ruhelosen Vata-, den unternehmungslustigen, effizienten Pitta- oder den beständigen Kapha-Typ oder eine Kombination aus allen dreien. Das Buch geht jedoch darüber hinaus und bietet einen alternativen Ansatz, damit man bewusst für seine Gesundheit eintritt. Zudem zeigt es auf, wie man die Körper-Geist-Verbindung stärkt, seinen Körper bei der Heilung unterstützt und in engeren Kontakt mit der Natur tritt. Es enthält auch Empfehlungen zu Bewegung und Ernährung, die mit dem Körper arbeiten, nicht gegen ihn. Da ich selbst von Natur aus nicht gern Sport mache, gefielen mir besonders Sätze wie: »Es ist ebenfalls von entscheidender Bedeutung, dass die Bewegung mehr Energie gibt als abzieht … Gehen ist fast schon ideal.« Habe ich alles akzeptiert und übernommen, was der Autor vorschlägt? Nein. Lohnt es sich meiner Meinung nach, sich damit zu beschäftigen, um sich für neue Denkweisen zu öffnen und Aspekte zu finden, bei denen es »Klick«

macht und die man in sein Leben integrieren kann? Ja, absolut.

» Wenn man kein Geld hat, ist Essen das Problem. Wenn man Geld hat, ist es Sex. Wenn man beides hat, ist es die Gesundheit. «

J.P. Donleavy

TEIL VIER: SEX

In meinem Bekanntenkreis haben viele Frauen in der Lebensmitte das Gefühl, in Bezug auf ihre sexuellen Fähigkeiten ganz oben zu stehen. Wir sind selbstbewusster, weniger gehemmt und es ist uns wichtig, Lust zu bereiten und zu empfangen. Wenn Sie immer schon etwas Neues ausprobieren wollten, haben Sie jetzt die Gelegenheit dazu. Ich kenne viele Freundinnen, die zum ersten Mal seit Ewigkeiten mit ihrem Partner experimentieren (keine Teenager mehr im Haus) und deren Beziehung neu aufblüht. Manche beginnen mit ein bisschen Porno, andere haben keinen Sex im Bett, sondern anderswo, manche versuchen sanften Sadomaso und lesen *The Joy of Sex* (er hat keinen Bart mehr!) oder *The Big Fun Sexy Sex Book* von Lisa Rinna und Ian Kerner. Andere halten es in ihren Terminkalendern fest, nur um sicherzustellen, dass sie Sex haben. Wie schön für sie alle!

Frauen brauchen in der Regel 20 Minuten, um zum Höhepunkt zu kommen (wobei jeder Orgasmus kurze, aber süße 17 Sekunden dauert). Es ist daher nicht verwunderlich, wenn man dabei daran denkt, das Auto noch zur Inspektion zu bringen. Versuchen Sie, das größte Organ in Ihrem Körper – Ihr Gehirn – zu nutzen, um unerforschte Fantasien auszuleben. (An Kentauren gibt es nichts auszusetzen – nur mal nebenbei bemerkt). Wenn Sie zu schüchtern sind, Ihren Partner zu fragen, schreiben Sie es auf oder versuchen Sie Pictionary für Erwachsene und malen Sie es!

Ohne Partner (oder auch mit) können Sie Sex mit sich selbst genießen. Es ist schon erstaunlich: Die Klitoris hat 8000 Nervenenden – doppelt so viele wie der Penis. Entgegen der Aussagen meiner Freundinnen, rostet man nicht ein, wenn man eine Zeitlang keinen Sex hat. Man sollte jedoch auf Spielzeug zurückgreifen, damit es mit dem nächsten Partner nicht schmerzhaft wird. Mehr habe ich dazu nicht zu sagen

Unter Freundinnen, die mehrere Flaschen Wein intus haben, sind Vibratoren anscheinend das Gesprächsthema Nummer eins. Dildopartys haben Tupperpartys ersetzt – leider nicht in meiner Nachbarschaft. In Australien werden jedoch jedes Jahr mehr als eine Million Vibratoren verkauft. Wenn Sie sie nicht kaufen, tut es eine andere und hat ihren Spaß damit. Ich finde die Marke Lelo am besten (www.lelo.com). Dieses schwedische Unternehmen bietet die schönsten und stilvollsten Varianten. Ihre Vibratoren könnte man auf den Kaminsims stellen. Aber wie Sie sicherlich wissen, gibt es Tausende Optionen. Rabbit-Vibratoren, Eier, Pebbles, Kugeln, Lippenstifte, Wandvibratoren, Ringe, Drachenfly-Vibratoren und der enttäuschende »Bleistift« – das alles findet man unter den 16.000 verschiedenen Vibratoren auf Amazon.com. Sie werden in einem wunderbar unscheinbaren Paket bis an die Haustür geliefert. Ihre Nachbarn, Kinder und der Postbote werden Sie noch dafür bewundern, so viele Bücher zu lesen.

Viele Frauen finden Porno hilfreich, um sich (und ihren Partner) in Stimmung zu versetzen. Es ist etwas verallgemeinernd, doch anscheinend finden es noch mehr Frauen anregender, Erotikbücher zu lesen, als Sexfilme mit bizarr proportionierten Menschen anzusehen. Ich habe nicht viel Erfahrung mit Pornofilmen und fand es eher deprimierend: Der Film war das genaue Gegenteil von Erotik und nur für Männer gemacht. Allerdings gibt es neben Erotikbüchern immer mehr Webseiten von Frauen für Frauen. Besuchen Sie www.makelovenotporn.com (das 2009 nach Cindy Gallups TED-Rede entstand). Ein interessanter Ansatz …

⌒──⟶ FAZIT ⟵──⌒

*IHR KÖRPER IST KEINE LEIHGABE.
ER GEHÖRT IHNEN UND SIE
WERDEN IHR GANZES LEBEN MIT
IHM VERBRINGEN. WENN SIE
AUF IHN ACHTGEBEN, WIRD ER
DASSELBE FÜR SIE TUN.*

Was ziehe ich aus diesem Kapitel über Körper?

**Was werde ich in den nächsten 48 Stunden
unternehmen?**

»Die Menschen sagen, dass wir alle den Sinn des Lebens suchen. Ich glaube nicht, dass es das ist, was wir wirklich suchen. Ich glaube, was wir suchen, ist die Erfahrung, uns lebendig zu fühlen, sodass unsere Lebenserfahrung auf rein physischer Ebene in Resonanz mit unserem tiefsten Inneren und unserer tiefsten Wahrheit gehen kann, damit wir den Rausch, am Leben zu sein, tatsächlich fühlen.«
Joseph Campbell

»Deine Visionen werden klarer, wenn du in dein Herz siehst. Wer nach außen schaut, träumt. Wer nach innen schaut, erwacht.«
C. G. Jung

»Darum wusste ich Ihnen keinen Rat als diesen: In sich zu gehen und die Tiefen zu prüfen, in denen Ihr Leben entspringt.«
Rainer Maria Rilke

»Wer die Früchte ändern will, muss zuerst die Wurzeln ändern. Wer das Sichtbare ändern will, muss zuerst das Unsichtbare ändern.«
T. Harv Eker

»Man kann einen Menschen nichts lehren; man kann ihm nur helfen, es in sich selbst zu entdecken.«
Galileo Galilei

5. KAPITEL

Ihr spirituelles Selbst

Namaste

(»Grüße vom Göttlichen in mir zum Göttlichen in dir«)

In diesem Kapitel werden Sie:

- *darüber nachdenken, sich eine persönliche spirituelle »Halskette« zu erschaffen*
- *sich Gedanken über die großen Weltreligionen machen und darüber, was wir von ihnen lernen können*
- *einer einfachen Meditationsanleitung folgen*
- *darüber nachdenken, eine neue Verbindung mit der Natur einzugehen, Tagebuch zu schreiben, allein und dankbar zu sein*

Ich bin pragmatisch und einigermaßen intelligent, auch wenn ich mich nicht bei Mensa (einem Verein für hochintelligente Menschen) bewerben würde. Allerdings finde ich viele Texte über Spiritualität verwirrend und schwer verständlich. Ich lese die Wörter immer wieder, doch ich werde aus ihnen nicht schlau (sorry, Eckhart Tolle!). Oder ich denke, »das ist interessant«, doch wie bei diesem Klischee über chinesische Küche bin ich danach immer noch hungrig (im spirituellen Sinn) und kein bisschen klüger.

Eines ist klar: In der Mitte des Lebens strebt unsere Seele danach, sich zu weiten, denn die Ambitionen, die die erste Hälfte unseres Lebens bestimmten, machen in der zweiten Lebenshälfte der Sinnsuche Platz. Materielle Besitztümer stimmen uns weniger zufrieden. Der Gedanke, immer mehr Geld zu verdienen, um immer mehr Dinge zu kaufen und Einkaufszentren in Heiligenstätte zu verwandeln, fühlt sich nicht mehr richtig an. Jetzt öffnen wir uns vielleicht zum ersten Mal für den Gedanken, das zu erforschen, was über uns und unseren Alltag hinausgeht. So erwacht unsere spirituelle Seite.

Die Frage nach der eigenen Spiritualität ist wie eine Stelle, die juckt und die man kratzen möchte, oder wie ein Kind, das uns am Ärmel zupft und nach Aufmerksamkeit verlangt. Organisierte Religionen sind jedoch für viele Menschen nicht die richtige Antwort und erscheinen sogar überholt.

Stattdessen entwickeln viele – bewusst oder unbewusst – ihr persönliches Glaubenssystem. Ich stelle es mir wie die Perlenschnur an einer Halskette vor. Unbewusst fügen wir hier und da eine Perle hinzu – vielleicht etwas Meditation aus dem Buddhismus, etwas Stille von den Quäkern, Karma aus dem Hinduismus und eine Pilgerfahrt aus dem Islam. Auf diese Weise kreieren wir die Kette, die zu uns passt. Spirituelle Energie (Prana, Lebenskraft oder Qi) ist die Schnur, auf die wir die Perlen reihen. Ich hoffe, dass ist Ihnen nicht zu esoterisch à la kalifornischem New-Age-Hippie-Dingsi oder buddhistischem Byron-Bay-Aussteiger-Lifestyle. Ich verspreche Ihnen, dass ich keinen Delphin in meiner Badewanne halte. Glauben Sie mir, ich kann erst seit Kurzem »Energie« sagen, ohne dabei Anführungszeichen in die Luft zu zeichnen. Doch die Analogie mit der Halskette funktioniert für mich gut. Es ist ein bisschen wie mit IKEA: Selbstmontage erforderlich.

Ich habe noch nie so viel über mein Innenleben nachgedacht wie jetzt. Dabei geht es nicht um eine spirituelle Neuerfindung, sondern darum, mehr ich selbst zu sein. Die Lebensmitte regt uns dazu an, die Person zu werden, die wir wirklich sein wollen und die wir in Wahrheit immer sein sollten. Ich will etwas tiefer schauen, ein bisschen mehr wissen und meine spirituelle Intelligenz kultivieren. Es ist wichtig, dass wir uns nicht nur körperlich, sondern auch spirituell stärken.

Wir haben das Glück, in einer Gesellschaft zu leben, die zahllose Möglichkeiten für spirituelles Wachstum bietet und relativ wenig verurteilt. (Es gibt sogar eine wachsende Zahl von Altenheimen mit spiritueller Ausrichtung. Ein Hinweis auf zukünftige Entwicklungen.) Jedenfalls sprechen viele empirische Beweise dafür, dass Menschen, die meditieren, beten oder zum Gottesdienst gehen, weniger Bluthochdruck, ein stärkeres Immunsystem und eine niedrigere Wahrscheinlichkeit für bestimmte Krankheiten haben. Sie leben daher länger. Aus eigener Erfahrung weiß ich, dass es den Stress auf jeden Fall reduzieren kann. Die Autorin Louise Hay bezeichnet *disease* (dt. »Krankheit«) daher treffend mit dem Begriff *dis-ease* (dt. etwa »nicht entspannt sein«, »das Gegenteil von Wohlgefühl«).

In der Lebensmitte genießen wir die Freiheit, uns von den Beschränkungen organisierter Religion zu befreien, da sie sich für viele nicht mehr richtig anfühlt. Nach und nach entdecken wir, was für uns persönlich funktioniert. Im antiken Rom war Janus der Gott des Anfangs und des Übergangs. Er wird mit zwei Gesichtern dargestellt: Eines schaut in die Vergangenheit, das andere in die Zukunft. In unserem spirituellen Leben ist die Lebensmitte wie ein Janus-Punkt, denn wir blicken darauf zurück, wer wir waren (in meinem Fall eine nicht praktizierende Anglikanerin), und nach vorn, um eine persönlichere Philosophie zu entwickeln. Es ist in gewisser Hinsicht eine Lektion in

Demut, da viele von uns ganz am Anfang stehen. Alles, was wir von Natur aus gut können – organisiert, kompetent und multitaskingfähig bis zum Umfallen –, zählt hier nicht. Wir fangen alle wieder bei null an.

Wie mir Spiritualität geholfen hat

Spiritualität hat:

- mich von Innen gestärkt. Je stärker man im Inneren ist und je mehr man seine Mitte findet, desto stärker wird man in jedem anderen Lebensbereich.
- Stress reduziert. Mein Geist ist jetzt wie eine Druckentlastungskammer, die ich überallhin mitnehmen kann.
- mir das große Ganze ins Bewusstsein gerufen und meinen Platz darin verdeutlicht.
- mir positive Energie geschenkt (wie Sie sehen, keine Anführungszeichen!).
- den materiellen Bereich meines Lebens ins rechte Licht gerückt.
- mir aufgezeigt, wie ich mich wohl mit mir fühlen kann. Wenn dieses Gefühl eintritt, ist das kein Zufall. Es geschieht kraft des eigenen Willens.

Spiritualität versus Religion

Bis zu den Recherchen für dieses Buch wusste ich nicht, dass ich voll im Trend liege, wenn ich mich als »spirituell, aber nicht religiös« bezeichne. Robert C. Fuller hat ein Buch über dieses Phänomen geschrieben und beschreibt es wie folgt: »Diese Menschen sind aus den offiziellen religiösen Organisationen ausgetreten und stattdessen zu einer individuellen Spiritualität übergegangen, bei der man sich aus einer großen Vielfalt von alternativen religiösen Philosophien bedient. In der Regel sehen sie Spiritualität als eine Reise, die eng mit ihrem Streben nach Wachstum oder persönlicher Entwicklung verbunden ist. Sie sind spirituelle Pragmatiker, die nach nützlicher Weisheit suchen – überall dort, wo es sie zu finden gibt.« Das ist schön gesagt, Dr. Fuller. Besser hätte ich es selbst nicht ausdrücken können.

Die Unterscheidung zwischen Spiritualität und Religion ist ein recht großer Paradigmenwechsel und ich möchte ihn klar definieren. Wer kann einem Buch mit dem Titel *Spiritualität für Dummies* widerstehen? Ich nicht. Darin erklärt Sharon Janis den Unterschied auf brillante Art und Weise:

»Spiritualität ist nicht dasselbe wie Religion. Religion ist die Hülle, während Spiritualität der Kern in dieser Hülle ist. Religion ist die Karte, Spiritualität die Landschaft.«

Übrigens stammt das Wort »Religion« vom lateinischen *religare*, das »zusammenbinden« bedeutet. Auf dem individualisierten Weg der Spiritualität fehlt manchen Menschen allerdings das Gemeinschaftsgefühl.

Alternativen zu organisierter Religion

Wen diese Frage beschäftigt, dem stehen zahllose Angebote zur Auswahl, darunter *The Conscious Club* (www.consciousclub.com), der offenbar eine Lücke schließt. Dieser Post stammt von der Webseite des Clubs und spiegelt dessen Ethos angemessen wider:

> »*Wenn man weder Vorstellungskraft noch einen Funken Kreativität hätte noch Zeit, um zu träumen, für einen Moment staunend in den Himmel oder die Sterne zu schauen und die Gedanken umherschweifen zu lassen, was würde man dann für ein überaus stumpfsinniges Leben führen. Wenn man nicht den Wunsch verspüren würde, den Sonnenaufgang oder -untergang zu sehen oder sich ins Unbekannte zu stürzen – unabhängig davon, wie viel Angst man hat oder ob es in die eigenen Pläne passt –, was würde man dann für ein überaus behütetes Leben führen. Man hat nur dieses eine Leben und nur diese Zeit, um es zu leben, also vielleicht ist es an der Zeit, zur Abwechslung einmal Risiken einzugehen und sich Träume zu erfüllen, denn was wäre es sonst für ein vergeudetes Leben, das nicht ganz gelebt wurde und für das man nicht gekämpft hat.*«

Der *Conscious Club* ist keine religiöse Organisation, sondern entspricht eher dem Wunsch, das Bewusstsein zu erweitern und Teil einer lose verbundenen Gemeinschaft von Gleichgesinnten zu sein.

Es gibt viele Praktiken, die die Lücke der organisierten Religion schließen, darunter Landmark Education, die Verehrung Gaias, Rückführungen in vergangene Leben, Gespräche mit Engeln, Deutung der Lebenslinien, Kartenlegen etc. Ich bin sehr skeptisch, doch für meine Recherche bin ich vor Kurzem spontan zu einer Wahrsagerin (in meinem örtlichen Einkaufszentrum) gegangen und ließ mir die Karten legen. Zu meiner Überraschung fand ich es unglaublich aufschlussreich und fühlte mich danach sehr hoffnungsvoll und optimistisch. Es war vielleicht ein einmaliges Erlebnis und womöglich hatte ich nur Glück mit meiner Kartenlegerin. Im Grunde sollten wir uns nie vor irgendetwas verschließen. Vielleicht finden wir etwas, das mit uns in Resonanz geht.

Es ist leicht, zynisch und abwertend zu sein. In Wahrheit können wir uns glücklich schätzen, ein spirituelles Leben führen zu können, ohne uns dazu genötigt zu fühlen, einer organisierten Reli-

> *»Um spirituell zu sein, bestehen manche religiöse Menschen darauf, dass wir gewisse Lieder auf festgelegte Art und Weise singen, einen bestimmten Lebensstil führen, gewisse moralische Vorgaben einhalten und auf bestimmte Art und Weise sprechen. Halt! Genug! Ich kann diesen Unsinn nicht gutheißen. Um ein spirituelles Leben zu führen, müssen wir nur so sein, wie wir von Natur aus sind.«*
> Dschuang Dsi

gion beizutreten. Natürlich ist es ein schmaler Grat und es besteht die Gefahr, sich in einem Strudel der Selbstbezogenheit und der Selbstermächtigung zu verlieren, doch es ist meiner Ansicht nach wichtig, aufgeschlossen und neugierig zu sein und herauszufinden, was in dieser Hinsicht für mich persönlich funktioniert.

Vor einigen Jahren besuchte ich ein Meditationsseminar für Anfänger. Es kamen etwa 150 Teilnehmer – was die Erwartungen der Veranstalter bei Weitem übertraf. Die meisten von ihnen sahen wie gut situierte Berufstätige zwischen zwanzig und fünfzig aus. Was würde ein Pfarrer nicht dafür geben, so viele Leute in seiner Gemeinde zu versammeln. Ich fand das sehr aufschlussreich.

Für neugierige Menschen ist es eine faszinierende Erfahrung, zu erleben, wie andere Religionen und Gemeinden zusammenkommen und beten. Wenn man demütig und aufgeschlossen an die Sache herangeht, bei Bedarf um Erlaubnis bittet und sich an die Regeln hält, ist man willkommen. Ich habe vor Kurzem wunderbare Erfahrungen in einem Quäker-Haus, einer Moschee und einer Synagoge gemacht.

Verschiedene Religionen

Jede spirituelle Tradition lehrt Methoden, die einem helfen, sich zu verändern und sein Leben zu bereichern. Manche sprachen mich besonders an, zum Beispiel die Spiritualität in Thailand und Bali, die sanft, würdevoll und mühelos in den Alltag integriert wird. (Die kleinen Schreine, die man überall sieht, finde ich auch sehr bewegend.) Da sich 70 Prozent der Weltbevölkerung mit einer Religion identifiziert, nahm ich mir vor, etwas mehr über die großen Weltreligionen zu lernen. Ich wollte wissen, welche Praktiken ich übernehmen, umwandeln und in mein Leben integrieren kann.

Angesichts meiner vollgepackten To-do-Liste wollte ich nicht, dass meine Suche zu einer Verpflichtung wird. Wenn man sich mit Religion beschäftigt, sollte das nicht mit Zwängen einhergehen, sondern Zeit sein, in der man sich Gedanken über das menschliche Dasein macht. Ich habe großen Respekt für organisierte Religionen und ich weiß, dass es nicht darum geht, sie alle miteinander zu vermischen, doch ich bin (zumindest in diesem Abschnitt meines Lebens) auch davon überzeugt, dass keine von ihnen mir den Weg aufzeigt, dem allein ich folgen möchte. Ich gebe nun ein paar zentrale Fakten verschiedener Religionen an Sie weiter und erzähle Ihnen von Aspekten, die mich persönlich sehr angesprochen und die ich wie Perlen auf meine spirituelle Halskette gezogen habe.

Hinduismus

Der Hinduismus ist die älteste aktive Weltreligion (etwa 4000 Jahre alt). Weltweit gibt es zwischen 800 Millionen und einer Milliarde Hindus (14 Prozent der Weltbevölkerung), von denen die Mehrheit in Indien lebt. Dieser Glaube wird nicht auf eine einzige Person zurückgeführt. Es gibt 330 Millionen hinduistische Gottheiten (heiliger Bimbam!) und alle spiegeln Brahman, die höchste Kraft, wider. Shiva (der Zerstörer) und Vishnu (der Bewahrer) sind die beiden beliebtesten Götter. Kühe und Pfauen gelten als heilig und dürfen unter keinen Umständen getötet werden. Hindus essen kein Rindfleisch. (Ich weiß, ich weiß: Ich habe mir dieselbe Frage gestellt … McDonalds verkauft in Indien keine Rindfleisch-Burger, sondern den verlockenden vegetarischen »McAloo Tikki« aus Kartoffeln und Erbsen, den würzigen »Masala Grill Veg Burger«, den »McSpicy Paneer« aus Käse und sogar einen vegetarischen McMuffin zum Frühstück. Faszinierend.)

MEINE HINDU-»PERLEN«

- **Ganesha, der Elefantengott**
  Ich muss zugeben, dass ich die Bilder von Ganesha großartig finde. An diesen Gott wendet man sich, um Hindernisse aus dem Weg zu räumen. Er steht für Fülle und Weisheit und wird häufig zu Beginn eines neuen Unterfangens oder einer Reise verehrt. Ganesha war der Sohn des Shiva und der Parvati. Nachdem Parvati lange Zeit fort war, schlug sie ihrem Sohn aus Versehen den Kopf ab, da sie ihn für einen Fremden hielt. Sie ersetzte ihn durch einen Elefantenkopf (der

anscheinend weniger furchterregend war als der Anblick eines Fremden). Er gehört zu den am meisten verehrten Göttern Indiens. Seine langen Ohren stehen für den Weg zur Weisheit durch Lernen. Seine Stoßzähne, von denen einer abgebrochen ist, symbolisieren das Vollkommene und das Unvollkommene, das überall zu finden ist. Ganesha ist auch ein verspielter, glücklicher Gott. Ich mag seine kleine Maus, die er als Reittier gewählt hat. Bei mir zu Hause gibt es viele Bilder von Ganesha.

- **Der Karma-Boomerang**
  »Hütet euch, gegen den Wind zu speien.«
  Nietzsche

In Bezug auf das Karma gibt es nichts Kompliziertes oder Mysteriöses. Es geht lediglich um Handlungen und Konsequenzen. Wir entscheiden selbst darüber, wie wir uns benehmen und haben die Folgen zu tragen. So wird jeder von uns gezwungen, Verantwortung für sein Leben zu übernehmen. Die Hindus glauben, dass sich das Karma, das man in vorherigen Leben angesammelt hat, auf die Gegenwart auswirkt. Wenn man in diesem Leben wohltätig und selbstlos ist, erhöht das die Chancen, beim nächsten Mal mit weniger Karma und auf höherer Ebene wiedergeboren

zu werden (nicht als Tier)! Es ist eine Erinnerung daran, dass man erntet, was man sät,
und fehlbar wie ich bin, versuche ich bewusst,
jeden Tag etwas Gutes zu tun.

- **Mantras**
  Das Wort »Mantra« stammt von den sanskriti-
  schen Wörtern manas, das »Geist« bedeutet,
  und tra, das für »Instrument« steht. Ein
  Mantra ist also ein »Instrument des Geistes«.
  Es bildet die Grundlage meiner Meditations-
  übung. Ich bin ein großer Fan von Deva
  Premal, die Mantras mit der Stimme eines
  Engels singt. Ihr Album *The Essence* gehört zu
  meinen absoluten Favoriten und ich höre es
  fast jeden Tag. Sie und ihr Partner Miten sind
  ein interessantes Paar: Sie ist deutsch, blond
  und schön und er ein Londoner Urgestein.
  Kennengelernt haben sie sich in einem Asch-
  ram. Die beiden passen einfach gut zusammen. Man kann die Texte und die Über-
  setzung von The Essence auf ihrer Webseite
  herunterladen. Das *Gayatri Mantra* ist über-
  wältigend. Sie sang es auf Bitten ihres Vaters,
  als er im Sterben lag. (Deva Premal und Miten
  sind weder Hindus noch Buddhisten, sondern
  Anhänger der Osho-Bewegung.) Ich muss
  zugeben, dass ich auch eine Hardcore-CD von
  buddhistischen Mönchen aus Korea habe, die
  zu Trommeln singen. Ich erwarb sie in einem

Tempel in Seoul und ich liebe sie einfach, auch wenn meine Kinder jedes Mal, wenn ich sie abspiele, die Augen verdrehen!

- **Hausaltare**
  In jedem hinduistischen Haus gibt es einen kleinen Schrein mit einem Bild oder einer kleinen Statue der Familiengottheit (sowie Gebetsperlen, Essensgaben, Räucherstäbchen, Blumen, einer Glocke, einer Kerze, einem »Om«-Symbol und einem Mandala). Zwar besitze ich keinen Schrein dieser Art, doch mich reizt die Vorstellung, einen kleinen heiligen Bereich zu kreieren. Ich bin auf ein schönes Buch von Kay Turner über Frauen-altare gestoßen. Der Titel *Beautiful Necessity* (dt. »Schöne Notwendigkeit«) entstand, als die Autorin bei einer Frau in Guatemala zu Besuch war. In ihrem Haus gab es einen rosaroten Raum mit einem Altar mit Bildern von der Jungfrau Maria und Heiligen, Kerzen und frischen Blumen. Die Autorin war ent-zückt und fragte ihre Gastgeberin später, warum sie einen Altar habe. »Es ist eine schöne Notwendigkeit«, lautete die Antwort, die den Buchtitel inspirierte.
  In der Einleitung beschreibt Kay Turner, wie sie als Kind einen »Dachgeschossaltar« aus Steinen, Vogeleiern, Schlüsselanhängern, Bleistiftstummeln und Bildern von Roy

Rogers machte. »Jahre vergingen. Ich wurde zu alt für meinen ›Dachgeschossaltar‹ und fühlte mich dem Christentum verbunden, bevor ich mich im Aufruhr der 1960er-Jahre davon abwandte. Dennoch habe ich nie das Gefühl dafür verloren, dass Dinge, die man intuitiv zusammenstellt, ein wirkmächtiges Mittel sind, um dem heiligen Unbekannten zu begegnen.« Das regt zum Nachdenken an. Auch ein kleiner, inspirierender Bereich mit dem Bild eines ruhenden Buddhas, dem Foto einer schönen Landschaft, geistreichen Zitaten und einer Kerze kann ausreichen, um spirituellen Input oder eine Oase der Ruhe in den eigenen vier Wänden zu bieten. Es ist keine schlechte Idee.

- **Yoga**
  Yoga ist ein integraler Bestandteil der hinduistischen Religion. Für Frauen in der Lebensmitte gibt es zahllose Gründe, Yoga zu praktizieren. (In meinem Fall: Gewicht, Gelenkigkeit und Kreislauf.)
  Schauen Sie sich den hervorragenden Artikel *Top Ten Reasons Not to do Yoga* (dt. »Die 10 wichtigsten Gründe, kein Yoga zu machen«) der Yoga-Lehrerin Sadie Nardini in der Huffington Post an. Darin werden die Vorteile sehr prägnant zusammengefasst und es gibt ein paar gute Videolinks.

Aus diesen Gründen sollten Sie *kein* Yoga praktizieren:

1. Sie sehen gern neun Jahre älter aus, als Sie sind.
2. Sie betrachten diese schweren Metalle und Giftstoffe, die sich im Körper ansammeln, als eine knallharte Hommage an frühere Zeiten, in denen Sie noch auf Kiss-Konzerten unterwegs waren. Rock on!
3. Ihre Marathonzeit ist gut, so wie sie ist. Sie müssen nicht schneller sein.
4. Sie finden, dass Ihre Fettpölsterchen noch mehr Gesellschaft gebrauchen könnten.
5. Sie hassen Yoga. (In diesem Fall sollten Sie eine Lehrerin und einen Stil finden, der Ihnen zusagt.)
6. Sie halten Krankenhäuser für einen hygienischen Ärzteverein und es macht Ihnen nichts aus, dort öfter Zeit zu verbringen.
7. Altwerden heißt für Sie, einen langsamen geistigen Verfall zu erleben.
8. Ihre Familie findet es klasse, wenn Sie so angespannt sind wie ein Flitzebogen.
9. Chronische Schmerzen im Kreuz sind wirklich nicht so schlimm – im Vergleich zu anderen Dingen … wie der Schweinegrippe.
10. Schlafen ist etwas für Memmen.

Sie verstehen, worauf ich hinauswill. Wenn Sie noch nicht überzeugt sind, probieren Sie es einfach aus.

Judentum

Wie das Christentum und der Islam geht das Judentum auf Abraham zurück. Die drei Religionen haben eine ähnliche Schöpfungsgeschichte, in der Gott die Welt sowie Adam und Eva erschafft. Die beiden sind also Geschwister. Wer hätte das gedacht ...? Der Prophet Mohammed sagte, dass Ismael, Abrahams ältester Sohn, der Vater der Araber sei. Juden hingegen glauben, dass sie von Isaak, Abrahams zweitem Sohn, abstammen. Die Spaltung der beiden Religionen ist also auf Abrahams Söhne zurückzuführen. Das Judentum ist etwa 4000 Jahre alt und hat circa 14 Millionen Anhänger (ungefähr ein Prozent der Anzahl an Muslimen). Etwa die Hälfte lebt in Amerika, ein Viertel in Israel und ein Viertel in Europa. Juden glauben, dass sie das von Gott erwählte Volk sind. Die Zehn Gebote sind der Kern des jüdischen Gesetzes. Ein wesentlicher Aspekt des Judentums besteht darin, einem bestimmten Verhalten und einer bestimmten Lebensweise nachzugehen, wobei ein Schwerpunkt auf Bildung, Synagogen, Feste, Speisegesetze und Rituale gelegt wird. Den Sabbat zu feiern ist ein zentraler Bestandteil des jüdischen Lebens und eine Zeit, in der die Familie zusammenkommt.

MEINE JÜDISCHEN »PERLEN«

- **Die Zehn Gebote**
  Die Gebote enthalten einen Moralkodex für das Leben und übten einen wichtigen Einfluss auf das Christentum und den Islam aus.

In der heutigen Gesellschaft werden viele ignoriert. Zum Beispiel ist der Sonntag der geschäftigste Handelstag in Australien, und wenn geflucht wird, fällt sehr häufig das Wort »Gott«. Ehebruch und Begehren werden toleriert oder in manchen Fällen befürwortet. Dennoch glaube ich, dass es gut ist, einen Kodex zu haben, um ein integres Leben zu führen. Es ist nicht schlecht, an solche Dinge erinnert zu werden. Nach welchen Prinzipien möchten Sie Ihr Leben führen? Wenn es für Sie nützlich ist, schreiben Sie die moralischen Werte auf, nach denen Sie leben möchten.

- **Familienabendessen**
  Ich war immer etwas neidisch auf meine jüdischen Freunde, wenn sie an einem Freitagabend Einladungen ablehnten, um zum Sabbat-Abendessen bei ihrer Familie zu sein. Ich finde ihren Sinn für Tradition und Familie großartig. Obwohl ich keine spirituellen Aspekte damit verbinde, achte ich darauf, regelmäßig ein »anständiges« Familienabendessen zu veranstalten. Der Fernseher ist dann ausgeschaltet und ich kredenze ein paar leckere, lächerlich komplizierte Gerichte. Auch wenn die Kinder es vielleicht noch nicht zu schätzen wissen, ist es ein wichtiger Grundpfeiler unserer kleinen Familie.

- **Bar und Bat Mizwa**
  Mir gefällt die Idee, eine Art Zeremonie für
  Kinder zu feiern, die den Übergang ins
  Erwachsenenalter symbolisiert und identitäts-
  stiftend ist. Ich bin jeweils einzeln mit meinen
  Kindern verreist und es war ein sehr be-
  sonderes Erlebnis.

  In Australien kann man als offizielle Alternative auf die Organisation *Pathways* zurückgreifen, die Initiationszeremonien veranstaltet
  (www.pathwaysfoundation.com.au – in anderen Ländern gibt es bestimmt etwas Ähnliches[1]). Ich habe es nicht selbst ausprobiert,
  doch es klingt interessant. Über das Programm
  für Mädchen heißt es: »Zu den beobachteten
  Vorteilen einer Teilnahme gehören ein größeres Selbstbewusstsein und -vertrauen, eine
  gesunde Annahme des eigenen Körpers,
  gesunde Beziehungen zu Gleichaltrigen, eine
  stärkere, bessere Beziehung zur Mutter, bessere
  Selbstwahrnehmung, selbstsichere Kommunikation und Inspirationen für die Zukunft
  durch die Geschichten älterer Frauen.«

- **Gemeinschaftssinn**
  Ein Mensch mit jüdischem Glauben fühlt sich
  auf jeden Fall als Teil einer größeren Gemein-

---

[1] In Deutschland gibt es die Jugendweihe, die Konfirmation und
die Firmung (Anm. d. Übers.).

schaft. Das ist etwas, was vielen fehlt, weshalb wir es selbst aufbauen müssen – sei es durch die Suche nach gleichgesinnten »Stämmen«, die daran interessiert sind, wer man ist, durch Wohltätigkeitsarbeit oder die Nachbarschaft.

Buddhismus

Vor etwa 2500 Jahren verließ der wohlhabende Prinz Siddhartha (ein Hindu) seinen Palast in Indien und machte mehrere Erfahrungen, die ihm die Augen öffneten und ihn dazu veranlassten, wahre Erkenntnis zu suchen. Er wurde schließlich zu Buddha, das »der Erleuchtete« bedeutet. Heute gibt es weltweit mehr als 370 Millionen Buddhisten. Sie glauben nicht nur an die Wiedergeburt, sondern auch an die Möglichkeit, dass man aus diesem Kreislauf ausbrechen und das Nirwana (Erleuchtung) erreichen kann. Buddhisten verstehen ihre Überzeugungen eher wie eine Philosophie oder Lebensweise und weniger als Religion. Sie basieren auf den drei Daseinsmerkmalen, den Vier edlen Wahrheiten und dem Achtfachen Pfad. (Eine gute Erklärung zu den Grundlagen des Buddhismus finden Sie unter www.buddhanet. net.) Eigenschaften wie Gewaltlosigkeit, Mitgefühl und Weisheit wird großer Wert beigemessen. Nicht zuletzt aufgrund der Wertschätzung dieser Merkmale und einer steigenden Anzahl von Reisenden in buddhistische Länder spricht der Buddhismus viele Menschen im Westen an, mich eingeschlossen.

Die Philosophie ist nicht immer ernsthaft und grimmig, sondern versprüht etwas Leichtes. Das verdeutlicht niemand besser als Seine Heiligkeit, der Dalai Lama, der – soweit ich weiß – immer lächelt und ein Funkeln in den Augen hat. (Er ist in vielerlei Hinsicht ein außergewöhnlicher Mensch. Bei Interesse besuchen Sie seine Website. Ja, Sie haben richtig geraten: www.dalailama.com!)

MEINE BUDDHISTISCHEN »PERLEN«

- **In der Gegenwart leben**
  »Der Dumme sucht das Glück in der Entfernung; der Weise lässt es unter seinen Füßen wachsen.« James Oppenheim

Seltsamerweise schrecke ich vor diesem Konzept zurück, da es mir ein bisschen wie der »Trend des Monats« in Selbsthilfekreisen erscheint, doch es ist ein wichtiger Teil der buddhistischen Philosophie und sehr wichtig für unser heutiges Leben. »Präsent zu sein« bedeutet lediglich, dass man sich bewusst auf jeden Moment konzentriert und ihn genießt. Ich weiß, dass es in Bezug auf das *Midlife-Manifest* auf den ersten Blick etwas merkwürdig erscheinen kann. Schließlich geht es darum, nach vorn zu blicken, aber verstehen Sie es als Ergänzung. Wie schon Emily Dickinson sagte: »Das Immer besteht aus lauter Jetzts«.

Die meisten denken: »Wenn ich dies oder das tue, wird x oder y eintreten.« In der Zwischenzeit zieht das gegenwärtige Leben an ihnen vorbei. Unabhängig davon, wie Ihr Hier und Jetzt aussieht, will das Leben offenbar, dass Sie sich an diesem Punkt befinden. Übersehen Sie dabei positive Aspekte direkt vor Ihrer Nase? Begreifen Sie Ihr Leben wie eine Reihe von Fotos und weniger wie einen Film. Stellen Sie sicher, dass jedes Foto Ihrer wert ist. Beanspruchen Sie den Augenblick für sich. Caroline Myss, eine spirituelle Lehrerin aus den USA, argumentiert, dass viele Menschen versuchen, ein Leben zu führen, das ihnen nicht gehöre. In Wahrheit wünschen wir uns nichts anderes, als in das Leben, das wir führen, verliebt zu sein und dass jede unserer Handlungen zählt.

- **Achtsamkeit**
  Die Cousine von »in der Gegenwart leben«. Unsere Aufmerksamkeit wird unaufhörlich in kleine Scheiben zerteilt – wie ein Apfel, den man über einen Gemüsehobel zieht. Ich weiß gar nicht mehr, wann ich mich zuletzt nur auf eine Sache konzentriert habe. Das ist nicht gut und trägt auf jeden Fall zu Stress bei. Es ist unverkennbar, dass das Konzept der Achtsamkeit in den USA immer mehr Anhänger findet und es immer mehr Lehrer für

Achtsamkeitsbasierte Stressreduktion (Mindfulness-Based Stress Reduction – MBSR) gibt. In MBSR-Kursen müssen die Teilnehmer alle elektronischen Geräte abgeben und sich nur auf eine Sache konzentrieren: Eine Rosine sehr langsam und bewusst essen, achtsam laufen oder darauf achten, wie sich ihre Füße auf dem Boden anfühlen. In Kombination mit achtsamer Meditation werden dabei überragende Ergebnisse erzielt. Es ist auf jeden Fall ein Gegenentwurf zu unserem unaufhörlichen Multi-Tasking und Starren auf den Bildschirm. Werfen Sie als Anfänger einen Blick auf die kostenfreie App *Headspace*.

Die folgenden Zitate drücken die Bedeutung von Achtsamkeit viel besser aus, als ich es je könnte. Finden Sie dasjenige, das Sie am meisten anspricht:

»Wir sind so sehr damit beschäftigt, auf das zu achten, was vor uns liegt, dass wir uns nicht die Zeit nehmen zu genießen, wo wir gerade stehen.« Bill Waterson

»Du schwindelst dich aus dem Heute heraus. Das Heute ruft nach dir und versucht, deine Aufmerksamkeit zu bekommen, aber du steckst im Morgen fest und das Heute tröpfelt davon wie Wasser in einen Abfluss. Am nächsten Morgen wachst du auf und

jenes Heute, das du vergeudet hast, ist für immer fort. Es ist zu gestern geworden. Manche dieser Momente hielten vielleicht wunderbare Dinge für dich parat, aber das wirst du nie erfahren.« Jerry Spinelli

»Die Zukunft besteht aus demselben Stoff wie die Gegenwart.« Simone Weil

»Die Vergangenheit liegt hinter Ihnen, lernen Sie daraus. Die Zukunft liegt vor Ihnen, bereiten Sie sich darauf vor. Die Gegenwart ist hier, leben Sie sie.« Thomas S. Monson

»Schau nicht zurück und trauere nicht um die Vergangenheit, denn sie ist vorbei. Mach dir keine Sorgen um die Zukunft, denn sie muss noch geschehen. Lebe in der Gegenwart und gestalte sie so schön, dass sie es wert sein wird, sich daran zu erinnern.« Ida Scott Taylor

»Ein spirituelles Leben führt man in dem Moment, in dem man wirklich in der Gegenwart lebt, arbeitet und denkt – verloren und versunken in etwas, das einem sehr wichtig ist.« Barbara Ueland

- **Meditation**
  Für viele – mich selbst eingeschlossen – ist Meditation das mächtigste spirituelle Werkzeug, das uns zur Verfügung steht. Die meis-

ten großen Weltreligionen haben im Kern eine Mediationsform. Früher wurde innere Einkehr auf natürliche Art und Weise in den Alltag integriert, zum Beispiel stellten die rhythmischen Geräusche von Getreide-stampfen, Melken oder Holzhacken eine meditative Praxis dar.

- **Warum meditieren?**
  Meditation vergrößert nicht nur das spirituel-le Bewusstsein, sondern geht auch mit ande-ren Vorteilen einher.

  ### a. Stress abbauen

  Man kann auf einen Blick Menschen, die meditieren, von denjenigen unterscheiden, die es nicht tun. Sie strahlen ein inneres Licht und eine anziehende Ruhe aus. (Im Sinne von: »Ich will, was sie hat …«) Während unseres geschäftigen Lebens sammeln wir jede Menge Stress, Anspannung und Müdig-keit in unserem Körper an. Wie mein Meditationslehrer Tim Brown sagte: »Stress ist der Räuber der Nacht. Er raubt uns unser kreatives, energiegeladenes, klar denkendes Selbst und führt zu einem Gefühl der Unvoll-kommenheit. Eine zwanzigminütige Medita-tion ist gleichwertig mit drei bis vier Stunden Schlaf. Nur ein paar Minuten am Morgen und am Abend verringern den Druck. So wird der geistige und körperliche Müll abgegeben, der sich mit der Zeit im System ansammelt, wodurch Körper und Geist auf viel natürlichere Art und Weise agieren können … So können wir Anspannung loslassen, einen Zugang zu unserem klaren, kreativen, glücklichen und energiegeladenen Selbst finden und dann mehr in all das hineingeben, was uns am wichtigsten ist: unsere Familien, unsere Arbeit und die Menschen in unserer Umgebung. Je mehr wir hineingeben, desto mehr ziehen wir daraus.«

b. Verleiht ein inneres Leuchten

Vor einer Weile lief ich einer Freundin über den Weg, die ich etwa sechs Monate nicht gesehen hatte. Etwas an ihr war anders, obwohl sie oberflächlich betrachtet wie immer aussah. Von ihr gingen ein inneres Strahlen und eine Ruhe aus, die ich förmlich spüren konnte. Sie lachte und meinte, ihr Meditationslehrer hätte ihr gesagt, dass die Leute nach etwa sechs Monaten Meditation auf sie zugehen und fragen würden, was an ihr anders sei. Genau das ist eingetroffen. Wie bei Pilates und Yoga sind Menschen, die meditieren, die beste Werbung für Meditation. Sie kann Ihr Leben verändern. Wenn Sie denken, dass Sie keine Zeit dafür haben, kann ich Ihnen versichern, dass es mir

genauso ging, doch wenn Sie nur ein paar
Minuten pro Tag erübrigen können, werden
Sie feststellen, wie tiefgreifend die Vorteile
der Meditation sind.

c. Lenkt die Energie zu Ihnen zurück
Begreifen Sie Meditation nicht nur als eine
Zeit der Ruhe, sondern auch als etwas, das
Sie aktiv mit Energie füllt. Meditation ergreift
»die Scheinwerfer der Energie, die auf Ihr
Alltagsleben gerichtet sind, und lenkt sie
zurück auf Ihr Inneres … wodurch die
Energie, die für gewöhnlich durch Ihre Sinne
aus Ihnen herausströmt, wieder in Sie hinein-
fließt.« *Spiritualität für Dummies*,
Sharon Janis

**d. Erlaubt dem Körper, sich neu auszu-
richten, sich zu regenerieren und zu ver-
jüngen**
Viele Studien belegen die körperlichen Vorteile, die mit Meditation einhergehen können,
wenn sie über einen längeren Zeitraum
ausgeführt wird.

**e. Gibt das Gefühl, Teil von etwas
Größerem zu sein**
»*Wenn ich meditiere, fühle ich mich mit einem
Kraftfeld von universeller Unterstützung
verbunden.*« Margaret, 45

- **Wie man meditiert**

Ja, ja, wir wissen alle, dass wir meditieren sollten – genauso wie Zahnseide benutzen, Peelings anwenden, mehr Wasser trinken und sich mehr bewegen, doch wie gewöhnt man es sich an? Das Schöne am Meditieren: Man muss sich nicht allzu sehr anstrengen. Es ist von Natur aus eine passive und mühelose Übung. Man setzt sich ruhig hin und lässt es kommen – nicht andersherum. Es ist nichts, was man aktiv lernt, wie eine neue Sprache oder Excel. Stellen Sie es sich eher wie eine Neuentdeckung oder eine Offenbarung von etwas vor, das in Ihrem Inneren ist. Es geht darum, etwas aufzudecken – nicht darum, etwas zu erschaffen.

Meditieren ist etwas Persönliches. Für mich funktioniert es wie folgt.

Ich habe die App *Mindfulness* auf meinem Handy, die mich daran erinnert, zu meditieren. Sie lässt die Meditation mit einer Glock beginnen und enden – die Dauer bestimmt man selbst – und bietet geführte Meditationen. Sie ist auf zehn Minuten eingestellt (ich habe bei fünf angefangen und arbeite mich zu zwanzig hoch). Ich habe auch eine tibetische Klangschale, die ich manchmal klingen lasse, um mich in die richtige Stimmung zu versetzen. Das Ritual, den gleichen Klang zu benutzen, hat eine konditionierende Wirkung auf mich, sodass ich schneller in mich gehen kann. Andere zünden eine Kerze an.

Gehen Sie mit sanfter Energie an Meditation heran, so als würden Sie eine Taube in der Hand halten. Man sollte keine vorgefassten Erwartungen haben. Gehen Sie an jede Sitzung unschuldig heran, so als wäre es das erste Mal. Versuchen Sie nicht zu kontrollieren, was passiert.

Setzen Sie sich mit geradem Rücken hin (denn die Energie fließt durch die Wirbelsäule hoch zum Kopf). Sie müssen nicht den Schneider- oder Lotussitz einnehmen oder sich unnatürlich verrenken, um zu meditieren! Die meisten meiner Bekannten finden es am gemütlichsten, beim Meditieren auf einem Stuhl zu sitzen. Ich sitze aufrecht auf meinem Bett, obwohl ein harter Stuhl ebenfalls zweckdienlich wäre. Am besten meditiert man jeden Tag am gleichen Ort, da sich dieser Ort mit Energie füllt. Das erklärt die Gänsehaut, die man beim Betreten eines buddhistischen Tempels bekommt.

Nutzen Sie die erste Minute, um ruhig zu werden, es sich bequem zu machen und – falls nötig – die Nase zu kratzen. Entspannen Sie und machen Sie sich bewusst, dass Sie kurz davorstehen zu meditieren.

Schließen Sie die Augen und konzentrieren Sie sich auf Ihren Atem. Sie können nur durch

Ihre Nase atmen, doch ich mag das Bild, wie ich reine, klare weiße Luft durch die Nase ein- und schwarzen negativen »Rauch« durch den Mund ausatme. Versuchen Sie nicht, Ihre Gedanken allzu angestrengt beiseitezuschieben – schieben Sie sie mit einer Feder fort. Erkennen Sie sie an und lassen Sie sie dann gehen – wie vorbeiziehende Wolken oder eine Blase im Wasser. Richten Sie Ihre Aufmerksamkeit dann wieder auf Ihren Atem. Denken Sie an ein schlammiges Becken, das wir mit unserem ewig schnatternden Geist aufgewühlt haben. Sobald das Geschnatter endet, sinkt der Schlamm auf den Grund und das Wasser wird klar. Alle Probleme sinken zum Grund. Atmen ist, als würde man eine Tür öffnen und schließen.

Stellen Sie sich auch vor, wie Sie Ihre Aufmerksamkeit weg von den Wolken (den Gedanken) in den weiten, klaren Himmel lenken, der sie umgibt. »Dein Körper ist wie ein Berg, atme wie der Wind und denke wie der Himmel.« Oder stellen Sie sich vor, wie Sie Ihre Gefühle ausbalancieren (von schläfrig zu hellwach, von Zerstreutheit zu Konzentra-

> *»Ich glaube, um Weltfrieden zu finden, müssen wir alle zuerst inneren Frieden finden. Diejenigen, die von Natur aus gelassen und mit sich selbst im Frieden sind, werden anderen gegenüber offen sein. Ich denke, darin liegt das eigentliche Fundament universellen Friedens.«*
> Seine Heiligkeit der 14. Dalai Lama

tion). Durch Meditation wird Ihr Geist beruhigt und Sie finden leichteren Zugang zu jenen tieferen, ruhigeren Bewusstseinsebenen auf dem Grund des Beckens. Meditation *erschafft* keine Stille, sondern *eröffnet* sie. Ärgern Sie sich nicht, wenn Ihre Gedanken umherschweifen oder sich Ihr Kopf im Innern wie eine Seite aus einem Wo-ist-Walter-Buch anfühlt. Das ist vollkommen normal und eine Stufe, durch die alle hindurchgehen. Mit der Übung wird es leichter.

Ich habe ein Mantra, das ich im Geist immer wiederhole, bis das Wort nur noch ein Klang ist. Das Mantra funktioniert wie ein Anker, der mich tiefer zieht und wieder zurückbringt, wenn ich in Gedanken abschweife.

Bisher hatte ich noch keine dramatischen transzendentalen Momente oder Offenbarungen. Ich kann lediglich sagen, dass ich danach Ruhe und Leichtigkeit empfinde. Früher glaubte ich oft, dass ich versagt hätte, wenn nichts »passiert« war. Im Grunde muss man nur ruhig dasitzen und vielleicht geschieht etwas. Diese besonderen Momente der Ruhe oder Erhabenheit stelle ich mir wie Punkte vor – ein bisschen wie beim Morsecode. Mit etwas Glück bekommt man in zehn Minuten ein kleines Leuchtzeichen. Je mehr man meditiert, desto mehr Leuchtzeichen sieht man und mit der Zeit fügen sie sich zu dünnen Linien zusammen. Daraus werden irgendwann dreißigminütige, dicke Linien. So soll es dem Dalai Lama beim Meditieren ergehen. (Eine andere gute Analogie ist Wasser, das aus einem Wasserhahn tröpfelt. Nach und nach verwandeln sich die Tropfen in einen starken Wasserstrom.)

Noch ein paar kurze Anmerkungen zum Atmen, weil es tatsächlich der Grundpfeiler der Meditation ist:

»Atmen ist die Kraft hinter allen Dingen. Dein Atem weiß nicht, wie alt du bist und was du nicht kannst. Wenn ich verwirrt bin oder mein Geist mir sagt, dass ich etwas nicht tun könne, atme ich ein und weiß, dass etwas Gutes geschehen wird.« Tao Porchon-Lynch, Yoga-Lehrerin, 94 Jahre

Beim Atmen geht es um mehr, als nur Sauerstoff ein- und auszuatmen. Stellen Sie sich vor, die Luft hätte eine Aura. In Indien wird diese Lebenskraft *prana* genannt und *pranayama* sind Atemübungen, die die Lebenskraft stärken. Sie haben einen wunderbar beruhigenden Effekt und wirken sehr schnell. Sie können sehr gut dabei helfen, sich für die Meditation in die richtige Geisteshaltung zu bringen. Es gibt viele verschiedene Techniken. Mir wurde eine Technik beigebracht, die einfach ist und bei der man abwechselnd durch die Nasenlöcher atmet. Wenden Sie dabei immer die Vollatmung an. Atmen Sie tief durch den Mund ein. Legen Sie den rechten Daumen an Ihren Nasenflügel, um das rechte Nasenloch zu schließen. Atmen Sie durch das linke Nasenloch aus und dann wieder ein. Nach dem Einatmen schließen Sie das linke Nasenloch mit dem Mittelfinger, dann atmen Sie durch das rechte Nasenloch aus. Anschließend atmen Sie durch das linke Nasenloch ein und wiederholen das Ganze. Das Ausatmen sollte doppelt so lange dauern wie das Einatmen. Führen Sie diese Übung drei oder vier Minuten lang aus, bis Sie ihre Wirkung spüren. Beenden Sie das *pranayama* immer durch Ausatmen durch das linke Nasenloch. Probieren Sie auch die kostenfreie und hervorragende App *Pranayamafree* aus.

Es heißt nicht ohne Grund Meditations-»Übung«. Meditation funktioniert nur, wenn man am Ball bleibt. Das Edle braucht Zeit zum Reifen. Ich bin kein geduldiger Mensch, aber ich halte dennoch durch, weil ich die Vorteile spüre. Es ist ein Segen, dass man Meditation überallhin mitnehmen kann. Man kann im Bus, im Zug, im Flugzeug, im Regen, in einer Schlange oder im Zoo meditieren … Viele Freundinnen meditieren im Auto, bevor sie den Motor einschalten oder bevor sie nach Hause kommen – eine kleine tragbare Oase der Ruhe.

Brauchen Sie einen Lehrer oder können Sie es sich selbst beibringen? Es ist, als würde man Fahrunterricht bei einem Fahrlehrer nehmen. Mit der richtigen Anleitung lernt man schneller. Ich habe beides ausprobiert, doch durch meinen Lehrer Tim Brown habe ich es zum ersten Mal richtig begriffen. Er greift auf sehr wirkungsvolle Analogien zurück und dank dieser Bilder habe ich es erst ganz verstanden. Aus diesem Grund greife ich auf so viele zurück. Hoffentlich werden sie auch Ihnen helfen und vielleicht bleibt Ihnen das eine oder andere im Gedächtnis. Es gibt viele Lehrer – manche sind gut, andere nicht. Dasselbe gilt für Bücher, geführte Meditationsaudio-Downloads und das gute alte YouTube. Es ist etwas sehr Persönliches. Begeben Sie sich auf die Suche und finden Sie den für Sie passenden Weg.

- **Buddhistische Sicht auf den Tod**
  In der Lebensmitte steigt unser Interesse am Tod, da das Thema eine größere Bedeutung erhält. Unser Radar hat es jetzt erfasst – wenn auch nur als weit entfernten Punkt. Buddhisten glauben an die Reinkarnation. Mir gefällt der Vergleich, bei dem die Wiedergeburt wie eine Kerze ist, die eine andere Kerze an-

zündet. Ich bin mir immer noch unsicher, ob der Tod ein Punkt oder ein Komma ist, aber ich glaube, ich würde ein Komma bevorzugen. Ich habe ein sehr berührendes Interview mit Deva Premal gehört, in dem sie den Moment, in dem ihr Vater starb, wie folgt beschrieb: »Es war, als hätte er seinen Körper verlassen«. Das ist ein schöner Gedanke. Die Angst vor dem Tod löst sich in Luft auf oder lässt zumindest nach, wenn man ihn als »Tod des Körpers« begreift. Alle unsere Atemzüge erfolgen paarweise, einschließlich unseres ersten Atemzugs nach der Geburt und unseres letzten Atemzugs vor dem Tod. In der Philosophie des Yoga gibt es die Vorstellung, dass uns allen bei der Geburt eine bestimmte Anzahl von Atemzügen zugewiesen wird, was eine überaus fatalistische, aber interessante Sichtweise ist.

Mehr Informationen über die tibetisch-buddhistische Sicht auf das Sterben und viele andere Themen findet man in *Das tibetische Buch vom Leben und Sterben* von Sogyal Rinpoche. Es ist ein langes und nicht ganz einfaches Buch, doch die Mühe lohnt sich.

- **Mala-Perlen**
  Mala-Perlen sind buddhistische Gebetsperlen, mit denen man zählt, wie häufig ein Mantra während der Meditation wiederholt wird.

(Manche nennen sie »buddhistische Rosenkränze«.) Eine Mala besteht in der Regel aus 108 Perlen. Traditionell werden verschiedene Perlen für verschiedene Mantra-Arten benutzt. Am Ende der Kette befinden sich eine größere Hauptperle, die »Guru«-Perle, und eine Quaste. Nennen Sie mich oberflächlich, doch mir gefällt, wie sie aussehen. Auf Etsy (geben Sie Minky-Pinkster ein) oder www.loveprayjewelry.com kann man schöne Mala-Ketten finden oder seine eigene herstellen (YouTube!). Ich habe angefangen zu experimentieren (und unbewusst dem Fotomodell Elle Macpherson nachgeeifert, wenn ich jetzt darüber nachdenke) und längere Ketten bis zur Taille mit größeren, schönen Quasten angefertigt.

> »Es ist mir gleichgültig, womit Sie Ihren Lebensunterhalt verdienen. Ich will wissen, wonach Sie sich sehnen und ob Sie davon zu träumen wagen, die Sehnsüchte Ihres Herzens zu stillen.«
> Oriah Mountain Dreamer

Christentum

Das Christentum entwickelte sich von einer kleinen jüdischen Gemeinschaft zur größten Religion der Welt und zählt heute über zwei Milliarden Anhänger. In fast jedem Land der Welt leben Christen und es gibt viele verschiedene Ausrichtungen, darunter die römisch-katholische und die evangelische (in den USA Episcopal Church (dt. »Episkopalkirche«) genannt). Christen glauben, dass Jesus Christus Gottes Sohn ist. Er war ein jüdischer Prediger und wurde mit etwa 33 Jahren auf Befehl eines römischen Statthalters namens Pontius Pilatus gekreuzigt. Er stand von den Toten auf und seine Anhänger nannten ihn den »Messias« – den lange erwarteten Retter, der in den jüdischen Schriften vorausgesagt worden war. Jüdische Menschen glauben nicht, dass er Gottes Sohn war.

MEINE CHRISTLICHEN »PERLEN«

- **Vergebung**

  In der Bibel sagte Jesus: »Vergib ihnen, denn sie wissen nicht, was sie tun.« Je älter ich werde, desto mehr bin ich zu Vergebung und Toleranz fähig. Das Festhalten an unbedeutendem Kummer kommt uns teurer zu stehen, als die Genugtuung befriedigt, die wir aus Opferdenken und dem Gefühl, ungerecht behandelt worden zu sein, ziehen. Um es mit John Lennon zu formulieren: *I just had to let it go …*

- **Weihnachten**

  Ich feiere Weihnachten. Die Kinder lieben dieses Ritual und es ist eine schöne Art und Weise, das Ende des Jahres zu zelebrieren.

- **Heilige**

  Vor einer Weile ging ich mit einer Freundin in eine griechisch-orthodoxe Kirche und die freundlichen Menschen, mit denen wir sprachen, konnten gar nicht glauben, dass wir weder eine »Namenspatronin« noch Heiligenbilder hatten. Zum Glück gab es ein Geschäft unter der Kirche, in dem wir uns ausstatten konnten. Mir gefällt, wie die Heiligenbilder aussehen (und man kann preiswerte finden). Mir sagt auch die Vorstellung zu, meine eigene Schutzheilige auszuwählen, mit der ich mich verbunden fühle. Vielleicht die heilige Teresa, die Schutzheilige für Menschen, die unter Kopfschmerzen leiden, oder die heilige Martha, die Schutzpatronin für Köche, die heilige Dymphna, die Schutzheilige für Wahnsinn, die heilige Riga, die Schutzpatronin für Einsamkeit, der heilige Laurentius, der Schutzheilige für den Verlust der Eltern, oder sogar die heilige Lucia, die Schutzpatronin für Bleistifthersteller (!).

Islam

Unter den Weltreligionen zählt der Islam zu den jüngsten. Er wächst am schnellsten und wird wahrscheinlich am wenigsten verstanden. Die meisten der 1,3 Milliarden Anhänger leben in Nordafrika, im Mittleren Osten und in Südostasien, wo die größte muslimische Gemeinde in Indonesien zu finden ist. »Islam« heißt auf Arabisch »Sich-Hingeben« und »Muslim« bedeutet »der sich hingibt«. Der Islam ist eine Lebensweise, die sich auf alle Bereiche des Lebens erstreckt. Im Zentrum steht das Abrücken vom »Selbst« und dem persönlichen Willen, um sich dem Willen Gottes hinzugeben. Muslime glauben, dass Allah uns Propheten wie Moses und Jesus geschickt hat, jedoch ignoriert wurde. Schließlich schickte er uns (im 6. Jahrhundert) Mohammed, den letzten und größten Propheten. Er wurde in Mekka geboren, das jetzt in Saudi-Arabien liegt. Der Engel Gabriel eröffnete ihm den Koran (Qur'an). Da der Koran als Allahs Wort gilt, versuchen die meisten Muslime, ihn auf Arabisch zu lesen, auch wenn es nicht ihre Muttersprache ist. Sie lernen die Kapitel auswendig und manche versuchen, die gesamte Schrift zu memorieren.

Muslime folgen und verehren Mohammed, beten jedoch nicht zu ihm, sondern nur zu Allah. Die fünf Säulen sind das Fundament ihres Glaubens: Sie glauben nur an Allah, beten fünfmal am Tag, geben Almosen an die Armen, fasten während des Ramadans und treten einmal in ihrem Leben den Haddsch, die Pilgerfahrt nach Mekka an. Neunzig Prozent der Muslime sind Sunniten, zehn Prozent sind Schiiten.

MEINE MUSLIMISCHEN »PERLEN«

- **Pilgerfahrt**
  Ich finde die Idee, mindestens einmal im Leben eine spirituelle Pilgerfahrt anzutreten, faszinierend. Es ist kein Urlaub, auch wenn es zum Teil einer sein könnte. Eine Pilgerfahrt ist die körperliche Ausführung einer inneren Reise. Das Ziel kann jeder Ort sein, der für Sie besonders und spirituell ist – von einem Küstenabschnitt über antike Hügelfiguren aus

Kalkstein in England bis zu einem thailändischen Tempel oder einem Labyrinth auf Kreta. Anne Morrow Lindberghs Aufenthalt auf der Insel Captiva in Florida war eine Art Pilgerreise und inspirierte sie zu ihrem kleinen, doch zum Nachdenken anregenden Buch *Muscheln in meiner Hand* – eine Pflichtlektüre. Die Reise selbst ist genauso wichtig wie der Weg, auf dem man dorthin gelangt. Nehmen Sie spirituelle Bücher als Gedankennahrung mit und führen Sie unterwegs ein spirituelles Tagebuch.

Kultur der Aborigines

Die Kultur der Aborigines ist faszinierend und in Australien können wir sie aus erster Hand studieren. Sie ist 60.000 Jahre alt und gilt als das älteste durchgängige Glaubenssystem der Welt. Die Aborigines sollen von Asien über eine Landbrücke, die es heute nicht mehr gibt, nach Australien gekommen sein. Sie haben eine sehr enge Verbindung zur Erde und glauben, dass sie ewig existieren wird und dass die Wesen, die sie erschaffen haben, in der Traumzeit durch Rituale immer noch zugänglich sind. Ihre Verbundenheit mit der Erde und ihre Kenntnisse über das Jagen, Fischen und das Auffinden von Wasser und essbaren Pflanzen dienen als Erklärung, warum es sie als Kultur schon so lange gibt. Ursprünglich waren die Aborigines nomadische Jäger und Sammler, deren Gebiete durch natürliche Grenzen wie Berge und Flüsse begrenzt wurden. Es gab etwa 600 Clans, als die Europäer kamen.

MEINE ABORIGINE-»PERLEN«

- **Sich wieder mit der Natur verbinden**
Ich möchte nicht behaupten, dass meine Verbindung zur Erde auch nur ansatzweise an die der Aborigines heranreicht, aber wir können viel von ihnen lernen. Zeit an der frischen Luft zu verbringen erdet uns im wahrsten Sinne des Wortes und verbindet uns mit der ursprünglichen Kraft der Natur. Diese Dinge nehmen wir für selbstverständlich und tun sie nicht häufig genug. Legen Sie sich auf den Rücken und schauen Sie in die Zweige eines Baums, blicken Sie nachts in den Himmel, gehen Sie zu einem Fluss oder ans Meer oder laufen Sie im Regen. Gehen Sie barfuß über Gras, Erde oder Sand. Dafür gibt es sogar einen neuen Begriff: *Earthing* (dt. »Erdung«). Wie sich herausgestellt hat, verfügt die Erde über natürliche Elektronen und es tut unseren Körpern gut, in direktem Kontakt mit dem Boden zu sein.
    Der Autor Richard Louv hat den Begriff »Natur-Defizit-Syndrom« geprägt. In seinem Buch *Das Prinzip Natur* vertritt er eine fesselnde These: »Die Zukunft gehört denen, die intelligent mit der Natur umgehen – den

Individuen, Familien, Unternehmen und politischen Führern, die ein tieferes Verständnis von der verändernden Kraft der Natur haben und die das Virtuelle mit dem Realen ausgleichen. Umso mehr High-Tech wir in unserem Leben haben, desto mehr Natur brauchen wir.«

Seit vielen Jahren schwören die Japaner auf die Vorteile von »Shinrin-yoku« oder »Waldbaden«: Im Grunde ist es ein entspannender Ausflug in den Wald, bei dem man die Düfte der Bäume einatmet – eine natürliche Aromatherapie, die stressmindernd wirkt.

Ich habe eine Freundin, die sich sogar ein kleines Stück Rasen angelegt hat, damit sie täglich darüberlaufen und diese Verbindung spüren kann. Das ist vielleicht etwas extrem, doch die Theorie dahinter erscheint mir sehr plausibel. Wann haben Sie zuletzt eines der oben genannten Dinge gemacht? Warum es nicht einfach ausprobieren?

• **Felsbilder der Aborigines**
In ganz Australien gibt es schöne Felszeichnungen der Aborigines. Leider wurden Tausende davon durch den Bau von Häusern und Straßen zerstört – wahrscheinlich unbeabsichtigt. Ich finde sie unglaublich bewegend und es ist schon eine Wahnsinnsvorstellung, dass jemand sie einst in den Felsen geritzt hat

und dabei vielleicht die gleiche Aussicht genoss wie wir heute. Die Bilder zeigen Menschen, Fische, Kängurus und Wale und sind schwer zu datieren. Manche erfreuen sich großer Beliebtheit (zum Beispiel am Bondi Beach), doch viele liegen versteckt oder die Standorte werden zum Schutz der Bilder geheim gehalten. Mit etwas Beharrlichkeit kann man manche ausfindig machen. Der Fotograf Peter Solness hat eine fabelhafte Fotoreihe zu diesen Felsbildern zusammengestellt, die er nachts beleuchtete und fotografierte. Die Ergebnisse sind einzigartig. Schauen Sie selbst unter www.illuminated-landscape.com unter »Art«. Erstaunlich und unvergesslich.

Andere Religionen, Glaubensvorstellungen und nicht-religiöse Überzeugungen

Sich mit verschiedenen Religionen und Glaubensvorstellungen auseinanderzusetzen, sollte meines Erachtens das Grundanliegen jedes denkenden Menschen sein.

Es wird Ihnen (und der Gesellschaft) viel nützen, neugierig auf die verschiedenen, hier genannten Religionen zu sein – ebenso wie auf Sikhismus, Konfuzianismus, Shintoismus, Daoismus, Zoroastrismus (Freddie Mercurys Reli-

»Das Leben ist wie ein Schwimmbecken. Der meiste Lärm kommt aus dem flachen Bereich.«
John Shelby Spong

gion), Bahaitum und Quäkertum. Zahlreiche Konflikte entstehen aus einem grundlegenden Missverständnis. Es ist ein faszinierendes Unterfangen und es gibt etliche Bücher über vergleichende Religion. (Ein Tipp: Je einfacher und kürzer, desto besser. Schauen Sie sich Bücher für Kinder an wie das hervorragende *Usborne Book of World Religions* von Susan Meredith.)

Zum Spaß können Sie auch einmal das »Belief-O-Matic«-Quiz auf www.beliefnet.com (unter »Faiths and Prayer«) ausprobieren. Es ermittelt, mit welcher Religion Ihre Glaubensvorstellungen im Grunde am meisten übereinstimmen. Bei mir kam »unitarischer Universalist« heraus! Keine Ahnung, was das bedeutet …

Eine Bemerkung zum Atheismus. Alain de Botton, Autor von vielen faszinierenden Büchern wie *Religion für Atheisten*, ist selbst überzeugter Atheist. Vor Kurzem veröffentlichte er unter dem Titel »Liste fürs Leben« seine Zehn Gebote für Atheisten. Sie sollen hier nicht unerwähnt bleiben:

- Widerstand: Weitermachen, auch wenn alles düster erscheint.
- Empathie: Die Fähigkeit, sich in die Leiden und die einzigartigen Erfahrungen eines anderen hineinzuversetzen.
- Geduld: Wir sollten ruhiger und nachsichtiger werden, indem wir ein realistischeres Gefühl dafür entwickeln, was in Wirklichkeit vor sich geht.

- Selbstlosigkeit: Wir werden niemals in der Lage sein, eine Familie zu gründen, einen anderen zu lieben oder den Planeten zu retten, wenn wir uns nicht in der Kunst der Selbstlosigkeit üben.
- Höflichkeit: Eng verbunden mit Toleranz – die Fähigkeit, mit Menschen zu leben, mit denen man niemals übereinstimmen wird und denen man nicht aus dem Weg gehen kann.
- Wie Wut basiert Humor auf Enttäuschung, steht jedoch für einen optimalen Umgang damit.
- Selbsterkenntnis: Sich selbst zu kennen heißt versuchen, anderen nicht die Schuld für den eigenen Kummer, die eigenen Launen zu geben; zu wissen, was im eigenen Inneren vor sich geht und was eher zur äußeren Welt gehört.
- Vergebung: Heißt anzuerkennen, dass es nicht möglich ist, mit anderen zu leben, ohne Fehler zu verzeihen.
- Hoffnung: Pessimismus ist nicht unbedingt tiefgründig und Optimismus nicht oberflächlich.
- Vertrauen: Vertrauen ist nicht gleich Arroganz, sondern basiert auf dem fortwährenden Bewusstsein, wie kurz das Leben ist und wie wenig wir letztlich verlieren, wenn wir alles riskieren..

Probieren Sie es aus, um aufgeschlossener zu werden und Ihre Spiritualität zu stärken.

Abschließende Gedanken

Ein Tagebuch oder Sammelalbum führen
Ich hatte immer das Gefühl, dass ich Tagebuch schreiben sollte, anstatt es wirklich zu wollen. Das änderte sich, als ich mich von dieser Vorstellung befreite: Ich kaufte einfach ein günstiges Einklebebuch und einen Prittstift im Zeitungskiosk und erlaubte mir, nur dann hineinzuschreiben, wenn mir danach war. Manchmal schreibe ich gar nicht, sondern klebe nur Dinge ein, die mein Interesse geweckt haben (fantasieanregende Bilder aus Zeitschriften, Fotos, Karten, die mir geschickt wurden, ausgedruckte E-Mails, Verpackungen, ein Zitat oder eine schnelle Notiz über etwas, das ich an jenem Tag gesehen habe). Es ist für niemanden außer für mich bestimmt und mittlerweile möchte ich nicht mehr darauf verzichten. Ich habe auch mein fertiges *Manifesto* hineingeklebt. Natürlich kann man etwas mehr Geld dafür ausgeben und in einem Kunstladen ein schönes Lederbuch oder ein spiralgebundenes Künstlertagebuch kaufen, aber mir macht es Freude, in meinem schlichten Buch zu blättern. Weißes Papier ist ein diskreter und geduldiger Zuhörer und mit der Zeit ergibt sich ein roter Faden. Es entstehen Muster und Verbindun-

gen. Dinge, die ich zufällig hineingeklebt habe, erhalten eine neue Bedeutung und man erkennt, dass sie gar nicht zufällig angeordnet sind, sondern eine Botschaft vermitteln. Es ist ein Blick in ein tiefes Tal. Transformation ist eine sehr persönliche Entdeckungsreise und erfordert Entschlossenheit, weiterzumachen und zu suchen. Ein Tagebuch kann hilfreich sein.

Ich bin nun eine große Anhängerin des Tagebuchschreibens, weil ich mich nicht mehr dazu verpflichtet fühle. Niemand sonst wird es lesen und ich weiß jetzt, warum das Sinn macht.

Alleinsein

»Alleinsein ist der Urlaub der Seele, eine Möglichkeit, aufzuhören, Dinge für andere zu tun, und uns stattdessen selbst zu überraschen und zu erfreuen … Im Alleinsein entdecken wir, wodurch wir uns lebendig fühlen.« Katrina Kenison

Finden Sie bewusst Zeit, um allein zu sein. Wir müssen alle allein sein, um einfach da zu sein und nichts zu tun. Wir verbringen sehr viel Zeit mit Multi-Tasking, mit der Sorge um andere und mit unseren technischen Geräten. Die Pausen, die es früher zum Beispiel im Bus, bei einem Spaziergang oder zu Hause gegeben hat, werden nun vom Handy oder iPod vereinnahmt. Von Zeit zu Zeit müssen wir uns von diesen Dingen trennen, um unser Innenleben zu kultivieren. Wir brauchen

Raum und Zeit, um nachzudenken, ansonsten sind persönliches Wachstum und Veränderung fast unmöglich. Meine Freundin Jenny legt Wert auf die einfachen Dinge wie ein Kreuzworträtsel und einen Kaffee am Morgen, wenn das Haus leer ist. Das ist ihre Zeit.

> *»Wir fürchten uns, wenn wir allein und stille sind, dass uns etwas in das Ohr geraunt werde, und so hassen wir die Stille und betäuben uns durch Geselligkeit.«* Friedrich Nietzsche

Ich hatte das Glück, einen der ruhigsten Orte der Welt zu besuchen: die Makgadikgadi-Salzpfannen in Botswana. Nachts schliefen wir weit voneinander entfernt in Bettrollen unter den Sternen – meilenweit weg von menschlichen Behausungen. Die Stille war so tief, dass man das Blut in den Ohren rauschen hören konnte. So beginnt man, sich über wichtige Dinge Gedanken zu machen. Wir können nicht alle nach Afrika reisen, aber man kann sich jeden Tag Zeit nehmen, um allein zu sein.

Dankbarkeit
> *»Alles Denken sollte Dankbarkeit sein.«* W. H. Auden

> *»Lasst uns in der Stille auf unser Herz hören.«*
> Michael Leunig

Es ist lohnenswert, sich daran zu erinnern, dass wir für vieles dankbar sein können – unabhängig davon wie schlimm es steht. Ja, es stimmt: Dankbarkeitstagebücher finden reißenden Absatz.

Das Gute-Laune-Motto *Make gratitude your attitude* (dt: »Mach Dankbarkeit zu deiner Gesinnung«) geht mir ein bisschen auf die Nerven. Ich habe versucht, ein Dankbarkeitstagebuch zu führen und jeden Tag drei Dinge aufzuschreiben, für die ich dankbar bin, doch ich konnte es mir nicht angewöhnen. Wenn es für Sie jedoch hilfreich ist, lassen Sie sich nicht davon abbringen.

Ich hingegen wache auf und bin am Anfang des Tages dankbar für das, was ich habe: Menschen, die mich lieben, Gesundheit und Sicherheit. Hinzu kommt noch ein bananenfressender pupsender Hund. Mein Glück ist vollkommen.

Versuchen Sie, Ihre Dankbarkeit bewusst zu teilen, indem Sie freundlich zu Menschen sind, mit denen Sie im Alltag verkehren – in Geschäften, am Telefon und auf der Arbeit. Es sind kleine Dinge, die jedoch für jemand anderen den entscheidenden Unterschied darstellen können.

Besuchen Sie für mehr Inspiration über Dankbarkeit www.gratefulness.org. Das Video, die Bilder und die Musik sind etwas kitschig, doch die Botschaft der Off-Stimme lohnt sich.

The Spirit of Things
The Spirit of Things (dt. »Der Geist der Dinge«) ist eine Sendung des australischen Radiosenders ABC Radio National, die von Rachael Kohn mit ihrer samtigen Stimme moderiert wird. Es ist schwer zu beschreiben, was die Sendung ausmacht (laut ihren

Worten: »das Wesen spiritueller Bedeutung in unserem Leben«), doch ich lerne bei jeder Sendung etwas hinzu und fühle mich danach inspiriert und angeregt. Ich würde auf jeden Fall empfehlen, sich auf der Webseite umzuschauen, sich vergangene Sendungen anzuhören und sich für den Podcast anzumelden. Schauen Sie sich auch die Reihe *My spiritual diary* (dt. »Mein spirituelles Tagebuch«) an, für die viele verschiedene Menschen ihr spirituelles Audio-Tagebuch zur Verfügung gestellt haben.

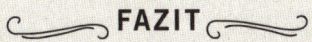

FAZIT

MÖGLICHKEITEN, SPIRITUALITÄT IN DEN ALLTAG ZU INTEGRIERENE

- eine eigene »spirituelle Halskette« und spirituelle Übungen entwickeln
- meditieren
- Tagebuch schreiben
- sich mit der Natur verbinden
- einen kleinen ruhigen Bereich bei sich zu Hause zur inneren Einkehr erschaffen
- anderen etwas zurückgeben
- sich Zeit fürs Alleinsein nehmen

Was ziehe ich aus diesem Kapitel über mein spirituelles Selbst?

Was werde ich in den nächsten 48 Stunden unternehmen?

»Der Geist ist wie ein Fallschirm: Er funktioniert nur, wenn er offen ist.« Thomas Dewar

»Probieren Sie in diesem Leben alles einmal aus – bis auf Inzest und Moriskentanz.« Thomas Beecham

»Richte dein Zuhause nie an einem Ort, sondern in deinem Kopf ein. Du wirst alles Nötige finden, um es auszustatten: Erinnerungen, Freunde, denen du vertrauen kannst, die Freude am Lernen und andere Dinge. Auf diese Weise wird es dich überallhin begleiten.« Tad Williams

»Das Geheimnis eines außerordentlich interessanten Menschen besteht darin, dass er außerordentlich interessiert ist.« William Dean Howells

»Das ganze Geheimnis des Lebens besteht darin, sich für eine Sache voll und ganz einzusetzen und sich für tausend weitere Dinge zu interessieren.« Horace Walpole

»Mit einem Farbkasten ausgestattet, ist es unmöglich, gelangweilt zu sein, nichts mit sich anzufangen zu wissen oder zu viele freie Tage zu haben.« Winston Churchill

»Wähle einen Beruf, den du liebst, und du wirst keinen Tag in deinem Leben arbeiten müssen.« Konfuzius

»Wenn du die Aufmerksamkeit anderer auf dich lenken willst, richte deine Aufmerksamkeit auf etwas, das nichts mit ihnen zu tun hat; Ölmalerei, Kochen, Wildtiere retten. Je mehr du dich in dem verlierst, was du tust, desto interessanter wirst du.« Martha Beck

6. KAPITEL

Ihre Interessen /
Ihre Arbeit

In diesem Kapitel werden Sie:
- *sich Gedanken über die Wichtigkeit von Hobbys machen*
- *darüber nachdenken, Ihre Interessen und Ihren Beruf miteinander zu verbinden*
- *sich dazu inspiriert fühlen, etwas Neues zu lernen*
- *sich sechs gute Möglichkeiten überlegen, wie Sie Ihre Zeit investieren wollen*
- *in Erwägung ziehen, ohne Anstrengung zu lernen*

Was reizt Sie?

Ich habe einen Hund geerbt. Sein Name ist Rory und er ist ein Airedale Terrier mit kurzen Beinen und großer Persönlichkeit. Leider hat er die Angewohnheit, viel zu pupsen. Ich tue so, als wäre er mir egal, aber natürlich hat er mich längst für sich eingenommen. Allerdings bin ich alles andere als eine Hundeliebhaberin. Hunde liegen mir nicht. Als ich Rory zum ersten Mal über den Bauch streichelte, war ich daher überrascht, dass er es nicht nur sichtlich genoss, sondern anfing, unkontrolliert mit den Beinen zu zucken, so als würde er ein Einrad für Hunde fahren. Zufällig hatte ich die Stelle gefunden, die ihm Genuss bereitete. Ich weiß, dass es kein Interesse im engeren Sinn ist (Rory ist kein Hund à la Proust), doch die besten Interessen oder Hobbies sollten uns so großes Vergnügen bereiten, dass unsere Beine anfangen zu zittern und die Zeit wie im Flug vergeht. Können Sie Ihre aufzählen?

Interessiert = Interessant

Im Verlauf unserer Lebensmitte ist es wichtiger denn je, dass wir Interessen haben, die uns Vergnügen bereiten. Das Ziel ist Eigenständigkeit, was nicht bedeuten soll, dass man seinem Hobby nicht zusammen mit seinen Liebsten nachgehen kann, doch es ist wichtig, etwas für sich allein zu haben, das einen voll und ganz in Anspruch nimmt. Das Wort »Hobby« klingt ein bisschen wie aus einem Mädchenbuch von Enid Blyton, aber es trifft ins Schwarze. Eigene Hobbys zu haben und zu entwickeln ist wichtig, denn sie begleiten Sie im Laufe der Jahre wie eine gute Freundin.

Ein »Hobby« besteht nicht darin, ins Koma zu fallen und eine Folge *Kardashians* nach der anderen im Fernsehen zu sehen oder durchs Einkaufszentrum zu bummeln. Das sind Zeitdiebe, keine Hobbys. Im Durchschnitt sehen die Australier jeden Tag drei bis vier Stunden fern.[1] Stellen Sie sich das einmal vor. Da manche sicherlich weniger fernsehen, gibt es etliche, die unglaublich viel Zeit vor dem Fernseher verbringen. Denken Sie an all diese Seelen, die vor dem Bildschirm hängen und das Leben nur indirekt leben: Sie entscheiden sich bewusst dafür, das Leben anderer Menschen zu beobachten, während ihr eigenes Leben an ihnen vorbeizieht. Groucho Marx sagte: »Ich finde Fernsehen sehr lehrreich. Immer wenn jemand den Fernseher einschaltet, gehe ich in ein anderes Zimmer und lese ein Buch.« Gut gesagt. Wann ist es eigentlich zum Hobby geworden, shoppen zu gehen, den Verlockungen des Internets nachzugehen und den Klatschteil auf der *Daily-Mail*-Website zu lesen?

> »*Wenn Sie ›Ja, aber‹ denken, tun Sie es trotzdem oder gerade deswegen. Schreiben Sie einen Roman. Adoptieren Sie einen Welpen. Wehren Sie sich gegen Niedergeschlagenheit. Behalten Sie das ›Ja‹ und schicken Sie das ›Aber‹ in die Wüste.«*
> Martha Beck

Elizabeth Gilbert, Autorin von *Eat, Pray, Love,* sprach über das Buch, das sie zu ihrem neuesten Werk, *Das Wesen der Dinge und der Liebe,* inspirierte. Es handelte sich um ein altes Buch namens *Cook's Voyages* aus dem Jahr 1784, das im Be-

---

[1] In Deutschland sind es 3¼ Stunden pro Tag (Anm. d. Übers.).

sitz ihrer Familie war. Es hat sie »angesprochen«. Sie sagte: »Kreativität ist eine Schnitzeljagd. Es ist deine Pflicht, auf Hinweise zu achten – auf etwas, das dich ein wenig zwickt. Die Musen oder Feen versuchen deine Aufmerksamkeit zu erhaschen. Etwas sagte mir, dass ich auf dieses Buch achten sollte.«

Unser Geist ist genau wie unser Körper auf Wachstum oder Verfall programmiert. Wenn wir uns in etwas vertiefen und neue Dinge lernen, wächst unser Gehirn rasant. Man kann beinahe spüren, wie sich neue neuronale Verbindungen ergeben. Sie bestimmen selbst darüber, was in Ihren Geist hineinkommt. Wenn Sie sich dabei ertappen, dass Sie regelmäßig unterbeschäftigt sind, stehen Sie vom Sofa auf und *tun Sie etwas – irgendetwas anderes.* Begeben Sie sich in tiefe Gewässer.

»Interessiert« ist gleich »interessant«. Wer hätte nicht gern jemanden in seiner Nähe, der neugierig ist und viele Interessen und Leidenschaften hat? Wenn Sie keine Interessen entwickeln, könnten Sie plötzlich mit leeren Händen dastehen …

»Ich war bei einer Freundin zum Abendessen und ich erkannte, dass ich außer den Kindern, der Schule und dem Immobilienpreis keine Gesprächsthemen hatte. Hat sich mein Leben wirklich so entwickelt? Was ist aus meinem geistreichen, gut informierten und eigensinnigen Selbst geworden?« Sarah, 45

»Jetzt, da die Kinder aus dem Haus sind, ist man für alle ein Niemand.« Lucy, 54

»Als ich eine Zeitlang aufhörte zu arbeiten, ertappte ich mich bei dem Gedanken: ›Super. Es ist ein guter Tag zum Trocknen (der Wäsche)‹. Also bitte …«
Jane, 52

»Das Wort, das vor ›Hausfrau‹ steht, ist ›nur‹.«
Samantha, 43

»Als ich meine To-Do-Liste verlor, dachte ich: Wenn sie jemand findet und durchliest, muss er denken: ›Was für eine arme, unglückliche Frau‹.« Jo, 49

»Der einzige Unterschied zwischen dem Trott und dem Tod sind die Dimensionen.« Ellen Glasgow

Kunst als Beispiel nehmen

»Malerei ist stumme Dichtung und Dichtung ist sprechende Malerei.« Simonides

Winston Churchill war ein talentierter Amateurmaler. In seinem schönen kleinen Buch *Zum Zeitvertreib: Vom Lesen und Malen* schreibt er über die Wichtigkeit von Hobbys und darüber, wie sie den Geist jung halten. »Veränderung ist der goldene Schlüssel. Man kann einen bestimmten Teil seines Gehirns abnutzen, indem man ihn ständig benutzt und ermüdet, genauso wie man die Ellenbogen seines Mantels abtragen kann. Es gibt jedoch einen Unterschied zwischen lebenden Gehirnzellen und unbelebten Gegenständen: Man kann die abgenutzten Ellenbogen eines Mantels nicht reparieren, indem man über die Ärmel und Schultern reibt, doch die müden Bereiche des Gehirns können ausgeruht und gestärkt werden – nicht nur durch Ruhe, sondern durch die Nutzung anderer Bereiche. Es genügt nicht, lediglich die Lichter auszuschalten, die auf das übliche und wichtigste Interessengebiet gerichtet sind; man muss auch ein neues Interessengebiet beleuchten.« Anschließend führt er aus, welch hohen Stellenwert die Malerei für ihn einnahm, obwohl er erst in seinen Vierzigern damit begonnen hatte.

»Alle Menschen streben von Natur aus nach Wissen.«
Aristoteles

Ich habe schon immer Gefallen an Gemälden und Kunstgalerien gefunden. Auch wenn Sie sich nicht sonderlich dafür interessieren, stellt das aufmerksame Betrachten eines Gemäldes eine wunderbare Übung dar, um die Sinne anzuregen. Schauen Sie im Internet nach (zum Beispiel unter www.arthistory.about.com), schlagen Sie ein Buch über Kunst auf oder gehen Sie in eine Galerie und betrachten Sie alles mit neuen Augen. Die Reproduktionen zahlreicher Gemälde sind uns mittlerweile so vertraut, dass wir sie zwar anschauen, aber nicht mehr sehen. Es ist stimulierend, ein Gemälde genau zu erforschen – das erfrischt die Augen.

Damit Sie eine Vorstellung davon bekommen, was ich meine, wollen wir einen Blick auf eins meiner Lieblingsbilder werfen: *Die Rückkehr des ver-*

lorenen Sohnes von Rembrandt. Schauen Sie sich das Bild, das in Sankt Petersburg aufbewahrt wird, in der Google-Bildersuche an oder sehen Sie sich den YouTube-Clip der wunderbaren Kunsthistorikerin und Nonne Wendy Beckett an. Ist es nicht einzigartig?

Rembrandt malte es vor etwa 350 Jahren wenige Jahre vor seinem Tod. Wenn man ein bisschen über sein Leben weiß (vier seiner Kinder waren vor ihm verstorben), wird es noch ergreifender. Auf dem Gemälde ist der jüngste Sohn nach vielen Jahren heimgekehrt. Sein Vermögen hat er verschleudert. Reuevoll kniet er vor seinem Vater, in Lumpen gekleidet (am verzierten Kragen kann man erkennen, dass es einst edle Kleidung war) und mit schmutzigen Füßen von der Reise. Anstatt wütend zu sein, empfindet sein Vater nichts als Mitgefühl für ihn. Sehen Sie sich genau an, wie meisterhaft Rembrandt die Hände des Vaters gemalt hat. Sie sind stark und haltgebend, aber gleichzeitig vergebend und zart. Der pflichtgetreue Bruder mit den guten Schuhen auf der rechten Seite des Gemäldes hat die Hände gekreuzt und zeigt sich unbeeindruckt, da er jahrelang »das Richtige getan hat«, doch sein Vater hat ihn nie so liebevoll behandelt wie jetzt seinen jüngeren Bruder. Die Mutter beobachtet das Geschehen besorgt im schattigen Hintergrund.

> *»Ein Geist, der sich zu einer neuen Idee ausdehnt, kehrt niemals zu seiner ursprünglichen Größe zurück.«*
> Oliver Wendell Holmes

Dieses schöne Gemälde stellt das Wesen des Mitgefühls und der überwältigenden Liebe eines Vaters zu seinem Sohn dar. Ich hoffe, Sie haben den Anblick genauso genossen wie ich. Fühlt sich Ihr Gehirn nicht so an, als wäre es im Urlaub gewesen?

Unser Plastikgehirn

Unser Gehirn hört nie auf zu wachsen, obwohl man manchmal das Gegenteil denken könnte, wenn man gerade oben an der Treppe angekommen ist und sich nicht mehr erinnern kann, warum man dort ist, oder wenn man – so wie ich heute Morgen – in der Dusche steht und noch seine Lesebrille auf dem Kopf hat. Zum Glück reagiert das Gehirn auf das Gelernte und verändert sich ständig selbst. Es ist das einzige Organ, das umso besser wird, je mehr wir es nutzen. Wir wissen, dass Übungen wie Kreuzworträtsel und Sudoku gute Anregungen sind, doch neueste Fortschritte in der Wissenschaft der Gehirnplastizität haben gezeigt, wozu wir wirklich in der Lage sind. Zu empfehlen sind an dieser Stelle *Neustart im Kopf: Wie sich unser Gehirn selbst repariert* von Norman Doidge und die dreiteilige ABC-Fernsehserie *Redesign My Brain* mit Todd Sampson, in der er sich der Herausforderung stellt, seine Gehirnfunktion in drei Monaten zu verbessern – mit beeindruckenden Ergebnissen. Wenn er es kann, können wir es auch, und selbst wenig »Gehirntraining« hat mit Sicherheit etwas Gutes.

Arbeit

Die traurige Wahrheit ist, dass die meisten Menschen keine Freude an ihrer Arbeit verspüren – geschweige denn Begeisterung. Wir alle haben finanzielle Verpflichtungen, aber in der Mitte des Lebens sind wir es uns selbst schuldig, nach unserem Herzen zu handeln, auch wenn das bedeutet, den Gürtel enger zu schnallen. Erinnern Sie sich daran, was die Sterbenden in Kapitel zwei bereuten? »Ich wünschte, ich hätte nicht so hart gearbeitet« war weitverbreitet. Ich möchte später einmal in den Spiegel schauen können und wissen, dass ich mutig genug war, mich selbst zu fördern, mein Licht nicht unter den Scheffel gestellt und mich nicht verkauft zu haben.

In *The Happiness Advantage* berichtet Shawn Achor darüber, wie Angestellte ihre Berufsbeschreibung in eine »Berufungsbeschreibung« umformulieren – wie Tal Ben-Shahar (der Vater der Positiven Psychologie) es nennt. Sie sollen ihren Job so beschreiben, dass sich neue Bewerber davon angesprochen fühlen. Welche positiven Aspekte und welchen Sinn sehen sie in ihrer Beschäftigung? Anschließend sollen sie ihre eigene Vision aufschreiben und überprüfen, inwiefern sie mit ihrem Beruf in Einklang zu bringen ist. Die Schlussfolgerung: Wenn man sehen kann, dass man seiner Vision durch die Arbeit näherkommt, fühlt sie sich erfüllender an und der Beruf wird eher zu einer Berufung.

Es gibt immer mehr Frauen, die ihre konventionelle Karriere aufgeben, um ihrem Instinkt zu folgen, und die keine Sekunde mehr bereuen wollen. Ich habe aufgehört, in der Werbebranche zu arbeiten, um dieses Buch zu schreiben. Es war einfach etwas, das ich tun musste. Ich kenne viele Menschen, die ihren Beruf wechselten oder ihre Fähigkeiten auf andere Art und Weise eingesetzt haben. Eine Bekannte war erst Steuerberaterin, dann Mosaikkünstlerin und schließlich Psychologin. Eine gab ihre Anstellung in einer Bank auf, um Bienenwachskerzen herzustellen, und eine dritte ist in die Pro-Bono-Abteilung ihrer Kanzlei gewechselt, wo sie sich endlich gut aufgehoben fühlt.

Vielleicht haben Sie, während Sie das hier lesen, das Gefühl, Ihren gegenwärtigen Beruf einfach nicht aufgeben zu können, obwohl er Ihnen nicht gefällt. Das verstehe ich. In diesem Fall habe ich vier Ratschläge. Erstens: Hören Sie auf Ihren Instinkt. Vielleicht ist jetzt nicht der richtige Moment dafür, doch öffnen Sie sich für verschiedene Möglichkeiten und sehen Sie, wohin Sie das führt. Seien Sie einfach offen für Alternativen. Treffen Sie sich mit interessanten Kontakten auf einen Kaffee und gehen Sie zur Übung zu Bewerbungsgesprächen. Manchmal liegt die Antwort direkt vor Ihnen und wartet nur darauf, von Ihnen gesehen zu werden. Zweitens: Entwickeln Sie Ihre Leidenschaften, Interessen und Hobbys und schauen Sie, wohin Sie das führt. Vielleicht lässt sich darauf eine berufliche Laufbahn aufbauen. Drittens: Überprüfen Sie die Möglichkeit, die Dinge, die Sie lieben, in Ihren Beruf zu integrieren. In meiner Karriere in der Werbebranche habe ich mich zum Beispiel auf Frauen als Zielgruppe konzentriert, was meinem persönlichen Interesse entgegenkam und sich auf professioneller Ebene bewährt hat. Viertens: Wenn Sie Ihre Anstellung tatsächlich nicht aufgeben können, stellen Sie zumindest sicher, dass Sie angemessen entlohnt werden. Meiner Erfahrung nach schätzen Frauen ihre Fähigkeiten niedriger ein als Männer. Achten Sie darauf, dass die richtigen Personen Notiz von Ihren Bemühungen nehmen, finden Sie heraus, wie viel Sie verdienen sollten und treten Sie dafür ein. Schlimmstenfalls wird man Ihnen mit »Nein« antworten und Sie dafür bewundern, dass Sie den Mut aufgebracht haben und um Ihren Wert wissen. Suchen Sie sich danach eine Stelle, bei der Sie das verdienen, was Ihren Wünschen entspricht.

»In unserem Leben kann uns alles aufwecken oder einschläfern. Im Grunde liegt es an uns, ob wir uns aufwecken lassen.«
Pema Chödrön

Wir alle wollen ein authentischeres, erfüllteres Leben führen, und um das zu erreichen, muss jeder Lebensbereich auf die eigene Vision ausgerichtet sein. Denken Sie darüber nach, was Sie tun können, damit Sie Ihrer Vision durch Ihren Beruf näherkommen.

»Ich habe keine Zeit«

Das ist das heutige Äquivalent zu »Der Hund hat meine Hausaufgaben gefressen«. Natürlich haben Sie Zeit. Steve Jobs, Picasso und J. K. Rowling hatten genauso viel Zeit wie Sie. Ebenso Charles Dickens, der zwanzig Jahre lang eine Zeitschrift herausgab, 15 Bücher, Erzählungen und Hunderte Kurzgeschichten aus dem Ärmel schüttelte, zahllose Vorlesungen hielt und wichtige soziale Reformen antrieb. Es geht nicht darum, wie viel Zeit man hat, sondern wie man sie nutzt. In der vergangenen Woche hatte jeder von uns 168 Stunden bzw. mehr als 10.000 Minuten zur Verfügung. An wie viele davon können Sie sich erinnern? Wie viele haben Sie mit Unsinn vergeudet? (Bitte fangen Sie jetzt nicht damit an, wie beschäftigt Sie sind. Das geht jedem so. Eine ehrliche Freundin meinte: »Ich bin eine sehr beschäftigte Frau, die nichts erreicht.«)

Man muss auch Nein sagen können, wenn man das Beste aus seiner Zeit herausholen will. Füllen Sie Ihre Zeit nicht mit Dingen, die Sie weder bereichern noch in die richtige Richtung lenken. Die Vierziger und Fünfziger sind nicht dazu da, um faule Kompromisse zu schließen. Man muss nicht versuchen, möglichst viele Bälle

> *»Entwickeln Sie im Laufe des Lebens verschiedene Interessen für Menschen, Dinge, Literatur, Musik – die Welt ist so reich und steckt voller üppiger Schätze, schöner Seelen und interessanter Menschen. Vergessen Sie sich selbst.«*
> Henry Miller

gleichzeitig in der Luft zu halten. Holen Sie die Gartenschere heraus und schneiden Sie alles zurück, was in diese Kategorie fällt. Gibt es einen Lesekreis, der keinen Spaß mehr macht? Schnipp. Tennis jeden Mittwochabend? Schnapp. Die Lebensmitte ist die schönste Zeit, um neue Möglichkeiten zu entdecken und zu lernen. Sie bietet uns auch die Freiheit, anzuerkennen, dass uns manche Wege versperrt sind. Ich werde niemals Fallschirm springen, Höhlen erkunden, Lappland besuchen, Stangentanz ausprobieren, Insekten essen, hinten auf einer Harley sitzen oder Koreanisch lernen und damit bin ich vollkommen im Reinen. Dennoch gibt es unzählige Dinge, in denen ich mich versuchen kann! (Obwohl, die Harley …)

Jedes Jahr etwas Neues lernen

Anstatt eine ellenlange Liste zu schreiben, stellen Sie sich selbst die Herausforderung, jedes Jahr nur eine neue Sache zu lernen. Mehr als eine Sache ist ein Bonus. Natürlich müssen Sie nicht bis zum Beginn des Kalenderjahres warten, sondern können jeden beliebigen Monat damit beginnen. Diesen Monat! Im vergangenen Jahr habe ich eine große Herausforderung und zwei kleinere angenommen: Ich lernte Freistilschwimmen, eignete mir an, wie meine Kamera ohne Automatikmodus funktioniert, und entdeckte die Haiku-Dichtung.

So bin ich es angegangen:

SCHWIMMEN

Als Kinder in Großbritannien lernten wir Schwimmen in kalten Freibadbecken und beim Brustschwimmen sollten wir immer den Kopf über Wasser halten – wie ein ungeschicktes Loch-Ness-Ungeheuer. Als ich nach Australien kam, staunte ich über die kleinen Kinder, die mühelos im Becken auf und ab schwammen wie Seehunde. Konnten sie von Natur aus so gut schwimmen? Ich schob es über Jahre auf, doch schließlich beschloss ich, dass es an der Zeit war, richtig schwimmen zu lernen.

Da ich kein sehr geduldiger Mensch bin, beschloss ich, mir einen Privatlehrer zu nehmen, damit es schneller ging. Mit Vlad legte ich los. Er kommt aus Serbien und sieht ein bisschen wie ein Erdmännchen aus. Den Unterricht habe ich schließlich sehr genossen, aber das hat eine Weile gedauert. Während ich mich im Kinderbereich abmühte, rief er mit russischem Akzent: »Entspannen! Entspannen!« Wie unentspannt ist das denn? Ich brachte es nicht übers Herz, ihn zu korrigieren, als er sagte: »*Now try it with three breasts (breaths) – one breast, two breasts, three breasts …*« (dt. »Und jetzt mit drei Brüsten (Atemzügen) – eine Brust, zwei Brüste, drei Brüste«). Nach meinen lächerlichen Anfangsbemühungen hatte ich den Bogen nach etwa drei Monaten heraus.

Überraschenderweise kamen die mitunter besten Tipps zum Schwimmen von Nigel Marshs offenem und lustigem Buch *Vierzig – Fett – Gefeuert*.

Nummer eins: Tun Sie so, als würden Sie bergab schwimmen. Nummer zwei: Tun Sie bei der Vor- und Abwärtsbewegung der Arme so, als würden Sie sie in die Ärmel eines Mantels stecken, den jemand vor Ihnen hält. Nummer drei: Schwimmen Sie so langsam wie möglich. Die Ratschläge klingen seltsam, doch sie funktionieren. Ich liebe jetzt die Freiheit, voller Selbstvertrauen (um nicht zu sagen Schwung!) schwimmen zu können, nur mit einer Schwimmbrille und einem Handtuch ausgestattet in eine Badeanstalt zu gehen und meine Bahnen zu schwimmen. Es ist eine hervorragende Zeit zum Nachdenken.

FOTOGRAFIE

Ich besitze eine treue Spiegelreflexkamera, die nicht nur einfache Fotos schießen, sondern auch eine Rückenmassage geben und eine Tasse Earl Grey zubereiten kann. Da jedoch die Bedienungsanleitung auf CD ist, werde ich sie mir wohl nie durchlesen. Ein Hoch auf Handbücher. Meine Kamera stand ihr Leben lang auf »A« für »Automatikmodus«. Ich hatte das Gefühl, dass sie gern mal ihre ganze Palette an Möglichkeiten ausspielen würde. Also besuchte ich einen Fotokurs, um sie von Automatisch auf Manuell zu stellen (ein bisschen wie mein Leben). Jetzt bin ich Expertin für Belichtung, Verschlusszeit und ISO – und habe trotzdem nicht verlernt, richtig hinzusehen.

Warnung: Es nähert sich eine kleine Hobby-fanatikerin. Heutzutage schießt die Menschheit in zwei Minuten genauso viele Fotos wie im gesamten 19. Jahrhundert geschossen wurden. Unglaublich, aber wahr: Dank der Einführung von Handykameras entstanden zehn Prozent aller Fotos, die je geschossen wurden, im vergangenen Jahr. Doch es stimmt mich auch traurig, dass wir Fotos schießen, anstatt im Moment zu leben und zu atmen. Taj Mahal. Klick. Sarahs 15. Geburtstag. Klick. Eine hübsch präsentierte Laksa-Suppe. Klick. Warum nicht einmal die verdammte Kamera aus der Hand legen und richtig hinsehen? Was sehen Sie? Was hören Sie? Was können Sie riechen? Welches Gefühl gibt es Ihnen?

»Am meisten interessiert mich die Kalligrafie eines Baums oder von Dachziegeln, und ich meine Blatt für Blatt, Ast für Ast, Grashalm für Grashalm.«
Joan Miró

HAIKU

Heben Sie die Hand, wenn Sie wissen, was ein Haiku ist. Gut gemacht. Haiku ist eine klassische japanische Dichtform, die für Beschränkung steht. Jedes Gedicht ist nur drei Zeilen und siebzehn Silben lang. Haikus sind sehr einfach und atmosphärisch zugleich. Jedes ist wie eine kleine Geschichte und es ist Aufgabe des Lesers, die Lücken zu füllen. Ich fühle mich von ihnen angezogen. Eine gute Einführung ist *The Sound of Water*, das von Sam Hamill übersetzt wurde. Es ist ein kleines Buch und ich trage es in meiner Handtasche mit mir herum, um zwischendurch darin lesen zu können. Wenn ich in der Warteschlange einer Bank ein Gedicht lese, kann das meine ganze Perspektive verändern.

Im Folgenden ein paar Beispiele von den Größen aus der *Hall of Fame* des Haiku – Basho, Buson und Issa:

> *Ein uralter Teich*
> *Ein Frosch springt hinein*
> *Da ist der Klang des Wassers*
> Matsuo Basho, 1644–1694
>
> *Im Straßenschrein dort*
> *Vor dem steinernen Buddha*
> *Brennt ein Glühwürmchen*
> Buson, 1715–1783
>
> *Eine Welt aus Tau*
> *Und in jedem Tautropfen*
> *Eine Welt aus Kampf*
> Issa, 1762–1826

Gedankenanregungen für neue Hobbys

Kalligrafie, Stepptanz, Karten legen, Bloggen, eine bestimmte Landesküche ausprobieren (Persisch, Libanesisch, Burmesisch …), Häkeln, Sticken, eine Sprache lernen, Stammbaum erforschen, Schmuck herstellen, einen Zaubertrick lernen, Töpfern, Lesen,

Scrapbook anfertigen, Kerzen herstellen, Yoga, Fechten, Bildhauerei, Radfahren, Haiku, Tauchen, Gärtnern, Laufen, Kajakfahren, Fotografie, Karate, Segeln, Skifahren, Tai Chi, Kunst sammeln, Morsealphabet lernen, Metallerkennung, Meerglas sammeln, Tierschauen, Kräuter anbauen, Bridge, Golf, Boxen, Bogenschießen, Klettern in der Halle, Tennis, Astronomie, Reisen, ein Instrument lernen, Quilts anfertigen, Mosaike, Schauspielern, Kleider herstellen, Bodysurfen, ein Buch künstlerisch verändern, Reiten, Ihre Muttersprache als Fremdsprache unterrichten, Oper, Toastmaster, Wandern, Filmclub, Museumsführer, Mah-Jongg, Schach, Backgammon, ein Vogelhaus im Garten aufstellen, eine Kurzgeschichte schreiben, Schnorcheln, eine geführte Essenstour machen, Tourist in Ihrer Heimatstadt sein, die Stimmen Ihrer Familie aufnehmen, Gebärdensprache lernen, Tarot-Karten lesen, einer Kunstgalerie beitreten, bei einem Chor mitmachen, eine neue Sammlung beginnen, einen YouTube-Kanal starten, Zeichenkurse, Blumenbinden, Bilderrahmen, Vogelbeobachtung, Philosophie, Mountainbiken, Eislaufen, Gleitschirmfliegen, Felsklettern, Kühe zusammentreiben, Linolschnitte, Holzschnitzen, Taekwondo, Bonsai-Bäume, an einer Weinprobe teilnehmen oder herausfinden, was als die Leute eigentlich machen, die im Abspann eines Films genannt werden.

»Wer ein gutes Hobby hat, bleibt nicht lange allein.«
Dr. W. Beran Wolfe

Nehmen Sie sich ein Blatt Papier und erstellen Sie eine Liste mit Dingen, die Sie noch erleben wollen: Wo Sie hinreisen, was Sie lernen und wie Sie sich fühlen möchten. Bringt Sie diese Liste auf neue Ideen? Oder überlegen Sie sich ein Hobby, das Sie früher hatten und das Sie wieder aufnehmen könnten (als Teenager war ich ein Nerd, ging gern Vögel beobachten und bin immer noch eine heimliche Vogelbeobachterin …). Tun Ihre Freunde etwas, das Sie inspiriert? Gibt es bestimmte Artikel oder Themen, die in Zeitschriften oder auf Blogs ständig Ihr Interesse wecken?

»Ich ging auf die Kunstakademie und fand meinesgleichen.« Mo, 51

Lassen Sie sich auf etwas ein und probieren Sie es aus. Erforschen Sie die Möglichkeiten. Warum nicht etwas versuchen, das sehr untypisch für Sie ist, um etwas Bewegung in Ihr Leben zu bringen? (Erst wenn meine Freundinnen das hier lesen, werden Sie von meiner heimlichen Vorliebe für Haiku und Vogelbeobachtung erfahren.) Oder nehmen Sie an einem Online-Kurs teil. Das Schöne und Befreiende daran ist, dass Sie sich keine Sorgen über das Ergebnis machen müssen. Es gibt keinen Zeitdruck und Sie müssen niemandem etwas beweisen – genießen Sie es einfach, interessant zu sein!

Sechs tolle Möglichkeiten, Ihre Zeit zu verbringen

1. Aktuelle Nachrichten

Ich glaube, dass wir als mitfühlende Wesen auf diesem Planeten die Pflicht haben, informiert zu sein und eine Meinung von der Welt um uns herum zu haben. Ich war mit einem sehr rechtschaffenen Ehepaar befreundet, das sich sogar gegenseitig über das Zeitgeschehen abfragte und vor einer langen Autofahrt eine kleine Debatte zu einem bestimmten Thema verabredete, zum Beispiel pro und contra Todesstrafe, Legalisierung von Marihuana, Asylbewerber etc. Es klingt zwar etwas bemüht und gekünstelt, doch ich bewundere sie. Sie waren interessant und gut informiert und sind jetzt ein angesehenes Power-Paar in London. Für den Anfang könnten Sie eine Zeitung als Startseite Ihres Browser festlegen oder sich auf www.bbc. co.uk informieren.

2. Technologie

Nichts lässt einen schneller altern, als keine Ahnung von Technik zu haben. Wer in Bezug auf das Internet aufgeschmissen ist, hinterlässt einen schlechten Eindruck und darf ohne Unterlass erleben, wie die eigenen Kinder die Augen verdrehen und seufzen, wenn sie wieder aushelfen müssen. Im beruflichen Umfeld ist es sogar noch schlimmer, denn dort ist es eine wichtige Voraussetzung, an der nicht zuletzt die Qualität der Arbeit gemessen wird. Es ist nicht etwa »süß«, mit Computern nicht umgehen zu können. Man wirkt lediglich alt und unwissend, insbesondere wenn es so viele Ressourcen gibt, die helfen können. Im Durchschnitt nutzen wir nur etwa 20 Prozent unserer Computerkapazität. Gedruckte Bedienungsanleitungen für Computer und Software findet man in Zeitungskiosken, Büchern (ich mag die Reihe *Teach Yourself Visually*) und kostenlosen YouTube-Lehrvideos. Sie können an einem Kurs teilnehmen oder sich unter www.lynda.com, einer Website mit Tausenden von Lehrvideos, anmelden. Schreiben Sie Tastaturkürzel auf einen Haftzettel und kleben Sie ihn auf Ihren Laptop. Schon bald werden Sie sie verinnerlicht haben. Suchen Sie eine Liste mit den nützlichsten Apps und probieren Sie manche davon aus, zum Beispiel Instapaper oder Evernote. Außerdem sollten Sie sich eine tragbare Festplatte kaufen und Ihre Daten sichern. (Verzeihung, ich will nicht belehrend klingen, aber … ich bin entsetzt darüber, wie viele meiner Freunde das nicht tun und dann am Boden zerstört sind, wenn alle ihre Fotos plötzlich weg sind.)

Apropos Technik und Bedienungsanleitungen – ich hätte jahrelang lieber eine tote Maus gegessen, als die Handbücher von Geräten wie meinem Ofen oder dem Kühlschrank zu lesen. Irgendwann habe ich es endlich getan und es ist eine riesige Genugtuung zu wissen, wie all diese

Knöpfe funktionieren. Ich weiß, ich weiß … das wird die Welt nicht verändern, aber wenn wir einfache Dinge entdecken, die unser Leben leichter machen, dann ist das ein Grund zur Freude. Wer hätte gedacht, dass mein Ofen sich schneller vorheizen lässt oder dass die Mikrowelle selbst ausrechnen kann, wie lange es dauern soll? Über diese kleinen Wunder habe ich mich gefreut wie ein kleines Kind.

3. Wohltätigkeit

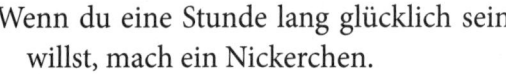

Wenn du eine Stunde lang glücklich sein willst, mach ein Nickerchen.

Wenn du einen Tag lang glücklich sein willst, geh angeln.

Wenn du einen Monat lang glücklich sein willst, heirate.

Wenn du ein Jahr lang glücklich sein willst, erbe ein Vermögen.

Wenn du ein Leben lang glücklich sein willst, hilf jemand anderem.

Chinesisches Sprichwort

In der Lebensmitte sind wir mitfühlender, toleranter und weniger verurteilend. Man erkennt, dass man es nur einer Laune des Schicksals zu verdanken hat, nicht in einem kriegszerrütteten Land geboren zu sein oder nach vielen kleinen Schicksalsschlägen vor einem Scherbenhaufen im Leben zu stehen. Ich möchte Sie dazu ermutigen, einen guten Zweck oder eine Wohltätigkeitsorganisation zu finden, die Ihnen wichtig ist, und sie aktiv zu unterstützen, wenn Sie es noch nicht getan haben. Ich persönlich ziehe mehr Zufriedenheit daraus, mich auf eine Sache zu konzentrieren und etwas zu bewirken, anstatt mehrere Dinge gleichzeitig zu unterstützen. Es könnte eine Wohltätigkeitsorganisation sein, die an der Erforschung einer Krankheit oder eines Leidens arbeitet, von der einer Ihrer Verwandten oder Freunde betroffen war. Oder Sie finden etwas, das Ihrem Interesse entspricht – wie in meinem Fall die Lebensmittelrettungs-Organisation OzHarvest. In unserem Alter und Entwicklungsstand sollten wir uns aktiv für einen guten Zweck einsetzen, d. h. man lässt seinen Worten Taten folgen, investiert seine Zeit oder Fähigkeiten in ehrenamtliche Arbeit und leistet Spenden, die automatisch vom Konto abgezogen werden.

4. Reisen

»Die Welt ist ein Buch. Wer nie reist, sieht nur eine Seite davon.« Augustinus von Hippo

Wir haben unglaubliches Glück, dass internationales Reisen in unserer Lebenszeit erschwinglich und zugänglich geworden ist. Ich erinnere mich, wie ich als Kind von London nach Neuseeland flog. Da die Flugzeuge nur Kurzstrecken zurücklegen konnten, war es, als würden wir wie ein Känguru von Land zu Land springen. Es dauerte eine Ewigkeit – beinahe wäre ich unterwegs um ein Jahr gealtert. Heute sieht das anders aus. Ich *liebe* es zu reisen und ich liebe nichts mehr als die Recherche für einen Trip: die Reisezeit, die Aktivitäten vor Ort, die Unterkünfte, die »Geheimnisse« der Region und – am allerwichtigsten – was und wo man isst. Ich liebe es einfach.

Das Klischee, dass Reisen den Horizont erweitert, stimmt. Wenn man aufgeschlossen an die Sache herangeht und gewillt ist, sich auf alles einzulassen, was einem begegnet, wird man reichlich belohnt. Ich tauchte meine Zehen in vulkanische Becken, die so klar waren wie Gin, schlief neben Kopfjägern unter Körben voller Totenschädel in einem Langhaus auf Borneo, schwamm im Schatten von Pyramiden, aß Quallenstreifen in Korea, saß am Rand der Victoria Falls, machte ein Picknick unter blühenden Kirschbäumen in Japan, berührte das Cloud Gate in Chicago und ritt in einer indischen Wüste auf einem Kamel unter dem Sternenhimmel. Und ich habe noch viel vor.

> *»Wenn du etwas in Erinnerung behalten willst, musst du es zuerst leben.«*
> Bob Dylan

Wie ich schon an anderer Stelle zitierte, sagte Antoine de Saint-Exupéry, Autor von *Der kleine Prinz*: »Im hohen Alter werden wir unter den schützenden Zweigen unserer Erinnerung sitzen.« Solange wir körperlich und finanziell noch dazu in der Lage sind zu reisen, sollten wir es so viel wie möglich tun. So schaffen wir kraftvolle Erinnerungen und ich freue mich darauf, als alte Frau in ihrem Schatten zu sitzen.

Man muss natürlich nicht ins Ausland reisen. Zuerst sollten wir unsere Heimat kennenlernen. Es gibt nichts Besseres, als Tourist in der eigenen Stadt zu sein. Eine Freundin und ich gehen regelmäßig auf »Erkundungstage«. Wir haben dondurma (zähflüssiges türkisches Eis) gekostet, atemberaubende Felsbilder der Aborigines ausfindig gemacht, den Bahai-Tempel besucht und vietnamesische Phở-Suppe geschlürft. Ich bin auch Reiseführerin für Essenstouren von Gourmet Safari, wodurch ich ebenfalls neue Orte kennenlerne und sehr viel Spaß habe.

5. Verbessern Sie Ihren Wortschatz

In *Betty und ihre Schwestern* sagt Jo: »Ich mag gute starke Wörter, die etwas bedeuten.« Sich gut ausdrücken zu können ist eine machtvolle Fähigkeit. Ich verschlinge Wörter wie andere Schokolade und es hat sich bewährt. Wortgewandtheit öffnet Türen, verleiht professionelle Glaubwürdigkeit und erleichtert das Lesen. Auf vielen Webseiten kann man jeden Tag ein neues Wort lernen – keine schlechte Idee. Wörter haben die Macht, Dinge zu verändern. Das verdeutlicht die folgende (etwas dubiose) Geschichte, die mir erzählt wurde, als ich in einer Londoner Werbeagentur arbeitete. Auf einem baumbestandenen Platz neben dem Büro bettelte ein Blinder mit einem handgeschriebenen Schild, auf dem stand: »Ich bin blind.« Ein Werbetexter lief an ihm vorbei und fragte, wie es ihm gehe. Er antwortete, dass er nicht viel Geld bekommen hätte. Der Werbetexte fragte, ob er dem Schild etwas hinzufügen dürfe. Wenige Tage später kam der Werbetexter zurück, um zu sehen, ob es dem Mann geholfen hatte. Das hatte es. Die Passanten waren viel großzügiger gewesen. Auf dem Schild stand: »*Es ist Frühling* und ich bin blind.«

Vor Kurzem bin ich auf ein brillantes Buch gestoßen: Eine Sammlung wunderschöner Briefe, die die Macht der Sprache aufzeigen. Es heißt *Letters of Note – Briefe, die die Welt bedeuten* von Shaun Usher. Dieser Briefe stammt aus dem Buch:

1934 kündigte ein New Yorker Werbetexter namens Robert Pirosh seinen Job und ging nach Hollywood – in der Hoffnung, eine Arbeit als Drehbuchautor zu finden. Den folgenden Brief schrieb er an mögliche Auftraggeber wie Regisseure und Produzenten.

»Sehr geehrter Herr:
Ich liebe Worte. Ich liebe fette, buttrige Worte wie träufeln, Sündenpfuhl, schmuddelig, schaurig. Ich liebe althergebrachte, eckige, sperrige Worte wie bockbeinig, kommod, Quacksalber, piesacken. Ich liebe zwielichtige, fadenscheinige Worte wie schlüpfrig, Leichenbestatter, aalglatt, abwickeln. Ich liebe elegante weltmännische V-Worte wie Bravour, Verve, Verleumdung, Vornehmheit. Ich liebe brüchige, spröde, knisternde Worte wie Splitter, Zwist,

Keilerei, krustig. Ich liebe mürrische, schmollende, verdrieß-
liche Worte wie brüten, Grobian, Geizhals, griesgrämig,
Finsterling. Ich liebe elegante, blumige Worte wie über-
sommern, flanieren, paradiesisch, Elysium. Ich liebe sich
windende, wurmige, mehlige Worte wie krümmen, winden,
kringeln, kriechen. Ich liebe kichernde, giggelnde Worte wie
Pupsen, Gurgeln, Blubbern, Rülpsen.

Ich liebe das Wort Drehbuchautor mehr als das Wort
Werbetexter. Daher habe ich beschlossen, meinen Job in
einer New Yorker Werbeagentur an den Nagel zu hängen und
mein Glück in Hollywood zu versuchen. Aber bevor ich hier
ins kalte Wasser gesprungen bin, war ich noch ein Jahr in
Europa unterwegs, um zu studieren, nachzudenken und mir
die Hörner abzustoßen.

Ich bin gerade von dort zurückgekehrt und liebe Worte noch
immer.

Darf ich ein paar mit Ihnen wechseln?

Robert Pirosh …

Dieser tolle Brief hat seine Wirkung nicht verfehlt.
Pirosh wurden mehrere Stellen angeboten und er
wurde ein sehr erfolgreicher Drehbuchautor.

6. Lesen

*»Beim Kauf eines Buches hoffen wir, dass es uns
etwas erzählt, das wir zwar wissen, doch aus Zeit-
mangel noch nicht gedacht haben.«* Alain de Botton

Schon immer habe ich gern gelesen, doch mittlerweile mache ich mir immer mehr Gedanken
darüber, womit ich meine Zeit verbringe. Wenn

mir ein Buch nicht gefällt, zögere ich nicht, es bei-
seitezulegen. Ich bin es leid, dass sich neben meinem Bett ungelesene Bücher stapeln. Ich hoffte,
dass sie einfach auf mich übergehen würden, doch
das ist (noch) nicht passiert. Daher versuche ich,
etwas disziplinierter zu sein. Ich lese ein Buch pro
Monat und schreibe Absätze oder Sätze daraus auf,
die mich ansprechen. Das Kopieren eines Absatzes
hilft auch dabei, das Buch zu verinnerlichen. Eine
Freundin benutzte dazu einen Textmarker. Zuerst
erschien mir der Gedanke, den Text eines Buchs zu
markieren, wie ein Sakrileg und natürlich würde
man das nicht bei einem alten oder kostbaren Band
tun, doch Bücher sind nicht mehr so wertvoll wie
einst. (Es ist einfacher, E-Books zu markieren.)
Stellen Sie sich das Markieren von Absätzen wie
eine Liebeserklärung an das Buch vor.

*»Sagen Sie nicht einfach, dass Sie Bücher gelesen
hätten. Zeigen Sie, dass Sie von ihnen gelernt haben,
besser zu denken und ein kritischerer, nachdenklicherer
Mensch zu sein. Bücher sind die Übungsgewichte des
Verstands. Sie sind sehr hilfreich, doch es wäre ein
schlimmer Fehler zu glauben, dass man Fortschritte
gemacht hätte, nur weil man ihren Inhalt verinnerlicht
hat.«* Epiktet

Bücher sind wie Menschen. Wenn man sie kennen-
lernt, wird man ihren Freunden vorgestellt. Das
kann auch Amazon übernehmen. Ich erschaudere
bei dem Gedanken, wie viele zusätzliche Bücher ich

wegen des Algorithmus »Kunden, die diesen Artikel gekauft haben, kauften auch« erworben habe.

Mein letzter Trick: Lernen ohne Anstrengung

Es gibt drei einfache Möglichkeiten, etwas Neues zu lernen, ohne sich anzustrengen.

1. YouTube

Der Welt des Lernens ist nur einen Klick entfernt. Dort findet man einfach alles. Ein unglaublicher Fundus.

2. Podcasts

Ich liebe Podcasts. Es gibt so viel zu entdecken. Lernen Sie etwas im Bus, im Auto oder bei einem Spaziergang. Denken Sie einmal darüber nach. Statt sinnlos Radiomusik zu hören, könnten Sie eine Sprache lernen. Im Folgenden einige meiner Lieblings-Podcasts: *Stuff you missed in History Class, This American Life, The Moth, Great Speeches in History, Selected Shorts, BBC World Book Club, BBC Desert Island Discs, BBC Woman's Hour, A History of the World in 100 Objects.*

»Ich spüre eine subtile Veränderung im Inneren, eine unerwartete Reaktion. So als würde ein Sensor, der tief in mir liegt, seine Reichweite vergrößern und die Umgebung absuchen.« Aimee Bender (aus *Die besondere Traurigkeit von Zitronenkuchen*).

3. Der Ein-Personen-Lesekreis

Selbsterklärend. Fünf Buchempfehlungen:

- *Letters of Note* von Shaun Usher (historische Briefe)

- *Eine Geschichte der Welt in 100 Objekten* von Neil MacGregor (die Weltgeschichte anhand von einhundert Artefakten des British Museum erzählt)
- *Oxford Companion to Food* von Alan Davidson (umfangreicher Lebensmittelführer)
- *An Exaltation of Larks* von James Lipton (Sammelbegriffe)
- *Younger by the Day* von Victoria Moran (365 Tage mit inspirierenden Ratschlägen)

Früher gab ich an der Universität ein Seminar für Achtzehnjährige. Ich bat sie, Frauen mittleren Alters zu beschreiben. »Langweilig, haben das Leben schon hinter sich und launenhaft«, sagten sie. Bitte tun Sie sich mit mir zusammen, um ihnen das Gegenteil zu beweisen! Denken Sie nicht nur darüber nach, tun Sie es, lassen Sie sich den Wind durch die Haare wehen und genießen Sie es. *»Geh einfach aus dem Haus.«* Kate, 48

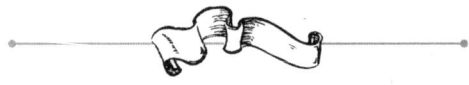

FAZIT

INTERESSIERT = INTERESSANT

Was ziehe ich aus diesem Kapitel über Interessen?

**Was werde ich in den nächsten 48 Stunden
unternehmen?**

»Ich habe gelernt, dass aus der Leidenschaft für Gegenstände und Möbel mutige Raumgestalter hervorgehen. Wenn du dich in deinem Zuhause wohlfühlst, tun es alle anderen auch. Diese Art von Authentizität verleiht einem Zuhause seine Seele.«
Courtnay Daniels Haden

»Jedes Zimmer braucht einen Schlag ins Gesicht.« Geoffrey Ross

»Zimmer sind Alben, die Erinnerungen hervorrufen. Die Dekoration sollte Sie an eine Straße erinnern, auf der Sie gelaufen sind, oder an ein Erlebnis, das Sie glücklich gemacht hat.«
Amy Hase

»Ich könnte nicht auf etwas verzichten, das mein Herz berührt. Niemand sollte das.« Donna Karan

»Ein Zuhause ist kein Zuhause, wenn es nicht Nahrung und Wärme für Geist und Seele beherbergt.« Benjamin Franklin

»Erlauben Sie mir, Ihnen eine Aufgabe zu stellen. Fragen Sie sich, was auf der anderen Seite Ihres Durcheinanders liegt! Sind Sie bereit, es anzunehmen? Denn um ordentlich zu werden, bedarf es einfacher Fähigkeiten. Ich verspreche Ihnen, dass Sie hinter diesem Durcheinander den Raum und die Zeit finden werden, Ihre Träume zu verwirklichen.« Julie Morgenstern

»Schaffen Sie die Umgebung für das Leben, das Sie führen möchten, und der Juwel wird leicht hineinpassen.« Martha Beck

»Der Besitz wird durch das Besitzen zumeist geringer.« Nietzsche

Ihr Zuhause

In diesem Kapitel werden Sie:

- *Ihre Aufmerksamkeit auf Ihren Wohn-raum lenken, um ihn zu einem Raum zu machen, den Sie lieben*
- *daran arbeiten, Ihr Zuhause zu einem Zuhause zu machen, Gerümpel und negative Energie zu beseitigen, Ordnung zu schaffen und sauber zu machen*
- *sich dazu inspiriert fühlen, Ihr Zuhause so zu verschönern, dass Sie es nie wieder verlassen wollen*

Dieses Kapitel besteht aus drei Teilen:

1. Über den eigenen Wohnraum nach-denken

Eine einzigartige persönliche Reise. Denken Sie darüber nach, was funktioniert und was nicht.

2. Vorbereiten

Inspiration, Entrümpeln, Räuchern *(smudging)*, Vereinfachen, Putzen.

3. Verschönern

Mit Kunst versehen, Ihre Geschichte erzählen, die Geschichte Ihres Hauses erzählen, Farben, Blumen, Überraschungen, Souvenirs, Annehmlichkeiten, Ihr Schlafzimmer in einen Tempel verwandeln.

1. Über den eigenen Wohnraum nachdenken

Lieben Sie Ihr Zuhause

Meine Wohnungstür ist unscheinbar (abgesehen davon, dass sie feuerwehrrot ist), doch dahinter liegt das Zuhause meines Herzens. Es ist die Kulisse für besondere Zeiten mit meinen Kindern und Freunden. Die Zeit vergeht wie im Flug, wenn ich dort allein bin. Es inspiriert mich, ich kann richtig entspannen, fühle mich sicher und vermisse es, wenn ich verreist bin. Häuser sind immer nur geliehen. Jemand anderes hat vor mir darin gewohnt und ein anderer wird nach mir darin wohnen, doch solange ich an der Reihe bin, soll es von allen das glücklichste Zuhause sein. Es ist wichtig, die eigenen vier Wände nicht nur zu mögen, sondern zu lieben. Das ist man sich selbst schuldig. Es spielt keine Rolle, wie groß das eigene Reich ist, wo es liegt oder ob man es besitzt. Ihre unmittelbare Umgebung, die vier Wände, die Sie Ihr Zuhause nennen, haben eine große Wirkung auf Ihr Wohlergehen und Ihr Selbstempfinden. Es kann Ihnen dabei helfen, sich zu verändern, und sollte Sie genauso unterstützen wie eine Freundin. Es ist nicht nur Ihr Zuhause, sondern Ihr sicherer Rückzugsort, Ihr Nest, Ihre Oase. »Ihr emotionales Basislager«, wie Martha Beck es ausdrückte. Wenn es Ihnen keinen »warmen Empfang bereitet«, wie Oprah Winfrey so schön sagte, müssen Sie etwas ändern.

Bevor wir durch etliche Fernsehsendungen, unzählige Zeitschriften und Foodblogs mit dem Thema Essen überhäuft wurden (ich kann für nichts mehr garantieren, wenn ich noch einmal in einem Restaurant sitze und jemand ein Foto von seinem Essen macht …), wurden wir überall mit dem Thema Einrichtung bombardiert. An jeder Ecke zeigten uns Fernsehsendungen und Zeitschriften über Inneneinrichtung, wie das perfekte Zuhause aussehen sollte. Wie viele andere bin auch ich darauf hereingefallen und glaubte, dass mein Leben vollkommen wäre, wenn auch mein Zuhause jede Menge helles Holz, passende cremefarbene Sofas sowie ein Spa-ähnliches Bad samt Klobrille mit Absenkautomatik hätte. Vielleicht habe ich unbewusst versucht, andere zu beeindrucken. Doch als ich begann, auf meinen Instinkt zu hören, erkannte ich, dass die Schönheit und

Seele eines Zuhauses durch die Menschen und Dinge entstehen, die man liebt. Mittlerweile erscheinen mir diese Zeitschriften eintönig und unwichtig und ich liebe mein einzigartiges Zuhause. Allerdings war das ein längerer Prozess und erforderte ein bisschen Mühe. Der Anstoß für die Umgestaltung Ihres Zuhauses ist vielleicht eine Veränderung Ihrer Lebensumstände, ein Umzug, eine Scheidung, Kinder, die ausziehen, oder lediglich der Entschluss, Ihre Umgebung so bereichernd wie möglich zu gestalten.

Ihr Zuhause ist ein Spiegelbild Ihrer selbst

Egal, ob Sie sich dessen bewusst sind oder nicht: Sie wissen bereits ganz genau, wie Ihr Zuhause aussehen oder – besser gesagt – wie es sich anfühlen soll, wenn Sie zu Hause sind. Die eigenen vier Wände sind ein wichtiger Bestandteil für die Veränderung in der Lebensmitte. Zusammen mit der Kreativität vergrößert sich auch die Fähigkeit, auf den Instinkt zu achten, der auf Erfahrungen basiert, und sich selbst auf einzigartige, vollkommene Art und Weise auszudrücken. Natürlich können wir auch an anderen Orten Inspiration finden, doch hier und jetzt wollen wir sie schonungslos filtern und auf uns selbst als unsere beste Beraterin vertrauen.

»Wenn man bewusst das Erscheinungsbild und das Ambiente des eigenen Zuhauses dekoriert, wird man selbst authentischer und fühlt sich in seiner Haut und in seinem Raum wohler.«
Carrie McCarthy

Ich schätze mich glücklich, weil ich mein Zuhause habe. Ich weiß, es ist unlogisch, doch ich betrachte sogar das Stück Himmel direkt über meinem Haus als »mein eigen«. Mein Haus gibt mir ein überwältigendes Gefühl von Selbstbestimmung, Sicherheit und Freiheit. Natürlich gibt es Dinge, die ich immer noch gern tun würde. Denken Sie darüber nach, welches Ihr Lieblingszimmer ist und welches Zimmer Sie am wenigsten mögen und warum. Betrachten Sie jedes Zimmer mit neuen Augen und schreiben Sie eine Liste, was Sie gern ändern würden. Vielleicht sind Sie nicht in der Lage, sofort große Baumaßnahmen oder Renovierungen durchzuführen, doch manchmal können auch kleine Veränderungen viel bewirken – wie Entrümpeln, Dinge neu anordnen, neue Handtücher oder Bettwäsche kaufen oder kleinere Reparaturen durchführen.

Die gute Nachricht lautet, dass es keine Regeln – kein Richtig oder Falsch – gibt. Es geht um Sie und darum, was Sie wollen, damit Sie sich ausdrücken und ein authentisches Zuhause für sich erschaffen können. Machen Sie sich keine Gedanken darüber, was andere denken könnten. Wenn Sie sich in Ihrem Zuhause ausdrücken können, werden Ihre Freunde es verstehen und wertschätzen. Allerdings kam einmal eine Freundin in mein Haus und sagte: »Oh, Jane, es *riecht* sogar Englisch!« Ich bin mir nicht sicher, ob ich das wirklich so beabsichtigt hatte …

Für dieses Kapitel habe ich einen kompromiss-
losen, recht willkürlichen und bunt gemischten
Ansatz gewählt: Ich teile alles mit, was für mich
funktioniert hat, um Ihnen Ideen und Inspiration
zu geben, sodass Sie alles, was Ihnen die Sicht versperrt, zurückschneiden und einen Weg zu Ihrer
Vision finden können. Letztlich geht es darum,
herausfinden, wie Sie leben möchten.

2. Vorbereiten

Inspiration

Seien Sie offen, sich in Bezug auf Ihr Heim inspirieren
zu lassen. Holen Sie sich Ideen aus allen möglichen
Lebensbereichen. Es könnte ein Urlaub sein (Freunde
von mir haben ein Hotelbadezimmer nachgebaut –
Fliese für Fliese, Wasserhahn für Wasserhahn), eine
schöne blau-weiße Schüssel aus Japan, ein Besuch im
Naturkundemuseum, um zu sehen, wie Mutter Natur
Farben kombiniert, ein Fundstück vom Flohmarkt
oder sogar ein Filmset. Was würde ich dafür geben, in
Diane Keatons Schuhe zu schlüpfen und im Strand-
haus in den Hamptons aus dem Film *Was das Herz
begehrt* zu leben. Ich konnte kaum der Handlung folgen, so fasziniert war ich von dem blau-weiß ge-
streiften Läufer, der cremefarbenen schwedischen
Uhr, den Sofas und dem Flair des Hauses.

Jahrelang habe ich Zeitungsausschnitte, die
mich inspirierten, in Sammelalben geklebt, heute

benutze ich fast nur noch Pinterest, wo es Tausende interessanter Fotos gibt, die man auf verschiedenen digitalen Pinnwänden anordnen kann. Suchen Sie nach Menschen, deren Innengestaltung und Designs Ihnen gefallen, und folgen Sie ihren Pins. Es ist tatsächlich eine Fundgrube für gute Ideen zum Nachahmen.

Empfehlenswert ist auch das Buch *Soul Space* von Xorin Balbes. Es gefällt mir so gut, weil es keine lehrhaften Stilvorgaben beinhaltet, sondern den Schwerpunkt darauf legt, dass das Zuhause Ausdruck und Spiegel des eigenen Selbst ist. *Soul Space* ist kein oberflächliches Buch über Dekoration; es geht darum, wie wir uns in unserem Wohnraum um uns selbst kümmern. Es geht nicht nur darum, wo man wohnt, sondern wo man *lebt*.

Balbes' verfolgt ein Acht-Stufen-Modell: Bewerten, Loslassen, Reinigen, Träumen, Entdecken, Erschaffen, Erheben und Feiern. Nebenbei findet eine rigorose Selbstbetrachtung statt. »Innendesign« im wahrsten Sinne des Wortes.

Auf die Plätze, fertig, entrümpeln

Beim Thema Entrümpeln denke ich an eine Schlange, die sich häutet: Es ist ein natürlicher Prozess vor dem Wachstum. Man befreit sich von überflüssigen Dingen – der alten Schlangenhaut – und ebnet den Weg für einen Neuanfang. Auch wenn es sich von selbst versteht: Sich von Dingen zu befreien und sie an eine Wohltätigkeitsorganisation, eBay oder den Mülleimer weiterzugeben, ist immer ein wunderbares Gefühl. Man bereut es später nie – genau wie beim Sport. Im Podcast »Desert Island Discs« von BBC Radio 4 hörte ich ein Interview mit Emma Thompson. Sie sagte:

»Ich glaube, es war John Ruskin, der über Kapitalismus sagte: ›Der Erwerb jeder neuen Sache erzeugt nur eine neue Form von Müdigkeit.‹ Ich hielt das für eine brillante Art und Weise, den ganzen Kram zu beschreiben, den wir im Laufe unseres Lebens ansammeln. Greg und ich sind auf jeden Fall an dem Punkt angelangt, an dem wir sagen: ›Können wir uns davon trennen? Ja. Komm, weg damit.‹ Es ist, als würde man in seinem Boot fahren und es ein bisschen leichter machen, um schneller voranzukommen und etwas mehr mit dem Wind zu segeln.«

Was für eine großartige Metapher. Langsam setzt sich die Erkenntnis durch, dass wir – je älter wir werden – nicht mehr, sondern weniger brauchen (hören Sie die Engel im Hintergrund Halleluja singen?). Die erste Hälfte unseres Lebens verbringen wir damit, Dinge zu erwerben, und die zweite Hälfte damit, sie wieder loszuwerden. Ich möchte meine Habseligkeiten besitzen, nicht andersherum. Keine meiner glücklichsten Erinnerungen sind mit irgendetwas verbunden, das ich besitze. Am Ende des Tages ist es nur »Kram«. Das wird auch wunderbar in einem lustigen und ergreifenden YouTube-Video deutlich, in dem der

Komiker George Carlin über *stuff* (dt. »Zeug«) spricht. Geben Sie kein Geld für »Zeug«, sondern für Erlebnisse aus.

Wer würde der Formel »aufgeräumter Wohnraum = aufgeräumter Geist« nicht zustimmen? Wir alle streben danach. Es besteht kein Zweifel, dass man in einem ordentlichen Wohnumfeld, in dem es nichts Belastendes gibt, produktiver, freier und glücklicher wird. Warum fällt das Entrümpeln dann so schwer? Ich denke, es wäre ein guter Anreiz, sich vorzunehmen, alle *Bereiche seines Lebens zu vereinfachen* und sich zu fragen: »Gehört das noch zu der Person, die ich sein möchte?«

Bestimmt haben Sie schon bemerkt, dass ein ganzer Wirtschaftszweig rund ums Entrümpeln entstanden ist. Ich wundere mich über Menschen, die Bücher übers Entrümpeln schreiben (oder lesen). Jetzt mal ernsthaft: Wie schwierig kann es sein? Man muss kein Sherlock Holmes sein, um zu begreifen, dass wir aus einem psychologischen Antrieb heraus an Dingen festhalten wollen. Verstanden. Amazon bietet über 300 Bücher übers Entrümpeln mit flotten Titeln wie *Glücklich durch Entrümpeln, Entrümpeln Sie Ihr Leben, Das befreiende Gefühl, mit weniger zu leben.* Ich will nicht zu sehr in die Tiefe gehen, doch meiner Meinung nach sendet jemand gemischte Botschaften aus, wenn er ein 700-seitiges Buch darüber schreibt, wie man seinen Besitz reduziert und sein Leben vereinfacht. Mein erster Tipp in Bezug aufs Entrümpeln lautet: Schmeißen Sie alle Ihre Bücher übers Entrümpeln weg.

Der zweite Entrümpelungstipp fasst alles, was man wissen muss, in einem Satz zusammen: *»Bewahren Sie nichts in Ihrem Haus auf, das Sie nicht als nützlich oder schön erachten.«* William Morris

Sie kennen die Gegenstände bei Ihnen zu Hause, die nicht in diese Kategorie fallen. Für mich gilt das für manche meiner Bücher. Einerseits schaue ich auf die überladenen Regale und jedes Buch spricht zu mir und sagt mir, warum es seinen Platz dort verdient hat. Andererseits weiß ich, dass ich nicht einmal die Hälfte davon erneut lesen oder auch nur anrühren werde. Trennen Sie sich in Ihrem Zuhause von allem, das mit einer dicken Staubschicht bedeckt ist und schlechte Erinnerungen hervorruft – Fotos zum Beispiel oder auch Bastelsachen und Künstlerbedarf (die man lieber sammelt, als sie zu benutzen). Und wenn Sie schon einmal dabei sind: Dasselbe gilt für die alten Ordner auf Ihrem Computer und in Ihrem Posteingang. Klingelt da etwas? Was steht auf Ihrer Abschussliste?

Übrigens gibt es bei den amerikanischen Ureinwohnern die wunderbare sogenannte *Giveaway*-Zeremonie, bei der man einer anderen Person etwas schenkt, das einem kostbar ist. Dabei kann es sich um einen Freund oder einen vollkommen Fremden handeln. Das Ritual lehrt, sich nicht an Dinge zu binden, und ist ziemlich befreiend – schließlich handelt es sich nur um »Kram« …

Nachdem man sich von überflüssigem Gerümpel befreit hat, warum dann nicht einen kleinen Frühlingsputz für die Seele Ihres Zuhauses machen?

Energetisch klar Schiff machen

Vielleicht finden Sie das etwas esoterisch, aber ich möchte es dennoch anführen, weil es mir gefallen hat. Das sogenannte *smudging* (dt. »Räuchern, Ausräuchern«) geht auf ein Ritual der amerikanischen Ureinwohner zurück, bei dem man das eigene Zuhause von negativen Energien befreit. Es ist gar nicht so wichtig, ob man glaubt, dass so die aufgestaute Energie in den eigenen vier Wänden gereinigt wird. Mir hat schon allein die Zeremonie – es einfach zu tun – das Gefühl gegeben, dass eine Veränderung bevorsteht. Als ich in mein neues Haus zog, schenkte mir eine Freundin ein Räucherbündel mit getrocknetem Salbei (das man leicht kaufen kann). Es schwelt, nachdem man es angezündet und die Flamme ausgeblasen hat. Beginnend bei der Haustür geht man im Uhrzeigersinn von Zimmer zu Zimmer, wedelt mit dem Räucherbündel umher, achtet besonders auf Ecken, die Bereiche hinter Türen und das Innere von Schränken. Eigentlich soll man den Rauch mit einer Adlerfeder verteilen, doch da man in meinem Vorort nur schwer an Adler herankommt, habe ich meine Hand benutzt. Die Theorie dahinter lautet, dass mit jeder Bewegung negative Energie aufgelöst wird.

Im Internet gibt es klare Anweisungen zur sorgfältigen und achtsamen Durchführung (das Bündel immer über einen brandsicheren Behälter halten – ich nahm ein kleines Backblech), um der Zeremonie Bedeutung zu verleihen. Warum es nicht ausprobieren? Es dauert nur zehn bis fünfzehn Minuten (für die Queen wohl etwas länger – die vielen Zimmer …) und es könnte Ihnen und Ihrem Wohnraum ein Gefühl von Frische und Erneuerung geben.

Optimieren

Optimieren ist nicht dasselbe wie ordentlich zu sein. Es geht darum, kurze Wege zu finden, um den Alltag so leicht wie möglich zu gestalten. Führen Sie eine Zeit- und Bewegungsstudie durch, wenn Sie zu Hause sind. Auch Fußgänger nehmen Abkürzungen über Rasenflächen, auf denen ein Fußweg verlaufen sollte. In Ihrem Zuhause gibt es sicherlich Dinge, die Ihnen etwas sagen wollen: »Hier könnten wir Zeit sparen!« Sie müssen nur hinhören. Haben Sie tatsächlich alles zur Hand? Warum muss der Tee in einem Schrank aufbewahrt werden, wenn Sie ihn fünfmal täglich herausholen? Sind Ihre Kochtöpfe leicht zugänglich, wenn Sie viel kochen? Haben Sie am Morgen Ihre Cremes und Ihre Zahnbürste griffbereit? Sollten Sie zusätzliche Haken hinter einer Tür oder auf der Innenseite Ihrer Schranktüren anbringen? Ich habe meine Ablage im Badezimmer neu sortiert: Die täglichen Pflegeartikeln stehen auf der einen Seite des Waschbeckens (Deo, Feuchtigkeitscreme, Augencreme, Zahnbürste, Zahnseide, Parfüm, Kontaktlinsen) und Make-up und Bürsten (in schönen antiken Gläsern aus den Niederlanden) auf der anderen Seite. Sie sind sogar nach Häufigkeit des Gebrauchs geordnet – von vorn nach hinten. (So als würde man die Einkaufsliste nach dem Lageplan des Supermarkts schreiben.) Das spart mir jeden Morgen Zeit und Stress. Überlegen Sie sich eigene Möglichkeiten zur Optimierung, zum Beispiel die Joggingklamotten am Abend vorher bereitlegen und saubere Socken in die Laufschuhe stecken oder im Kühlschrank ein Regal nur für Frühstückszutaten einrichten. Ich weiß, dass sind Kleinigkeiten, doch sie summieren sich.

Wenn Sie schon einmal dabei sind, organisieren Sie Ihren Wohnraum auf praktische Art. Wie herrlich wäre es, in einem ordentlichen Zuhause aufzuwachen und immer zu wissen, wo man den Autoschlüssel oder die Brille findet? Ich möchte nicht belehrend sein und Ihnen vorschreiben, ordentlich zu werden, doch ich möchte Sie dazu ermutigen. Wenn man sich Zeit nimmt, um Ordnung zu schaffen, wird man reichlich belohnt. Schreiben Sie eine Liste mit allen Dingen, die repariert werden müssen, bis die Liste lang genug ist, um einen Handwerker zu rufen oder Ihren Partner darum zu bitten. Bringen Sie ein für alle Mal Ihre

Technik in Ordnung. Wenn Sie eine WLAN-Erweiterung brauchen, besorgen Sie eine. Wenn nur Samantha von *Verliebt in eine Hexe* zur Stelle wäre, um schnell die Nase zu rümpfen. Sie würde das alles in Sekunden erledigen …

Putzen

Der letzte Teil der »Vorbereitung« besteht darin, das eigene Zuhause gründlich zu putzen. Ich gehe davon aus, dass Sie sich um die alltäglichen Dinge (in meinem Fall Hundehaare) bereits kümmern. Ich rede davon, all das anzugehen, was man nicht sieht. Danach fühlt man sich großartig.

Ein kleiner Exkurs: Howard Hughes war ein bemerkenswerter Mann. Laut Wikipedia war er ein Businessmagnat, Investor, Flieger, Raumfahrtingenieur, Filmemacher und Menschenfreund. Eindeutig ein außergewöhnliches Talent, weshalb es umso trauriger ist, dass viele ihn nur wegen seiner Besessenheit in Bezug auf Sauberkeit und Keimvermeidung kennen. In Bezug auf Schmutz und Staub bin ich keinesfalls wie Howard. Schließlich ist dies das wahre Leben. Doch im Rahmen meiner Recherchen stieß ich auf die folgende Liste, für die ich eine Art Passion entwickelt habe. Es geht um Stellen im Haushalt, die unglaublich schmutzig sind, auch wenn man es nicht denken würde. Ich verspreche, dass Sie nach der Lektüre direkt zum Allzweckreiniger greifen werden …

- Der Preis für den schmutzigsten Ort in Ihrem Haus geht nicht an die Toilette oder den Hundehintern, sondern das Abwaschbecken. Ein Nährboden für Keime.
- Zahnbürsten nahe dem WC. Jedes Mal, wenn Sie die Klospülung drücken, wird eine kleine Menge des Stuhlgangs in die Luft gewirbelt und landet auf … Ihrer Zahnbürste.
- Griffe (insbesondere WC-Spülung), Schalter (zum Beispiel Ofen und Lichter), Armaturen und Türklinken
- Oberseite von Küchenschränken
- Kühlschrank und Mikrowelle
- Fernbedienungen
- Pfeffermühle
- Küchenoberflächen
- Tiernäpfe
- Geschirrtücher, -schwämme und -bürsten (ich lege die Bürste zur Reinigung in die Spülmaschine)
- Messerhalter
- Ihr Toaster (drehen Sie ihn einmal um)
- WC-Bürsten – regelmäßig ersetzen
- Die Wand hinter dem WC (wenn Sie Männer im Haus haben – argh)
- Computertastatur
- die Filter Ihrer Klimaanlage und Dunstabzugshaube
- Schuhe – sie schleppen jede Menge Keime, Pestizide, Hausstaubmilben und Allergene ins

Haus. (Laut einer Studie der University of Arizona haften an der Außenseite unserer Schuhe im Durchschnitt 421.000 Bakterien.)

Zu guter Letzt fühle ich mich dazu verpflichtet, folgende Information mit Ihnen zu teilen, auch wenn sie sich nicht aufs Wohnen bezieht. An den Griffen von Einkaufswagen im Supermarkt sind – nun, ich verschone Sie mit den Details … aber Sie sollten sich schleunigst die Hände waschen, wenn Sie wieder zu Hause sind.

»*Dein Zuhause ist der Ort, an dem du alles tun kannst, was du tun willst.*«
Zelda Fitzgerald

Nachdem Ihr Zuhause nun physisch und energetisch aufgeräumt wurde, ist es an der Zeit für ein bisschen Spaß.

3. Verschönern

Mit Kunst versehen

Es ist nicht leicht, den eigenen Wohnraum mit neuen Augen zu sehen, doch stellen Sie sich vor, Sie wären die Kuratorin Ihres Zuhauses. Ursprünglich stammt der Begriff »Kurator« natürlich aus dem Museums- und Kunstgaleriebereich und bezieht sich auf die Wahl der Artefakte und ihre Präsentation. Gelegentlich besucht man ein Museum, dessen Kurator so gute Arbeit geleistet hat, dass man es von selbst bemerkt. Drei Beispiele hierfür sind die *Art Gallery of South Australia*, das *MONA* in Tasmanien und das *Detroit Institute of Arts*. Für alle drei gilt:

Die Ausstellungsstücke wurden sorgfältig platziert und hervorragend in einen Kontext eingebunden. Diese tolle Disziplin lässt sich wunderbar auf die eigenen vier Wände übertragen.

Denken Sie darüber nach, Kunstgegenstände zu kombinieren, die zusammen eine Art Geschichte oder Thema ergeben. Meine Freundin Rosie ist darin eine Meisterin und die Wirkung ist unglaublich. Überall, wo man hinsieht, entdeckt man eine kleine Geschichte. Bei ihr sieht es einfach aus, doch ich bin mir sicher, dass sie sich viele Gedanken gemacht hat. Zum Beispiel kombinierte sie einen Stapel französischer Bücher mit einem schönen Weinglas und einer antiken Lesebrille, eine alte Ankleidepuppe mit schwarzen Flügeln oder eine Garderobe mit Uniformen, Ferngläsern und Jagdstöcken. Ich bewundere auch die australische Stilistin Sibella Court. Werfen Sie einen Blick in ihre Bücher mit Tipps und Tricks aus Expertensicht.

Eine Londoner Freundin von mir war mit einem professionellen Stilisten befreundet, der ihr einen Gefallen schuldete. Er bot ihr an, sich ein bisschen Zeit zu nehmen, um ihre Wohnung neu herzurichten. Uns schickte er in eine nahe gelegene Weinstube und wies uns an, in einer Stunde wiederzukommen. Als wir zurückkamen, war die Wohnung wie verwandelt. Er hatte nichts Neues hinzugefügt, sondern nur mit dem gearbeitet, was da war, doch er hatte Dinge umgestellt und verändert. Es muss also kein teures Unterfangen werden, sondern könnte schon ausreichen, etwas zu entrümpeln und umzustellen. Ich habe mir vorgenommen, auch bei mir zu Hause nach und nach jedes Zimmer einer solchen einstündigen Stilisten-Challenge zu unterziehen.

Lieben Sie alles, was Sie berühren

»Ihr Zuhause sollte eine Geschichte darüber erzählen, wer Sie sind, und eine Sammlung von Dingen sein, die Sie lieben – alles unter einem Dach.«
Nate Berkus

Das ist ein sehr einfaches Prinzip, das jedoch einen großen Unterschied machen kann. Es ist wichtig, alles in Ihrem Zuhause zu lieben – insbesondere Dinge, die Sie jeden Tag berühren. Ihre Türklinke. Ihre Teetasse. Der Stuhl, auf dem Sie am meisten sitzen. Ihr Kissen. Das Besteck, das Sie benutzen. Als ich in mein Haus zog, ersetzte ich zuerst all die günstigen Metallgriffe an den Schranktüren mit schönen Glasknöpfen, die mir jeden Tag Freude bereiten. Ich ersetzte auch den kleinen Plastikhandgriff an der Lichtkette im Badezimmer mit einem schönen antiken Holzstück, das gut in der Hand liegt. Der Designer Nate Berkus meinte, dass selbst sein Zahnputzbecher aus Glas ein kleiner Vintage-Artikel sei, den er für ein paar Euro auf einem Markt in Paris erwarb und der ihn jeden Tag erfreut. Er sagte: »Ich richte mein Zuhause so kompromisslos ein, dass es noch nicht mal eine Kaffeetasse oder ein Handtuch gibt, das ich nicht liebe.« Schön für ihn. Es ist eine sehr interessante Übung, dies im Hinterkopf zu behalten, wenn man sich im eigenen Zuhause neu einrichtet.

Eines noch: Benutzen Sie die guten Sachen. Wenn Sie das Glück haben, schöne Teller, Gläser oder Besteck zu besitzen, benutzen Sie sie um Himmels Willen auch. Das Leben ist einfach zu kurz. Schöne Dinge wurden dazu gemacht, dass jemand sie benutzt und seine Freude daran hat.

Ihre Geschichte erzählen

Es ist sehr wichtig, Ihrem Zuhause eine individuelle Note zu geben. Ich weiß noch, wie ich in ein Haus mit einer schönen, nichtssagenden Einrichtung kam: L-förmiges Ledersofa, Flachbildfernseher über dem Kamin, Marmorböden, Glastisch und so weiter. Weder ein Buch, noch ein Foto noch irgendetwas Antikes in Sicht. Dann sah ich sie: In einer Ecke versteckt, befand sich eine wunderschöne antike Bouzouki (griechisches Lauteninstrument), das dem Großvater der Besitzerin gehört hatte. Es hätte den ganzen Raum verändert, wenn man sie auf dem Kaminsims platziert hätte. Es hätte die Familie mit ihrem Haus verbunden und wäre ein hervorragendes Gesprächsthema für Gäste gewesen. Alte Sachen eignen sich hervorragend, um dem eigenen Zuhause Charakter zu geben, wobei es sich keinesfalls um Antiquitäten, sondern nur um Dinge mit einer Vergangenheit und einer Geschichte handeln muss.

Lassen Sie Ihre Fotos nicht in Ihrer Kamera oder auf Ihrem Computer verkümmern. Gestalten Sie eine Wand mit Fotos von Dingen, die Sie lieben (meine Liste finden Sie in Kapitel zwei: Pfingstrosen, Baumtunnel etc.), und auch von glücklichen Zeiten, die Sie mit der Familie und Freunden erlebt haben. Ich habe Collagen mit Fotos, Tickets, Speisekarten etc. von jedem Urlaub mit den Kindern erstellt, seit wir die »Drei Musketiere« geworden sind. Günstige Bilderrahmen gibt es bei IKEA und in Ein-Euro-Läden. Oder man lässt besonders große Abzüge von der Familie oder alten Freunden anfertigen und rahmt sie ein. Digitale Drucke auf Kissen oder Rollläden sind ebenfalls eine schöne Alternative. Sie werden es keine Sekunde bereuen.

> *»Zu Hause glücklich zu sein ist letztlich das Resultat von Ambitionen – der Zweck, auf den jede Unternehmung und jede Arbeit ausgerichtet ist.«*
> Samuel Johnson

Eine schöne Idee besteht auch darin, an der Küchenwand nicht die Stundenpläne der Kinder, sondern eine Collage für die persönliche Inspiration aufzuhängen. Ich habe zwei riesige Platten aus Pinnwandmaterial, die man zurechtschneiden kann. Daraus sind Installationen mit etlichen alten Fotos, Vintage-Etiketten, Postkarten, Tickets, Federn und schönen Verpackungen geworden. Ich liebe sie. Sie sind günstig, originell, ein tolles Gesprächsthema und machen mir Freude. Im Großen und Ganzen ein gutes Ergebnis.

Vergessen Sie auch nicht die Musik. Jetzt ist die Gelegenheit, nur noch das anzuhören, was Ihnen gefällt, und neue Musik oder Audiobücher zu entdecken. Sie könnten Ihre CDs durchsehen, sie auf Ihren PC laden und an einen Secondhandladen geben. Erstellen Sie verschiedene Playlists je nach Stimmung und entdecken Sie neue Musik auf der fabelhaften Website www.valslist.com (»Wir helfen vielbeschäftigten Erwachsenen, neue und aktuelle Musik zu entdecken.«) Laden Sie die Lieder auf einen iPod und stellen Sie iPod-Dockingstationen in allen Zimmern auf.

Die Geschichte Ihres Zuhauses erzählen

Wenn Wände reden könnten. Nun, das können sie in gewisser Hinsicht. Ich finde es faszinierend, die Geschichte des eigenen Hauses oder des Bezirks, in dem man wohnt, zu verstehen. Ihre örtliche Bibliothek ist ein guter Ausgangspunkt und in der Regel kann man gegen eine kleine Gebühr alte Karten kopieren. Ich fertigte eine Kopie von einer alten Karte an, auf der mein Wohnort in London zu sehen war. Auf der Karte war unsere Straße nur ein Feldweg. Ich rahmte sie ein und war sehr glücklich über das Resultat. Als ich in der Nähe des Meeres wohnte, ließ ich die örtliche Seekarte auf eine Wand malen. Meiner Recherche zufolge war mein damaliges Zuhause auf den abgerissenen Überresten einer »kirchlichen Trinkerheilanstalt« gebaut wurden. Es mir verschlägt mir nicht oft die Sprache, aber …

> *»Ich liebe ein weit gereistes, bunt zusammengewürfeltes Haus mit Möbeln und Gegenständen, die zusammen viele Schichten ergeben und eine Geschichte über die Person erzählen, die dort wohnt – wo sie gewesen ist und was sie liebt. Es gibt nichts Schlimmeres als ein Zuhause, das aussieht, als wäre soeben ein Raumgestalter dort gewesen!«*
>
> Eddie Ross

Bill Bryson hat das wunderbare Buch *Eine kurze Geschichte der alltäglichen Dinge* geschrieben, in dem er die Geschichte von Gegenständen erzählt, die wir in unserem Zuhause für selbstverständlich halten. Dabei macht er bei sich zu Hause eine Tour durch jedes Zimmer. Vom Eingangsbereich bis zum Dachboden, von der Kloschüssel bis zu den Rohren, dem Anstrich und den Fenstern – es ist tatsächlich ein faszinierendes Buch. Ich besitze die vom Autor gelesene Hörbuchversion. Sie ist ein Schnäppchen, denn sie dauert 16 Stunden!

Farbakzente

Eine der stärksten Erinnerungen an das Haus meiner Kindheit war eine butterblumengelbe Decke in der Küche. Meine Mutter war von Neuseeland nach England versetzt worden, sie vermisste das Licht und das war ihre Kompensation. Bevor »Themenwände« erfunden wurden, hatten wir im Wohnzimmer eine flaschengrüne Wand und im Flur eine Wand mit schwarzweißen Ginghams. An einer anderen Wand hing eine riesige Karte. Das alles war ganz schön radikal für die Sechziger!

Mein Farbgeschmack ist konservativer. Als ich bei meinem freundlichen Maler ein Angebot für einen Neuanstrich meines Hauses einholte, sagte er: »Bestellen Sie am besten eine Tonne helles Weiß«, noch bevor ich meinen Satz beendet hatte. Ich mag Farben, doch lieber in Bezug auf Sofas und Gemälde als auf Wänden. Aber natürlich gibt es für jede Regel eine Ausnahme …

Ein paar Anregungen für Farben:

- Wenn Sie nicht wissen, für welche Farbe Sie sich entscheiden sollen, wäre Ihr Lieblings-kleidungsstück ein guter Hinweis dafür, was Ihnen gefällt.
- Farbkombinationen. Die Stilistin Sibella Court erzählte, wie sie in Museen von den Farben ausgestopfter Vögel und Insekten-sammlungen inspiriert wurde. Sie meinte, wenn Farben nebeneinander in der Natur vorkommen, passen sie garantiert gut zu-sammen. Sie hat Recht. Man denke nur an das Schwarz-Weiß eines Orcas, das Hellbraun-Blau eines Hähers oder das Schwarz-Braun eines Airedaleterriers.
- Streichen Sie die Fassade Ihres Hauses sehr hell oder sehr dunkel, nichts dazwischen. Langweiliges Braun bin ich leid. Mein letztes Haus war von einem wunderschönen Tintenblau (»Blackberry« von Murobond). Diese Farbe habe ich jetzt auch für meinen

kleinen Hofgarten verwendet. Ich liebe sie einfach.

- Nehmen Sie für Ihr ganzes Haus eine Hauptfarbe und fügen Sie ein oder zwei weitere Farbakzente hinzu – zum Beispiel für ein Sofa, einen Teppich oder ein Gemälde. Sie können mittlerweile auch ein Bild von Ihrem Zimmer ins Netz hochladen und mit verschiedenen Farbkombinationen experimentieren.
- Schrecken Sie nicht davor zurück, kleine Zimmer in einer dunklen Farbe anzustreichen. Sie werden sich wie ein gemütliches, kleines Nest anfühlen. Oder seien Sie mutig. Das kleine Zimmer meiner Tochter hat große vertikale Streifen an den Wänden und sieht fantastisch aus.
- Um mehr über die faszinierende Geschichte von Farben zu erfahren, schauen Sie sich das Buch *Colour. A Natural History of the Palette* von Victoria Finlay an. Ich zitiere den Klappentext, der ihrem Buch gerechter wird, als ich es jemals könnte: »Auf ihren Reisen besuchte sie abgelegene Dörfer in Zentralamerika, wo Frauen immer noch Röcke tragen, die mit den violetten Tränen von Meeresschnecken gefärbt wurden. Sie erfuhr, dass George Washington wie besessen von seinem grünen Speisesaal war, obwohl er sich um Staatsangelegenheiten hätte kümmern müssen, und erforschte das Geheimnis der

Farbe Indischgelb, von der man sagt, sie sei aus dem Urin von indischen Kühen hergestellt worden, die man mit Mangoblättern gefüttert hat.« Wer könnte da widerstehen?

Die Natur nach Hause holen

Wenn es die Tierschutzorganisation RSPCA auch für Zimmerpflanzen gäbe, würde ich wegen grausamer Behandlung angezeigt. Ohnehin finde ich Pflanzen weder sonderlich schön anzusehen, noch habe ich Lust auf die Verantwortung für ein weiteres Lebewesen im Haus – und sei es auch nur eine Pflanze. Ein einziger Blick von mir reicht aus, damit eine Pflanze verkümmert und stirbt. Ich habe jetzt entschieden, doch keinen Kräutergarten anzupflanzen und stattdessen bei Minze, Petersilie, Rosmarin, Sukkulenten und Geranien zu bleiben, die selbst bei mir überleben.

Schnittblumen sind eine andere Geschichte. Seit ich allein lebe, steht immer ein frischer Blumenstrauß an meinem Bett und in meiner Küche, »weil ich es mir wert bin«, um es mit der L'Oreal-Werbung auszudrücken. Und Sie sind es sich mit Sicherheit auch. Selbst ein winziger Blumenstrauß verändert die Atmosphäre eines Raums und es ist schön, daneben aufzuwachen. Seien Sie kreativ in Bezug auf Ihre Vasen – schließlich ist alles, das Wasser fassen kann, eine Vase. In meiner bunten Sammlung habe

»Erschaffe Schönheit nicht, um die Sinne anzuregen, sondern um die Seele zu nähren.«
Gabriela Mistral

ich einen alten Pinselbecher von Winsor and Newton, den ich in einem Kunstladen erwarb, eine
orientalische Teekanne, einen Chemie-Mess-
becher, eine Dose von Tate & Lyle Golden Syrup,
ein Marmite-Glas und eine italienische Tomaten-
markdose von Motti. Jetzt, wo ich darüber nachdenke, wird mir klar, dass ich in internationalen
Supermärkten und Lebensmittelläden regelmäßig
Dosen einkaufe, nur weil mir ihre Etiketten gefallen. Neulich habe ich eine schöne hellgelbe Dose
aus Griechenland erworben, auf der ein Tinten-
fisch abgebildet ist. (Eine italienische Freundin
meint, dass die Dosen und Verpackungen mit den
schönen altmodischen Motiven auch die leckers-
ten Speisen enthielten. Das macht natürlich Mut!)
Gibt man neben den Blumen eine Handvoll Silber-
pailletten in eine durchsichtige Vase, erhält man
einen romantischen und dramatischen Effekt.
Oder man taucht die Blumen unter Wasser.

Die Natur hält mehr als nur Blumen für unser
Zuhause parat. Vor Kurzem fand ich ein verlassenes Vogelnest im Park. Ich kaufte ein paar
blaue Enteneier, blies sie aus und legte sie hinein.
Es sieht schön aus. Eine gute Freundin von mir
wohnt in einem atemberaubenden Haus in meiner
Nähe. Sie hat ein gutes Auge für einzigartige,
schrullige Sachen und sammelt alle möglichen
wunderbaren Dinge, darunter Antiquitäten und …
Nester. Vor ein paar Jahren schenkte ich ihr zu
Weihnachten ein verlassenes Vogelnest, das ich ge-

funden hatte. Es bestand aus kaum mehr als ein paar Zweigen. Der Vogel hatte eine schöne rote Schnur darin eingearbeitet, die er aus meinem Müll gefischt hatte. Sie liebte es. Wie Leonardo da Vinci sagte: »Einfachheit ist die ultimative Form der Perfektion.«

Ich empfinde das Geräusch von fließendem Wasser und Regen als sehr entspannend und erfrischend. Bei iTunes habe ich viele verschiedene Naturgeräusche heruntergeladen, die ich mir gern anhöre. Wenn man einen schönen Tischbrunnen findet (leichter gesagt, als getan), kommt man in den Genuss dieser erholenden Wirkung.

Versteckte angenehme Überraschungen

Verteilen Sie kleine angenehme Sinnesreize in Ihrem Haus. Neulich kaufte ich eine Schachtel »Bouchée«-Pralinen in Elefantenform von Côte d'Or. Zu meinem Entzücken stellte ich fest, dass in den Verpackungen geheime Botschaften standen wie »Die Freude, einen handgeschriebenen Brief zu lesen«, »Das erste Strecken am Morgen« oder »Die Hand aus dem Autofenster halten«. Ich weiß nicht, warum sie dort stehen (vielleicht sind es teuflische Botschaften, wenn man sie rückwärts liest?!), doch ich finde die Idee großartig, dass sich jemand die Mühe macht, diese kleinen genussvollen Nachrichten zu schreiben.

Versehen Sie Ihr Zuhause mit überraschenden Elementen, um Ihre Sinne zu wecken. Ich habe meinen Wäscheschrank mit Resten einer wundschönen Tapete ausgelegt, besondere Fotos und Bilder auf der Innenseite von Schranktüren und unter Fenstern aufgehängt und die hinteren Wände von Regalen in Enteneiblau angemalt. Die samtweichen Glacéhandschuhe meiner Großmutter positionierte ich neben meine Schals, das alte Hasenplüschtier meines Vaters neben meine Koffer und ein Paar winziger roter Mary-Jane-Schuhe von meiner Tochter neben meine roten Schuhe im Kleiderschrank. Es fühlt sich jedes Mal wie eine Umarmung an.

Die besten Souvenirs der Welt

Reisen sind ein wichtiger Teil meines Lebens und ich erinnere mich gern an sie, indem ich zu Hause sorgfältig ausgewählte Souvenirs aufstelle, die das Alltagsleben in den besuchten Ländern verkörpern und nicht nur das typische Touristenmitbringsel sind. Ich habe mehrere Freundinnen, die sehr kreativ mit Erinnerungsstücken umgehen. Im Familienurlaub stellt jeder etwas für den anderen her. Es kann so etwas Einfaches sein wie eine Muschel mit dem Namen des anderen oder ein Blumenarmband. Die Souvenirs werden in einer besonderen Schachtel aufbewahrt. Als ich vor Jahren mit einer Freundin nach Jaisalmer reiste, arrangierten wir eine Schatzsuche füreinander, bei der man Dinge finden bzw. kaufen musste, die auf einer Liste standen – zum Beispiel etwas Rotes oder etwas, das Geld nicht kaufen kann, das man nur in Jaisalmer findet oder das weniger als fünf Rupien kostet. Es hat viel Spaß gemacht und wir haben einzigartige Erinnerungen daran. Eine andere Familie sammelt Sand von jedem Strand, den sie besucht hat, und bewahrt ihn in kleinen beschrifteten Flaschen auf einem eigens gebauten Regal in ihrem Wohnzimmer auf. Es sieht fantastisch aus.

Im Folgenden habe ich einige meiner Fundstücke aufgelistet:

- »Chip«, die vietnamesische Wasserpuppe, und ein Tontopf zum Kochen aus Hanoi
- charakteristische Porzellanpuppen, alte Schulkarten und alte Kontenbücher aus Mumbai
- Boules, ein Drahtkorb zum Sammeln von Palourdes (Venusmuscheln) und Emailleschilder aus Frankreich
- ein handgeformter antiker Türklopfer aus Metall aus Tunis
- altes Emaillegeschirr und bestickte Schuhe für gebundene Füße aus China
- traditioneller roter Hochzeitsstoff mit Pfingstrosen aus Hongkong
- Hackmesser mit Kalligrafie und Mini-Teigwarenrolle aus Singapur
- Bento-Boxen, Essstäbchen und Indigo-Stoffreste aus Japan
- Schöpfkelle aus Kokosnussschale und schwarz-weiß karierter Stoff aus Bali

- Pferd von einer Jeepney-Motorhaube aus den Philippinen
- das alte Schild einer Pariser Bäckerei
- ein Paar Holzschlittschuhe aus Amsterdam
- eine schöne Wollflagge des Markuslöwen aus Venedig
- die Vintage-Jacke eines Matadors aus Spanien
- blau-weiß gesprenkelte Emaille-Muffindose aus Südafrika
- CDs mit regionaler Musik von allen Orten, die ich besucht habe. Ich besitze alles Mögliche – von vielstimmigen Gesängen aus Korsika über balinesische Gamelan-Musik bis zu koreanischen Mönchen. (Ich weiß, die Kinder denken auch, dass ich ein bisschen verrückt bin!)

Tägliche Freuden

Ich weiß noch, wie ich las, dass Jackie Kennedy Onassis ihre Leinenbettwäsche in ihren letzten Lebenstagen täglich wechseln ließ. Was für ein Komfort! Leinenbettwäsche ist wirklich ein Luxus. Im Sommer schlafe ich unter einem riesigen weißen alten Leinenbetttuch, das beinahe auseinanderfällt und von alten Nachthemden meiner Tochter zusammengehalten wird. Ich mag seine Kombination aus Kühle und Wärme und wie weich es sich anfühlt. Der einzige Nachteil: Wenn man nicht aufpasst, ist man am Morgen wie eine Mumie darin eingewickelt. Allerdings ist Leinenbettwäsche schrecklich teuer – im Gegensatz zu weißer Baumwollbettwäsche, Handtüchern und gutem Duschgel (ich mag Grapefruit von Jo Malone, das ist zwar kein Schnäppchen, doch es hält monatelang). Es sind nur kleine Annehmlichkeiten, die Ihnen das Gefühl geben, wertvoll zu sein, was Sie auch sind.

Einen einladenden Eingangsbereich schaffen

Stellen Sie sich vor, ein Gast zu sein, der vor Ihrem Haus steht. Haben Sie das Gefühl, willkommen zu sein? Was ist mit dem Außenbereich? Kehren Sie Laub, entfernen Sie Spinnweben, putzen Sie Fenster, jäten Sie Unkraut im Garten, besorgen Sie eine neue Fußmatte etc. Hat Ihre Eingangstür die Farbe, die Ihnen gefällt? Erkennen Sie sich darin wieder?

Treten Sie ein. Ist das Ambiente immer noch einladend? Wie steht es mit der Beleuchtung? Ist der Eingangsbereich aufgeräumt? Wie riecht er? Was sagt er über den Rest Ihres Zuhauses? Es ist sinnvoll, im Flur einen gewissen Akzent zu setzen – in meinem sind es hölzerne Engelsflügel.

Ihr Schlafzimmer ist Ihr Zufluchtsort

Mir gefällt Virginia Woolfs Idee von »einem Zimmer für sich allein«. Für mich ist das mein Schlafzimmer. In der Vergangenheit habe ich es nur zum Schlafen genutzt, doch jetzt verbringe ich dort bewusst mehr Zeit. Es ist ein ruhiger Ort, an dem ich neue Kraft tanke. (Ich bin keine Befürworterin von Fernsehern im Schlafzimmer.) Ich habe ein gutes

Bett, das wie eine weiße Insel im Zimmer steht (meine Bettwäsche ist immer weiß). Das Kopfteil meines Betts besteht aus einem Paar verblasster französischer Fensterläden und ich habe zwei Nachttische: Auf der einen Seite einen antiken Rosenholztisch, der meiner Großmutter gehörte, und auf der anderen einen einfachen, weiß angestrichenen Tisch. Ich gebe mir Mühe, damit die Ablagen schön aussehen und nicht vollgestellt sind.

Ich glaube, es ist wichtig, dass man sich wohlfühlt, wenn man morgens die Augen aufschlägt. Das, was man als Erstes sieht, sollte einem gefallen. Daher habe ich mir eine schöne Umgebung geschaffen. Die Decke ist in einem wunderschönen, sehr hellen Blau gestrichen (»Attic« von Porter's) und auf beiden Seiten meines Betts befinden sich besondere raumhohe Regale, auf denen Familienfotos und – wie gesagt – immer frische Blumen stehen.

> »Nutze dein kritisches Auge, um zu sehen, und dein Herz, um zu fühlen – und vertraue dann auf deinen Instinkt.«
> Shannon Fricke

Abschließend erwähnen möchte ich noch meinen kleinen weißen Schreibtisch aus Schweden, den ich als Frisiertisch verwende, und meinen überdimensional großen gustavianischen Stuhl mit einer Lampe und einem Überwurf, auf dem ich lese und mich pudelwohl fühle.

Ihr Auto

Es ist eine Erweiterung Ihres Zuhauses und sollte sauber und aufgeräumt sein, um Ihnen ein Gefühl von Sicherheit zu geben. Genau wie bei Ihrer Kleidung werden andere Sie danach beurteilen, wie sauber es ist. Stellen Sie sicher, dass es alles hat, was Sie brauchen:

LANGWEILIGE DINGE
TÜV und Versicherung, Taschenlampe, Erste-Hilfe-Set, Reinigungstücher, Taschentücher, Regenschirm, Geldbörse mit Wechselgeld zum Parken und Freisprecheinrichtung.

SEHR NÜTZLICHE DINGE
Handcreme, roter Punkt am Lenkrad zur Erinnerung an die Beckenbodenübungen, kleines Notizbuch und Stift, Nagelhärter (eine Hand pro rote Ampel!), Ersatz-Sonnenbrille, iPod- oder Handykabel für Podcasts und Hörbücher.

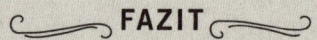

FAZIT

GEBEN SIE IHREM ZUHAUSE EINE SEELE.

Was ziehe ich aus diesem Kapitel über das eigene Zuhause?

Was werde ich in den nächsten 48 Stunden unternehmen?

PERSÖNLICHER STIL

»Frauen, die sich selbst treu bleiben, sind für mich immer überaus interessant und schön. Frauen wie Frida Kahlo, Georgia O'Keeffe und Anna Magnani, die Stil, Ausdruck, Anziehungskraft und Eleganz besitzen. Sie haben sich nie einem Schönheitsideal unterworfen, sondern es geprägt.« Isabella Rossellini

»Stil ist eine Möglichkeit, zu sagen, wer man ist, ohne ein Wort sagen zu müssen.« Rachel Zoe

»Eleganz ist das Ergebnis eines natürlichen Gleichgewichts zwischen Einfachheit, Selbstfürsorge und Intelligenz. All das kreiert jene Erscheinung, die wir Eleganz nennen. Es ist eine Eigenschaft, für die man – entgegen allgemeiner Auffassung – nicht tief in die Tasche greifen muss.« Giorgio Armani

»Eleganz ist guter Geschmack und ein bisschen Wagemut.«
Carmel Snow

»Weniger ist immer mehr.« Coco Chanel

»Im Zweifelsfall Rot tragen.« Bill Blass

»Mode vergeht, Stil bleibt.« Yves Saint Laurent

»In einem kleinen Schwarzen ist man nie over- oder underdressed.« Karl Lagerfeld

»Wenn du nicht besser als die Konkurrenz sein kannst, zieh dich einfach besser an.« Anna Wintour

Und das letzte Wort geht an die unvergleichliche Victoria Beckham:
»Ich kann mich in flachen Schuhen nicht konzentrieren.«

8. KAPITEL

Persönlicher Stil

In diesem Kapitel werden Sie:
- *sich überlegen, wie Sie sich der Welt darstellen wollen*
- *Ihren persönlichen Stil definieren*
- *Ihren Kleiderschrank aussortieren und aufräumen*
- *über die richtige Kleidung, Frisur, Figur und das passende Make-up für Sie nachdenken*

Von innen nach außen

Das Wichtigste an Ihrer Wirkung auf andere ist ironischerweise etwas, das man nicht sehen kann. Das äußere Erscheinungsbild spiegelt wider, wie man sich im Inneren fühlt. Ab und zu sieht man eine Person, die einen Raum zum Strahlen bringt und bei deren Anblick einem der Atem stockt.

Diese Menschen stellen Augenkontakt her und verlangen nach Aufmerksamkeit. Frauen mit dieser Wirkung sind vielleicht nicht sonderlich schlank oder stilvoll, doch sie sind mit sich im Reinen und das sieht man. Wenn man sie in zwei Hälften teilen könnte, würden sie leuchten. Sie haben Charisma – und das ist auch Ihnen möglich.

Sie haben die Kontrolle darüber, wie die Welt Sie wahrnimmt. Andere werden es bemerken, wenn Sie sich nicht wohl in ihrer Haut fühlen. Wenn Sie den Blick senken und am liebsten mit der Wand verschmelzen würden, wird man entsprechend auf Sie reagieren. Wenn das auf Sie zutrifft, müssen Sie sich etwas anstrengen, um Veränderungen herbeizuführen, doch Ihr Manifest ist ein guter Ausgangspunkt. Es geht nicht darum, zu versuchen, jemand anderes zu sein, sondern Ihr wahres Ich freizulegen und sich der Welt stolz zu präsentieren.

»Gib nichts auf Trends. Lass dich nicht von der Mode beherrschen, sondern entscheide selbst, wer du bist und was du mit deinem Stil und deiner Lebensart ausdrücken willst.«
Gianni Versace

Von unseren italienischen Schwestern können wir viel lernen. Sie geben sich nicht damit zufrieden, die schönsten Gebäude, Gemälde, Sektflaschen, Männer und Eiskugeln zu haben (nicht unbedingt in dieser Reihenfolge) – Italien ist auch die Heimat von *La bella figura*, einer in diesem magischen Land weit verbreiteten Einstellung. Grob übersetzt heißt es »eine gute Figur machen«, doch es geht um viel mehr als das: Es ist eine Philosophie über die Art und Weise, wie man sich der Welt zeigt, wie man denkt, aussieht und sich verhält – nämlich mit Gelassenheit, Anmut und Würde. In *Living La Dolce Vita* schreibt Raeleen D'Agostino Mautner: »Ausländische Besucher sind in Italien oft erstaunt darüber, wie geschniegelt die Männer und Frauen des *bel paese* aussehen, wie wohl sie sich anscheinend in ihrer Haut fühlen und wie würdevoll sie miteinander umgehen. Das Leben in Italien ist unbestreitbar auf ästhetische Schönheit, Würde und Höflichkeit ausgerichtet. Es ist wichtiger zu lernen, wie man den eigenen Körper und Geist aufwertet, als mit genetischer Perfektion gesegnet zu sein.«

Zu Beginn sollte man sich also über die Energie Gedanken machen, die man von innen ausstrahlt. Sieht man eine Person von weiter weg, achtet man nicht zuerst auf ihr Gesicht, sondern auf ihre Art sich zu bewegen – ihren Körper, ihren Gang, ihre Haltung, ihre Kleidung, doch vor allem ihre Energie.

Von außen nach innen

In der Gesellschaft werden wir nach unserem Aussehen und unserem Verhalten bewertet. Unabhängig davon, ob uns das gefällt oder nicht – es ist ein unumstößlicher Fakt. Wichtiger noch: Das Aussehen übt eine große Wirkung auf die Psyche aus. Ja, es ist schwer, ausgeglichen und selbstbewusst zu sein in einer Kultur, die Menschen nach ihrem Alter, ihrem Aussehen und ihrer Schönheit definiert. Aufgrund von kulturellen Codes wird von uns ein bestimmtes Aussehen erwartet und über ältere Frauen wird mitunter besonders hart geurteilt. In Bezug auf Kleidung stecken wir in einer Art Niemandsland fest. Wenn wir es einmal wagen, aus der Reihe zu tanzen, ernten wir kritische Blicke oder bewegen uns unterhalb einer unsichtbaren Toleranzschwelle. Im Vergleich zum eigenen Körper, persönlichen Beziehungen, der Spiritualität, dem eigenen Zuhause und den Finanzen scheint die Auseinandersetzung mit dem persönlichen Stil vielleicht oberflächlich, doch sie kann sich genauso nachhaltig auf Ihr Leben und Ihre Selbstwahrnehmung auswirken. Als Carmel Snow mit ihrem Magazin *Harper's Bazaar* startete, waren die Zielgruppe »Gutgekleidete Frauen mit gutgekleidetem Köpfchen.« Das gefällt mir. Warum sollten wir Mode nicht zu unserem Vorteil nutzen?

In der Lebensmitte müssen wir leider akzeptieren, dass größere Anstrengungen nötig sind. Vorbei sind die Zeiten, in denen man ungeschminkt und nur in Jeans und T-Shirt gekleidet aus dem Haus gehen konnte und immer noch Zustimmung fand. Sogar mein Hund weigert sich, mit mir Gassi zu gehen, wenn ich mich nicht ein bisschen zurechtmache. Es geht nicht darum, gesellschaft-

> *»Zieh dich schäbig an und man wird sich an das Kleid erinnern. Zieh dich tadellos an und man wird sich an die Frau erinnern.«*
> Coco Chanel

liche Normen zu erfüllen oder die Bestätigung von Männern zu bekommen, sondern sich in seiner Haut wohlzufühlen. Für viele bedeutet das, Ihr Image zu überdenken. Wenn Sie in den Spiegel sehen und sich selbst nicht attraktiv finden, werden andere es auch nicht tun.

In der Lebensmitte gibt es drei Stilfallen:

1. *Der Stil-Trott*
Man trägt seit Jahren dieselben Farben und den gleichen Stil, obwohl sich die Welt verändert und Ihr Körper und die Mode sich weiterentwickelt haben.

2. *Nicht mehr auf sich achten: »Die Schrulle«*
Sie haben einfach aufgegeben. Komfort geht über alles. Die Klamotten sind jeden Tag dieselben. Es reicht schon, wenn sie nur einigermaßen sauber sind und passen. Keine hohen Schuhe, sondern abgewetzte Crocs und Birkenstock. (Ich bekenne mich schuldig im Sinne der Anklage.)

3. *Sich wie die Tochter kleiden: Erwachsene Frauen im Teenie-Look*
Hören Sie auf, mit Ihrer Tochter zu konkurrieren und kleiden Sie sich altersgemäß. Sie werden immer noch hinreißend aussehen, nur wird man hinter ihrem Rücken keine Witze mehr reißen.

Den eigenen Stil finden

Früher war die Uniform aus Twinset und Perlen eine typische Stilfalle für Frauen in der Lebensmitte. Heute gibt es weniger oder fast gar keine Regeln mehr, aber dennoch Stilfehler. Es geht darum, die eigenen Vorzüge zu unterstreichen, gewisse Mäkel zu verbergen und darauf zu vertrauen, dass Ihre Kleidung Sie gut zur Geltung bringt. Richtig angezogen, fühlt man sich lebendiger und wohler in seiner Haut. Dafür muss man seinen persönlichen Stil finden – einen Look, der nur Ihnen gehört. Er kann sehr schlicht und klassisch oder bunt und ausgefallen sein. So oder so – er sollte speziell zu Ihnen gehören. Das ist der Heilige Gral. Wie geht man es richtig an?

Gehen Sie zuerst zurück zu Ihrer Zielcollage oder zu Ihrem formulierten Ziel. Denken Sie darüber nach, was diese Frau tragen würde – welche Farben, welchen Stil, im Alltag, am Abend, für besondere Anlässe. Lassen Sie Ihrer Fantasie ein paar Minuten freien Lauf.

Überlegen Sie sich dann Adjektive, die am besten wiedergeben, wie Sie sich sehen. (Streichen Sie hierfür Wörter wie »unsichtbar«, »unscheinbar« oder »gemütlich« aus Ihrem Wortschatz!) Denken Sie eher an klassisch, einfach, entspannt, weiblich, dezent, individuell, farbenfroh, keck, schick, künstlerisch, natürlich, zeitgenössisch, Vintage, ausgefallen, anmutig, fabelhaft, sexy, schrullig, damenhaft, zurückhaltend, minimalistisch, würdevoll, anspruchsvoll, glamourös, flippig, lustig, fröhlich, elegant, urban, eklektisch, streng, modern, stilvoll, adrett, geschmeidig, eigenwillig, leger, wallend, sportlich, aufgedonnert, zeitlos, mühelos, ungewöhnlich, einzigartig, einfach, kühn, inspiriert, klassisch-modern, vielschichtig, sauber, monochrom, verspielt, dunkel, cool, frisch, knackig, anregend und lässig … oder sogar punkig! Nun, vielleicht lieber nicht, aber suchen Sie die Wörter, die am besten zu Ihnen passen oder denken Sie sich welche aus.

»Finde deinen persönlichen Stil, ohne irgendwelchen Trends zu folgen. Ich trage seit 25 Jahren Jeans, ein weißes T-Shirt, einen Kaschmirpulli und kniehohe Cowboy- oder Motorradstiefel oder Ballerinas. Die Form der Jeans hat sich verändert, aber mehr auch nicht. Wechselhaftigkeit in Bezug auf Kleidung hat etwas Beunruhigendes.«
Elle Macpherson

Suchen Sie Bilder von Frauen, die voller Elan sind und die Sie für ihren Stil bewundern, oder einfach Bilder von Outfits, die Ihnen gefallen. Für Frauen in der Lebensmitte gibt es jede Menge Stil-Vorbilder, von denen wir uns eine Scheibe abschneiden können. Wie wäre es zum Beispiel mit Deborah Hutton, Annette Bening, Michelle Obama, Nigella Lawson, Elle Macpherson, Robin Wright, Jamie Lee Curtis, Suze Orman, Ellen DeGeneres, Kate Winslet und Kim Basinger? Oder einfach eine Frau, die Sie kennen …

Sie können einen Termin bei einer Stilberaterin vereinbaren, Fotos mitnehmen und schauen, was dabei herauskommt. Vielleicht finden Sie die Empfehlungen fabelhaft oder Sie finden sie scheußlich, doch ein sachkundiger, neutraler Blick wird Ihnen in jedem Fall dabei helfen, einen neuen Look – eine bessere Version Ihrer selbst – zu finden.

Die große Auslese

Da Sie nun eine Vorstellung Ihres neuen Looks gewonnen haben, können Sie der Wahrheit ins Gesicht sehen: Die meisten Frauen brauchen nicht noch mehr, sondern weniger und bessere Kleidung. Der französische Innendesigner Andrée Putman sagte: »Es gibt eine Sache, die mich zutiefst schockiert: amerikanische Kleiderschränke. Ich kann nicht glauben, dass man sich bei einer so großen Auswahl gut kleiden kann.«

Stellen Sie sich nun den Einsatz von spannungsgeladener Hintergrundmusik wie in *Zwei glorreiche Halunken* vor. Wir wissen, dass wir zu 80 Prozent unserer Zeit nur 20 Prozent der Kleidung in unserem Kleiderschrank tragen. Alle Sammelwütigen sollten sich daher jetzt ans Ausmisten begeben.

Die Lebensmitte führt unweigerlich zu einem Moment der Wahrheit in Bezug auf unseren Kleiderschrank. Kleidung aus früheren Zeiten, in denen wir jünger und schlanker waren, hängt vorwurfsvoll und ein bisschen selbstgefällig neben neueren Errungenschaften. Sie wäre nicht so selbstgefällig, wenn sie wüsste, dass wir sie nie wieder tragen werden und kurz davorstehen, sie auszusondern. Auch wenn man abnehmen und wieder hineinpassen würde, würde sie sich nicht mehr richtig anfühlen. Das wissen Sie. Hinzu kommen jene Kleidungsstücke, die wir unerklärlicherweise gekauft, aber nie getragen haben, sowie ein paar Kleider, die im Dunkeln auf ihren großen Moment warten, der aber niemals kommen wird. Nicht zu vergessen die praktischen Schlabberklamotten (die nicht sehr gut aussehen). Es ist an der Zeit, sich von manchen Kleidungsstücken zu trennen – oder politisch korrekt ausgedrückt, sie »gehen zu lassen«.

Misten Sie Kleidungsstücke aus, die:

- Ihnen in diesem Moment nicht stehen
- nicht passen
- nicht ausdrücken, wer Sie sind
- Ihnen kein Selbstvertrauen geben
- Sie nicht tragen wollen würden, wenn Sie einem Ex-Freund begegnen
- Sie seit sechs oder zwölf Monaten nicht getragen haben (ein guter Trick: hängen Sie alle Kleiderbügel andersherum auf und schauen Sie nach ein paar Monaten, welche Sachen nicht getragen wurden)
- abgenutzt oder veraltet oder mit schlechten Erinnerungen verbunden sind
- für besondere Anlässe vorgesehen sind, die nie stattfinden

Sie sind nicht Ihre Freunde. Sie sind die »Energieräuber« der Kleiderwelt. Sortieren Sie sie aus und geben Sie sie an die Kleiderspende. Es wird befreiend sein, Ihr Boot leichter zu machen (um Emma Thompson zu zitieren) und manche Erinnerungsstücke aus der Vergangenheit loszuwerden. Ich habe noch nie etwas vermisst, das ich weggeschmissen oder gespendet habe.

Wenn Sie sich in Bezug auf manche Kleidungsstücke nicht sicher sind, behalten Sie sie notfalls, doch das bedeutet, dass Sie sie *tragen müssen*. Ziehen Sie sie an, gehen Sie einmal um den Block und wenn Sie ihnen kein gutes Gefühl geben, *hasta la vista, baby.*

Vielleicht graben Sie einige Sachen aus, die Sie vergessen hatten und finden neue Verwendung für Sie. Ich fand zum Beispiel viktorianische Strassbroschen, die ich fast nie getragen hatte. Als ich sah, dass Michelle Obama sie an bunte Strickjacken steckt und ganz anders verwendet als meine Oma früher, habe ich angefangen, sie ebenfalls zu tragen. Ein Dank an die ehemalige First Lady!

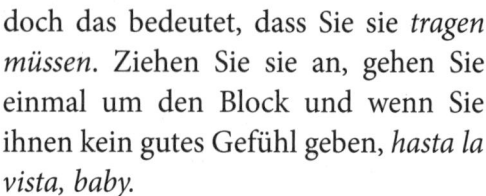

»Kleidung mag oberflächlich erscheinen, doch sie hat wichtigere Aufgaben, als uns zu wärmen. Sie verändert unseren Blick auf die Welt und den Blick der Welt auf uns.«
Virginia Woolf

Den Kleiderschrank aufräumen

Da der Kleiderschrank nun leerer ist, nehmen Sie sich etwas Zeit, um Ihre Kleidung zu ordnen und morgens klarer in den Tag zu starten. Wie die Schauspielerin Joan Crawford mag ich keine Drahtbügel. Schmeißen Sie sie weg und nehmen

Sie stattdessen Holz- oder notfalls Plastikbügel sowie ein paar gepolsterte Satinbügel, die luxuriöser aussehen, als sie sind. So bekommt Ihre Kleidung keine sonderbaren Falten und Formen. Eher wird die Hölle zufrieren, bevor ich Schuhspanner in meine Schuhe stecke und sie in Plexiglasschachteln mit Polaroidbildern aufbewahre (wer macht so etwas?). Man kann sich jedoch einen praktischen Schuhaufbewahrer mit Taschen besorgen, der an der Innenseite der Schranktür aufgehängt wird und Platz spart.

Denken Sie darüber nach, Ihre Halsketten und Armbänder an Haken im Kleiderschrank aufzubewahren – um sich daran zu erinnern, sie öfter zu tragen. Mein Schmuck hängt an einem Vintage-Spielbrett.

Legen Sie Ihre Schubladen mit schönem Geschenkpapier aus (oder kaufen Sie spezielles Duftpapier für Schubladen) als kleinen visuellen Anreiz für die Augen und hängen Sie Lavendeltaschen auf, um den Duft zu genießen. Ich weiß, dass es keine lebensverändernden Dinge sind, aber warum soll man sich nicht jeden Tag eine kleine Freude machen?

Basic Unterwäsche

BHs und Slips sind quasi der Unterbau. Sie sind eine gute Investition und der Ausgangspunkt bei der Umgestaltung Ihrer Garderobe.

Acht von zehn Frauen tragen die falsche BH-Größe. Lassen Sie in einem Kaufhaus die richtigen

»Richten Sie sich für den perfekten Auftritt genauso wie für den perfekten Abgang her: selbstbewusst, die Schultern nach hinten und ein Geheimnis verbergend.«
Zac Posen

Maße nehmen und stellen Sie Ihre BH-Träger enger – für einen sofortigen Push-up-Effekt ganz ohne Operation. Wenn Sie schon einmal dabei sind, probieren Sie Formwäsche aus, den Erzfeind der Schwerkraft. Sie anzuziehen ist die Hölle, doch sie macht einen großen Unterschied und ist auch eine Erinnerung daran, nicht zu viel zu essen …

Schlüpfer, die löchrig oder abgenutzt sind, sollten schnellstens auf dem Bridget-Jones-Friedhof für große Unterhosen landen. Ich habe die perfekte Marke und Größe gefunden und davon zwanzig Paar gekauft. Was für ein Segen! Ich glaube, ich kenne niemanden, der mehr Schlüpfer hat als ich, aber ich fühle mich sicher und glücklich in dem Wissen, dass ich einen endlosen Vorrat an sauberen Slips besitze. Ich bin so leicht zufriedenzustellen. Kein Porsche, Pucci oder Prada für mich, nur Schlüpfer.

Basic Kleidung

Bevor wir uns näher mit dem klassischen »Capsule Wardrobe« befassen, bei dem es darum geht, sich auf das Wesentliche zu reduzieren, wollen wir uns einen Augenblick dem Thema Farbe widmen. Viele Frauen in der Lebensmitte – mich eingeschlossen – verschwinden in einem Morast aus unscheinbaren Tönen. Doch es sind die Farben, die uns aus dem

Sumpf ziehen und uns zum Strahlen bringen. Niemand sollte mehr herumlaufen wie eine obsessive Blutspenderin. Sie wissen, dass ich Recht habe. Ich glaube, es ist sinnvoll, eine recht neutrale Farbpalette zu haben und sie mit dem einen oder anderen Farbakzent aufzupeppen.

Finden Sie heraus, welche Farben Ihnen stehen, nehmen Sie die Kleidungsstücke, die Sie häufig tragen und halten sie neben Ihr Gesicht. Wenn sie Ihre Augen zum Strahlen bringen, Ihren Teint betonen und Tränensäcke scheinbar zum Verschwinden bringen, ist es eine gute Farbe für Sie. Oder gehen Sie in ein Geschäft und experimentieren Sie.

Die »Capsule Wardrobe«-Methode scheint überaus sinnvoll, auch wenn ich mir nicht anmaßen würde, Ihnen zu sagen, für welche Kleidung Sie sich entscheiden sollen. Die Idee dahinter: Wir brauchen nur ein paar Hosen, T-Shirts, Jacken etc., die zusammenpassen und miteinander kombiniert werden können. Suchen Sie auf Pinterest zur Inspiration »*38 Item Classic Capsule Wardrobe*« oder nur »*Capsule Wardrobe*«.

Ach ja: Jede Frau braucht ein Paar rote Schuhe.

Basic Accessoires
SCHMUCK

Sortieren Sie Ihren Schmuck und trennen Sie das Gute vom Schlechten. Wenn Sie alte Schmuckstücke geerbt haben und die Fassung nicht mögen, lassen Sie sie bei einem Juwelier ändern (doch behalten Sie die ursprüngliche Fassung, falls Sie sich doch noch anders entscheiden). Der Ring, den ich jeden Tag trage, hat zwei Aquamarine, die von den Ohrringen meiner Urgroßtante stammen, und einen Diamanten vom Ring meiner Großmutter. Ich habe ihn speziell für mich anfertigen lassen. Ist es günstig gewesen? Nein. Schön, bedeutungsvoll und einzigartig? Ja, ja und ja.

Sehen Sie Ihren Modeschmuck durch und sortieren Sie alles aus, was Sie nicht mehr tragen wollen oder nicht zu einem Date mit George Clooney tragen würden (rein hypothetisch, schließlich ist er vergeben – natürlich nur vorläufig).

Jetzt beginnt der unterhaltsame Teil. Ziehen Sie in Erwägung, ausgefallenen, originellen Schmuck zu kaufen. Suchen Sie auf Etsy nach schönen Schmuckstücken. Im Folgenden habe ich einige meiner Favoriten aufgelistet, um Ihnen einen Anreiz zu geben. Schauen Sie sich zuerst die handgefertigten Produkte auf Etsy an (zum Beispiel JoyfullyCraftedShop). Lassen Sie einen Anhänger mit einer persönlichen Nachricht, einer Affirmation oder Ihrem Namen prägen. Wie wäre es mit Anhängern aus Vogelschädeln? Ich weiß, es klingt recht makaber, doch sie sind schön. Lisa Hall (www.lisahalljewelry.com) fertigte mir zwei wunderschöne Armbänder aus Meerglas an. Alternativ können Sie Ihren eigenen Schmuck entwerfen. Unter www.bethmacri.com finden Sie einzigartigen Schmuck mit versteckten Geheimbotschaften. Er ist nicht günstig, doch schön und individuell. Lieber weniger als mehr. Ein Ring ist besser als fünf Ringe. Wenn Sie mehrere Ringe und Armbänder tragen, die in keinem Bezug zueinander stehen, kann das schnell altmodisch aussehen – ebenso wie passende Ohrringe und Halsketten. (Allerdings trage ich gern mehrere Armbänder gleichzeitig. Wenn man danach googelt, wird man sehen, welche Kombinationen gut aussehen und welche nicht.)

HANDTASCHEN

Gönnen Sie sich eine hochwertige neue Handtasche, die nicht zu groß ist. Ich bin kein Fan von Designertaschen. Ich finde es grotesk, Tausende von Dollar für ein Logo auszugeben, doch die Auswahl ist riesig. Laufen Sie nicht mit schweren Handtaschen herum, in die Sie Autoheber und sonstigen Unsinn hineinstopfen könnten. Versuchen Sie, sich aufs Wesentliche zu konzentrieren. Wahrscheinlich benötigen Sie insgesamt nicht mehr als drei Taschen: eine praktische, eine kleine für abends und eine alltagstaugliche mit vielen Täschchen wie die Schultertasche von Horizon auf www.baggallini.com, die es in unglaublich vielen Farbvariationen gibt.

»Mit den richtigen Schuhen kann ein Mädchen die Welt erobern.«
Marilyn Monroe

BRILLEN

Besorgen Sie sich eine neue Brille. Schneller kann man seinen Stil nicht verändern. Schauen Sie sich in verschiedenen Geschäften um und suchen Sie so lange, bis sie die richtige finden. Bei Brillen lohnt es sich, nicht auf Nummer sicher zu gehen. Es müssen keine knallbunten Hornbrillen sein, doch zwei der stilvollsten Frauen, die ich kenne, haben vor Kurzem ihre Brille gewechselt: Eine trägt jetzt eine große, beinahe männliche Brille in Schildpatt-Optik und eine andere eine blau-durchsichtige. Es sieht fantastisch aus.

UHREN

> *»Wer unersetzbar sein will, muss vor allem anders sein.«*
> Coco Chanel

Ich habe zwei: Eine robuste Swatch, die ich beim Wäsche waschen und Schwimmen trage und eine schöne für den Rest der Zeit. Schließen Sie nicht die Möglichkeit aus, eine Herrenuhr zu tragen. Eine klassische Herrenuhr ist (in gewisser Hinsicht) zeitlos, kann Frauen sehr gut stehen und bricht die Regeln auf stilvolle Art und Weise.

SCHALS

Sehen Sie Ihre Sammlung durch und sortieren Sie diejenigen aus, die Sie nie tragen, oder tragen Sie sie noch einmal bei einem Spaziergang um den Block und entscheiden dann. Ich besitze einige lange Seidenschals und übergroße Baumwollschals mit Bommeln, die hervorragend zu Jeans passen, sowie einen schönen, sehr edlen italienischen Umhang aus Merinowolle (aus dem Jahr 1796), der dünn, aber warm ist. Wenn ich ihn trage, fühlt sich das förmlich wie eine Umarmung an. Ich bewahre ihn immer in meiner Nähe auf und er hat die Pashminas aus meinem Kleiderschrank verdrängt. Es war auf jeden Fall eine Investition, doch ich habe sie nie bereut.

Haut und Körper

Unser Körper ist ein einzigartiger Organismus, der sich unaufhörlich selbst erneuert – unabhängig davon, was wir tun. Tatsächlich ist unser Körper nie älter als zehn Jahre. Stellen Sie sich das einmal vor. Das trifft auch dann zu, wenn man sich nicht um sich selbst kümmert. Das Mindeste, was wir tun können, ist unseren Körper zu unterstützen und die schädlichsten Ursachen für den Alterungsprozess zu vermeiden, die da wären (Sie haben es sicher schon erraten): Trinken, Rauchen, mangelnde Bewegung, schlechte Ernährung, Stress und Sonne.

Hier ein paar überaus wirkungsvolle Tipps:

- eine Freundin von mir, die mit ihrer zarten Pfirsichhaut an Botticelli-Gemälde erinnert, schwört auf Gesichtsübungen. Googeln Sie danach.
- Formen Sie Ihre Augenbrauen, um Ihr Gesicht zu konturieren (es gibt Websites, auf denen man es lernen kann). Die Regel »nicht über der Braue zupfen« ist ein Irrtum. Genauso wie der Ansatz, die Brauen schmal zu zupfen, damit sie nicht allzu buschig aussehen. Mit zunehmendem Alter werden die

Brauen in der Regel dünner. Bei manchen entwickeln sie auch ein Eigenleben und werden länger. Meine wurden teilweise unglaublich lang und hell. Daher sollte man sie stutzen, zupfen und eventuell färben, was viel bewirken kann.

- Haut. Wir wissen, dass alles miteinander verbunden ist. Die Haut ist ein Barometer für unsere Gesundheit. Ihre Erzfeinde sind Rauchen und Sonnenlicht. Achtzig Prozent der Falten sind Umwelteinflüssen (sprich: »der Sonne«) geschuldet und nur 20 Prozent sind genetisch bedingt – also unvermeidbar. (Mir gefällt das folgende Zitat von Phyllis Diller: »Ich bin nicht wirklich faltig. Ich habe nur ein Nickerchen auf einer Chenille-Decke gemacht.«)
- Am meisten setzen wir uns der Sonne nicht am Strand, sondern in unserem Alltag aus. Daher sollte man immer eine Feuchtigkeitscreme mit Lichtschutzfaktor tragen und nicht vergessen, den ganzen Hals einzucremen (sehr anfällig).
- Wasser trinken ist die beste Schönheitsanwendung für Ihre Haut. Zwei Liter täglich.
- Die besten Anti-Aging-Cremes sind *Retin A* und *Retrieve*, die es nur auf Rezept gibt. Von den 300 Millionen Euro, die wir jährlich für Anti-Aging-Produkte ausgeben, wird ein Großteil aus dem Fenster geschmissen. Sind

die teureren Produkte immer besser? Nein. Experimentieren Sie einfach mit verschiedenen Marken, bis Sie die richtige finden. Bei Hautpflege gibt es keine Formel für alle.

- Nutzen Sie vor dem Duschen Ihre Körperbürste, um morgens die Haut zu stimulieren und den Kreislauf anzukurbeln. Reiben Sie sich über den ganzen Körper in Richtung Herz. Ich war recht skeptisch, doch jetzt bin ich überzeugt. So kann man sich besser mit dem Körper verbinden (siehe Kapitel 4) und sich bei ihm bedanken. Cremen Sie sich nach dem Duschen ein.
- Reinigen und befeuchten Sie Ihre Haut jeden Tag und probieren Sie neue Produkte für reifere Haut aus. Vergessen Sie nicht, die Feuchtigkeitscreme auch auf Hals und Dekolleté aufzutragen.
- Machen Sie einmal pro Woche ein Peeling. (Ich finde *Apricot Scrub* von St Ives aus dem Supermarkt am besten.)
- Benutzen Sie immer Augencreme – die Haut rund um die Augen ist besonders empfindlich und braucht jede Unterstützung, die sie bekommen kann.
- Gehen Sie regelmäßig zur Mani- und Pediküre. Auch Füße sagen viel über Ihren Lebensstil und Ihre Ernährung aus. Besonders im Sommer sollte man sie gut pflegen – entweder

legen Sie selbst Hand an oder gehen in einen Salon. Es ist ein geringer Aufwand, mit dem man sein Selbstvertrauen steigert. Kurze, gut gepflegte Nägel sind immer besser als lange Krallen. Für meine Zehen wähle ich knallige Farben und für meine Finger durchsichtige oder helle Töne. Benutzen Sie Nagelhärter, bewahren Sie ihn im Auto auf und tragen Sie ihn auf, während Sie vor einer roten Ampel warten. Wenn ich daran denke, creme ich mir im Auto auch die Hände ein.

– Zähne. Die Zahnärzte sind sich größtenteils einig darüber, dass elektrische/batteriebetriebene Zahnbürsten besser sind, weil sie tiefer reinigen. Man sollte sie nicht wie eine normale Zahnbürste bewegen, sondern stillhalten und von Zahn zu Zahn führen. Mit einer elektrischen Zahnbürste putzt man sich zwei Minuten und mit einer herkömmlichen Zahnbürste drei Minuten die Zähne. Das Zahnfleisch ist genauso gut zu reinigen wie die Zähne, da es anfällig für Bakterien ist und zurückgehen kann, sodass die Zähne freiliegen und länger aussehen. Wechseln Sie Ihre Zahnbürste alle vier Monate (mit jeder Jahreszeit). Außerdem sollten Sie täglich Zahnseide benutzen und alle sechs Monate zum Zahnarzt gehen. Das ist nicht verhandelbar! Denken Sie auch darüber nach, sich beim Zahnarzt die Zähne bleichen zu lassen. Es macht wirklich einen großen Unterschied. Alternativen sind das sogenannte »Power Bleaching« und Bleichschienen. In der Apotheke werden auch günstigere Varianten verkauft.

Make-up
»Im Alter ist weniger Make-up mehr.« Lauren Hutton

Wie die meisten Frauen fühle ich mich an manchen Tagen wohl in meiner Haut und an anderen würde ich mir am liebsten die Decke über den Kopf ziehen. Hier ein paar Tipps, um sich öfter wohl mit sich zu fühlen.

Als Erstes sollten Sie sich einen anständigen, sechsfachen Vergrößerungsspiegel kaufen und für ausreichend Licht in Ihrem Bad sorgen, damit Sie sich gut sehen können. (In Baumärkten erhältlich.) Dieser Punkt ist ebenfalls nicht verhandelbar. Ich garantiere Ihnen, Sie werden sofort zur Pinzette greifen.

Das Make-up, das man in seinen Zwanzigern und Dreißigern getragen hat, ist jetzt nicht mehr das richtige. Vereinbaren Sie einen Termin bei einer professionellen Make-up- oder Schönheitsberaterin, um sich professionell über für Sie geeignete Produkte und

»Viele Frauen, die auf die Fünfzig zugehen, fühlen sich nicht glamourös, sondern unsichtbar … Ich glaube, sie meinen: in sexueller Hinsicht unsichtbar, doch wenn sie die richtigen Signale aussenden würden, wären sie es nicht.« Judith Krantz

ihre Anwendung beraten zu lassen. Nehmen Sie Ihre Make-up-Tasche mit und sehen Sie sie gemeinsam durch. Seien Sie darauf gefasst, einige Lieblingssachen auszusortieren.

Paula Begoun, auch bekannt als *The Cosmetics Cop* (dt. »Die Kosmetikpolizistin«), hat es sich zur Lebensaufgabe gemacht, Behauptungen der Kosmetikindustrie in Frage zu stellen. Auf ihrer Webseite www.paulaschoice.com vergleicht sie Hautpflege- und Kosmetikprodukte anhand ihrer Inhaltsstoffe und anhand von wissenschaftlichen Studien. Sie bewirbt zwar sehr stark ihre eigene Reihe, doch unter »Beautypedia Reviews« findet man interessante Besprechungen, die nach Marken sortiert sind. Sie sagt, dass viele günstigere Produkte dieselben Inhaltsstoffe haben wie die teuren. »Der Betrag, den Sie für Hautpflege ausgeben, hat nichts damit zu tun, wie Ihre Haut aussieht.«

Es gibt etliche YouTube-Videos, die für Frauen in der Lebensmitte Tipps zu Make-up-Produkten und deren Anwendung bieten. Suchen Sie »Make-up-Tutorial für reife Frauen«, »Make-up-Tipps für ältere Frauen« oder »Make-up ab 50«.

Das Fünf-Minuten-Gesicht

Entscheiden Sie sich, ob Sie einen Schwerpunkt auf die Augen oder Lippen setzen wollen – betonen Sie nicht beides.

Die **Primer**-Grundierung lässt die Haut ebenmäßiger aussehen und ist eine gute Grundlage, die hält. Ich benutze einen Porenminimierer, der wie eine sehr dünne Schicht Spachtelmasse wirkt.

Grundierung. Eine passende Grundierung zu finden ist wie die Suche nach der Nadel im Heuhaufen. Sie muss genau mit Ihrem Teint übereinstimmen und die richtige Textur haben. Acht von zehn Frauen tragen die falsche. Stellen Sie es sich wie eine lange Expedition vor: Manchmal muss man *monatelang* herumprobieren, bevor man ins Schwarze trifft. Tragen Sie sie *auf das Gesicht* – nicht auf die Hand – auf und gehen Sie ins Tageslicht, bevor Sie sie kaufen. Wenn Sie eine teure Marke erwerben wollen, lassen Sie sich eine Probe für zu Hause mitgeben, bevor Sie viel Geld ausgeben. Wenn Sie einen leichten Haarflaum im Gesicht haben, verfangen sich die Grundierung und das Puder darin und es sieht einfach nicht gut aus – so als wäre man mit Mehl bestäubt (bitte entschuldigen Sie, wenn Sie gerade essen, doch Sie wissen, dass es stimmt). Um das zu vermeiden, tragen Sie die Grundierung wie Feuchtigkeitscreme auf – massieren Sie sie in die Haut ein (Sie können auch einen feuchten Schwamm verwenden). Ich habe sie immer mit den Fingern aufgetragen, mir jedoch ein Pinsel-Set gekauft, weil mir dieses Ritual gefällt. Lassen Sie das Puder weg (Mehl-Effekt). Bei der Grundierung müssen teure Produkte nicht immer besser sein.

Der **Concealer** sollte identisch mit Ihrem Teint sein. Damit können Sie dunkle Schatten verbergen.

Augenaufheller – *Touché Éclat* von Yves Saint Laurent ist wirklich ein magisches Produkt, das in jede Schminktasche gehört. »Zaubert den Effekt von acht Stunden Schlaf« lautet sein Motto und ich würde dem zustimmen … Er ist in zwölf Schattierungen erhältlich und kann auf unterschiedliche Art und Weise genutzt werden (schauen Sie auf YouTube).

Bronzer/Rouge – Bronzer sorgen für einen leicht gebräunten Teint und konturieren das Gesicht. Sie können zusammen mit Rouge verwendet werden. Verteilen Sie den Bronzer über die Wangenknochen sowie ein bisschen über Stirn und Kinn. Wegen der Gesichtshärchen ist vielleicht eine Rouge-Creme vorzuziehen, doch in diesem Fall finde ich Puder in Ordnung. Wählen Sie eine Farbe, die nicht viel dunkler ist als Ihr natürlicher Teint. Tragen Sie sie mit einem Pinsel auf die Wangen und unterhalb der Wangenknochen auf.

Lidschatten – Drei verschiedene Brauntöne stehen jeder Frau. Mehr braucht es nicht.

Mascara – Experten empfehlen, immer zuerst die Wimpernzange zu benutzen (aber irgendwie kann ich mich nicht mit ihr anfreunden …). Tagsüber trägt man Mascara auf den oberen Wimpern und abends auch auf den unteren auf. Braun eignet sich für helle Haut, schwarz für olivfarbene oder dunkle Haut. Die schlechte Nachricht: Wimperntusche hält sich nicht und kann ein Nährboden für Bakterien werden. Sie sollte daher alle paar Monate ersetzt werden. Die gute Nachricht: Die preiswerten Produkte sind genauso gut wie die teuren. Experimentieren Sie, bis Sie das Richtige finden.

Augenbrauenstift – Ein paar leichte Striche in einem Farbton, der heller als Ihr Haar ist. Früher habe ich nie einen benutzt, aber jetzt sehe ich den Unterschied.

Eye-Liner – Mir gefällt der *Automatic Eye Pencil* von Estée Lauder. Ziehen Sie eine Linie über dem Wimpernansatz. Experimentieren Sie mit Braun und Grau, die vorteilhafter sind als schwarz. Da der Stift am anderen Ende einen Schwämmchenaufsatz hat, habe ich einen Sticker auf das Ende des Eye-Pencils geklebt, um sie voneinander unterscheiden zu können.

Lippenstift – Auch die Farbe Ihrer Lippen hat sich verändert. Was früher zu Ihnen passte, ist jetzt vielleicht nicht mehr vorteilhaft. Probieren Sie verschiedene Farben aus. Testen Sie sie nicht auf Ihren Lippen, sondern auf Ihren Fingerspitzen, die im Gegensatz zum Handrücken eine ähnliche Farbe haben wie die Lippen. Tagsüber verwende ich einen dezenten Lippenstift und abends einen schönen in Chanel-Rot.

Kaufen Sie zwei Make-up-Sets: Eines für das Bad am Morgen und eines für das Make-up-Täschchen in der Handtasche.

Parfüm – Wählen Sie ein Standard-Parfüm und bleiben Sie dabei. Bei Jo Malone fällt die Wahl aus einem großen Angebot leicht: von zitrisch über fruchtig, leicht blumig, blumig, würzig und holzig bis zu »intensives Eau de Cologne«. Es ist eine sehr logische Methode, um das richtige Parfüm zu finden. Mein Standard-Duft ist übrigens *Lime, Basil and Mandarin* von Jo Malone. Ein wahrer Segen.

Haare

Haare sind außerordentlich wichtig. Ich kann nicht glauben, dass ich das gerade geschrieben habe. Im Kontext von Klimawandel, Aufruhr in der arabischen Welt, dem Aussterben von Breitmaulnashörnern und Überbevölkerung scheint das Thema überaus unbedeutend – so als würde man falschherum in ein Fernglas schauen. Doch in der Lebensmitte spielen Haare tatsächlich eine wichtige Rolle. Eine vorteilhafte Frisur kann das Aussehen verändern, um Jahre jünger machen und ein mächtiges Signal über Ihre Einstellung zum Leben aussenden. Unser Haar ist mit unserer Sexualität verbunden. Studien belegen, dass 90 Prozent der Frauen ihr Haar berühren, wenn jemand auf sie zuläuft, den sie sexuell attraktiv finden.

Wenn man sich regelmäßig die Haare im Friseursalon föhnen lässt, sieht man nicht nur fantastisch aus, sondern fühlt sich auch so. Eine Freundin ließ sich einmal die Woche die Haare föhnen und traf ihren neuen Ehemann – frisch frisiert – eine Woche nach ihrer Scheidung! Eine andere Freundin ließ sich die Haare richtig färben und kaufte sich ein Glätteisen. Sie sieht völlig verwandelt aus. Sind Sie wirklich vollkommen glücklich mit Ihrem Haar? Falls nicht, suchen Sie sich einen guten Salon und verändern Sie Ihren Look.

»Mode wird dir viermal im Jahr von Designern angeboten. Stil sucht man sich selbst aus.«
Lauren Hutton

(Ich weiß, dass Haar die erschreckende Angewohnheit hat, an Stellen zu wachsen, an denen man es nicht haben möchte, doch bei der Hälfte der Frauen wird das Kopfhaar nach den Wechseljahren schütter. Das sind fünfzig Prozent! Wenn das auch bei Ihnen der Fall ist, nehmen Sie es nicht einfach hin. Gehen Sie zum Arzt oder Apotheker, um sich helfen zu lassen.)

Die drei Größen, mit denen es zu spielen gilt, sind **Farbe**, **Form** und **Glanz**.

FARBE

Es gibt sehr wenige Frauen in der Lebensmitte – um nicht zu sagen, gar keine –, denen ein bisschen

Farbe nicht gut stehen würde. Es können hellere oder dunklere Strähnchen sein, doch nehmen Sie Ihre natürliche Haarfarbe als Grundlage. Mutter Natur hat Ihren Teint passend zu Ihrem Haar gestaltet und er verändert sich mit dem Alter. Wenn Sie es mir nicht glauben, denken Sie einmal über das folgende Extrembeispiel nach: ältere Herren mit schwarzem Haar à la Silvio Berlusconi. Wie er mit dieser Farbe auf seinen »Bunga-Bunga-Partys« Erfolg haben konnte, ist mir ein Rätsel. Dasselbe gilt für gebleichtes blondes Blondie-Haar. In der Mitte des Lebens ist es einfach nicht mehr vorteilhaft. Graues Haar kann toll aussehen, doch in der Regel ist ein bisschen Farbe oder zumindest ein ausgefallener Schnitt erforderlich, damit man nicht … nun ja … alt aussieht. Es ist unfair, doch bei älteren Männern sieht graues Haar elegant aus, wohingegen bei Frauen der Eindruck entstehen könnte, dass sie sich gehenlassen.

FORM

Gehen Sie zu einem Friseur, der sein Handwerk versteht und Ihnen sagt, welche Frisur zu Ihrer Gesichtsform passt. Die alte Einstellung, dass Frauen in der Lebensmitte kein langes Haar tragen sollten, stimmt einfach nicht. Allerdings sieht langes Haar nur dann gut aus, wenn es toll geschnitten, dicht und gesund ist. Eine Freundin ließ sich vor Kurzem ihre schulterlange Mähne abschneiden und trägt nun eine elegante, punkige Kurzhaarfrisur.

Sie sieht hinreißend aus. Eine andere ließ ihren Pony langwachsen und sieht jetzt anmutig und schön aus. Die neue Frisur hat ihr mehr Aufwind gegeben als es ein neues Outfit könnte. Es gibt nur wenige Menschen (wie die Journalistin Anna Wintour), die jahrein, jahraus denselben Stil tragen können, doch für den Rest gilt: Ergreifen Sie die Möglichkeit beim Schopf und verkünden Sie öffentlich oder vor Ihrem Spiegelbild, dass Sie sich wohl in Ihrer Haut fühlen..

GLANZ

Glänzendes Haar ist eine direkte Folge des verwendeten Shampoos, der Pflegespülung und der Ernährung.

»Eleganz ist die einzige Schönheit, die nie verblasst.«
Audrey Hepburn

Fragen Sie Ihre Friseurin um Rat. Wichtig sind der PH-Wert und die Inhaltsstoffe des Produkts. Es müssen nicht unbedingt teure Produkte sein, manche Shampoos aus dem Drogeriemarkt reich völlig aus, doch man sollte sich beim Experten erkundigen. Wenden Sie einmal im Monat ein Haarserum oder eine Haarkur an und verbrennen Sie Ihr Haar nicht beim Föhnen. Eine gesunde Ernährung ist hilfreich, denn alles, was Sie essen, geht direkt in Ihr Blut über, das wiederum Ihr Haar mit Nährstoffen versorgt.

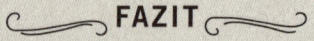

FAZIT

IHRE EINSTELLUNG UND IHR KÖRPER HABEN SICH VERÄNDERT. ES IST AN DER ZEIT, EINEN PERSÖNLICHEN STIL ZU ENTWICKELN, DER GENAU WIDERSPIEGELT, WER SIE SIND.

Was ziehe ich aus diesem Kapitel über persönlichen Stil?

Was werde ich in den nächsten 48 Stunden unternehmen?

»Man wird im Leben keine Macht haben, solange man keine Macht über Geld hat – wie man dazu steht, wie man es ausgibt und damit umgeht.« Suze Orman

»Eine Frau braucht von der Geburt bis zum achtzehnten Lebensjahr gute Eltern, von achtzehn bis fünfunddreißig ein gutes Aussehen, von fünfunddreißig bis fünfundfünfzig eine gute Persönlichkeit und ab fünfundfünfzig gutes Geld.« Sophie Tucker

»Frauen, wenn Ihr die Wahl habt zwischen Geld und Sexappeal, entscheidet euch für das Geld. Im Alter wird das Geld zu eurem Sexappeal.« Katharine Hepburn

»Geld macht nicht glücklich, aber ohne Geld wird man unglücklich.« Anonym

»Reichtum besteht nicht darin, ein großes Vermögen zu besitzen, sondern wenige Wünsche zu haben.« Epiktet

»Geld ist ein schrecklicher Meister, doch ein hervorragender Diener.« P.T. Barnum

»Der erste Schritt zum Glück besteht darin, weniger auszugeben, als man verdient.« Paul Clitheroe

»Man muss nicht reich sein, um ein Investor zu sein, doch man muss ein Investor sein, um reich zu sein.« Rob Ferguson

»Ich kenne sehr wenige arme Menschen, die Ziele haben, und sehr wenige reiche Menschen, die keine haben.« Brian Tracy

9. KAPITEL

Finanzielle Unabhängigkeit

> **In diesem Kapitel werden Sie:**
> - *Ihre finanziellen Ziele formulieren*
> - *einem praktischen Zehn-Schritte-Finanzplan folgen*
> - *ein Gefühl dafür bekommen, wie viel für den Ruhestand ausreicht*
> - *Ihre wichtigsten Unterlagen sortieren*
> - *sich selbstbewusster und befähigter fühlen*

Den Kopf in den Sand stecken

Dieses Thema ist mir eine Herzensangelegenheit. Früher habe ich in Bezug auf Finanzen den Kopf in den Sand gesteckt, bis ich ein schmerzhaftes persönliches Aha-Erlebnis hatte. Ob wir es nun hören wollen oder nicht: Geld hat eine unverhältnismäßige Wirkung auf unser Leben. Es ist sehr mächtig und kann unser Schicksal bestimmen. Die Kontrolle über seine Finanzen zu erlangen geht mit Freiheit und Selbstvertrauen einher. Dabei geht es nicht einmal um den Betrag, sondern das Gefühl, die Kontrolle zu haben. Sie wissen, dass es stimmt. Warum stecken dann die meisten Frauen beim Thema Geld den Kopf in den Sand? Ich bin verblüfft über die hohe Anzahl von Frauen, die überaus intelligent sind, doch nichts über ihre finanzielle Situation wissen und sich um das Thema herumwinden, weil sie sich nicht damit konfrontieren wollen.

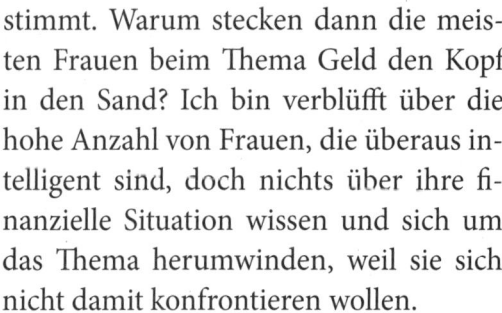

»Die jungen Leute heutzutage glauben, Geld sei alles. Wenn sie älter werden, wissen sie es.«

Oscar Wilde

Aber vielleicht sollte ich nicht überrascht sein, denn unsere Generation hat nicht gelernt, wie man mit Geld umgeht. Ich habe Abitur an einer piekfeinen Schule gemacht und erinnere mich vage daran, wie wir lernten, aus einem Sportwagen zu steigen, ohne unsere Unterwäsche zu entblößen (natürlich vom Beifahrersitz aus. Damals war es nicht vorstellbar, dass wir eines Tages unseren eigenen Sportwagen fahren würden.) Über den Umgang mit Finanzen lernten wir hingegen nichts. Wir wuchsen in dem Glauben auf, dass es unhöflich sei, über Geld zu reden, und ich war darauf programmiert, dem Beispiel meiner Eltern zu folgen. Geld lag für mich im Verantwortungsbereich des Mannes, wohingegen ich für den Haushalt zuständig war. Wenn ich das jetzt schreibe, klingt es unglaublich archaisch, aber so war es damals. Als mein Vater starb, hätte ich gar nicht überrascht sein brauchen, dass meine

Mutter nichts über ihre finanzielle Lage wusste. Es war einfach nicht ihre Aufgabe. Wie heißt es noch in diesem alten Werbespot von Virginia Slims? »Du bist einen langen Weg gegangen, Baby«. Oder sollte es besser »wir« heißen?

Die Kontrolle übernehmen

Ich würde mir wünschen, dass Sie aus diesem Buch mindestens eine Sache ziehen: Die volle Verantwortung für Ihr Leben – einschließlich Ihrer Finanzen – zu übernehmen … unabhängig davon, ob Sie einen Lebenspartner haben oder nicht. Ein Mann ist kein Finanzplan! (Übrigens gibt es von Joan Baker ein gutes Buch über Investitionen, das diesen Titel trägt: *A Man is not a Financial Plan*.) In Finanzdingen Bescheid zu wissen und unabhängig zu sein ist in jedem Alter wichtig, doch in der Lebensmitte wird es unverzichtbar.

Geld an sich hat keine Macht. Es ist nur ein Tausch- und Zahlungsmittel, das wir für Dinge einsetzen, die für uns wertvoll sind. *Darin* liegt seine Macht. Indem man Geld für Dinge aufwendet, die wertvoll für einen sind, macht man sich diese Macht zunutze und übt Kontrolle darüber aus – nicht umgekehrt. Es geht nicht darum, »reich zu sein«, sondern so zu leben, wie man leben möchte und keine finanziellen Einschränkungen zu haben. Es geht darum, seine finanziellen Ziele zu definieren und darauf zu vertrauen, dass man sie erreichen und die eigene

Vision in die Tat umsetzen kann. Es ist an der Zeit, Ihre Finanzen (genauso wie Ihre Gesundheit) als Priorität zu behandeln – je eher, desto besser. Vielleicht werden Sie dabei reich. Auf jeden Fall begeben Sie sich auf den Weg zu finanzieller Freiheit und das ist ein besonders verlockendes Ziel.

Mein Aha-Erlebnis

In meinen Zwanzigern, Dreißigern und Vierzigern habe ich fast nur gearbeitet (entweder in einer Werbeagentur oder als Mutter zu Hause). Ich hatte weder die Zeit noch die Lust, viel über Finanzen nachzudenken. Außerdem vertraute ich darauf, dass ein anderer sich darum kümmert – so wie es mir eingetrichtert worden war. Es gehörte einfach nicht in meinen Verantwortungsbereich. Tatsächlich hatte ich mir nie viele Gedanken darüber gemacht, bis mein Mann auszog. Alle Bankkonten waren gesperrt und ich hatte keinen Zugang zu Bargeld. Das Damoklesschwert sauste mit einem Schlag nieder und meine Welt war eine andere.

Als der Geldautomat meine Bankkarte mehrmals zurückwies, glaubte ich, dass es sich um einen Fehler handeln müsse, und rief unseren »persönlichen Berater« bei der Bank an. Er erzählte mir, dass ihm die Hände gebunden seien und er die Konten nicht entsperren könne. Als ich anfing zu weinen, konnte dieser etwa zwanzigjährige »Berater« das Telefonat nicht schnell genug beenden. Ich weiß noch, wie ich überwältigt von Kummer und Angst auf dem Küchenboden saß. Das war also mein Leben: Ich wohnte im Haus meiner Träume, doch konnte es mir nicht leisten, zum Supermarkt zu gehen. (Später fand ich heraus, dass die Bank unzulässig gehandelt hatte. Natürlich hätte ich mit dem Vorgesetzten des Mannes sprechen sollen, doch darauf kommt man nicht, wenn man am Boden ist.)

In den darauffolgenden Wochen lieh ich mir Geld von Freunden und verkaufte Schmuck, um für das Essen zu bezahlen. Der Schriftsteller Richard Bach sagte: »Es gibt kein Problem, das nicht auch ein Geschenk für dich bereithält.« Recht hat er, auch wenn man dem Mann, der *Die Möwe Jonathan* schrieb, nicht unbedingt vertrauen sollte. Diese Erfahrung machte mich stärker und ich war fest entschlossen, selbst über mein finanzielles Schicksal zu entscheiden. (Nebenbei bemerkt: Was für eine verpasste Geschäftschance für die Bank, weil sie mir keine einfühlsame Beraterin zur Seite stellte, die mit mir hätte reden können – eine Frau, die darauf spezialisiert ist, Frauen im Scheidungsprozess zu helfen. In diesem Fall wäre ich der Bank treu geblieben und würde meine Geschäfte heute nicht über eine andere Bank abwickeln).

Weitermachen

»Fülle ist nichts, was wir erlangen. Es ist etwas, auf das wir uns einstimmen.« Wayne Dyer

Sie müssen selbstständig sein – unabhängig von Ihrem Beziehungsstatus. Sie müssen lernen, planen, haushalten, sparen und investieren, als würde niemals irgendjemand zu Ihrem finanziellen Wohlergehen beisteuern.

Selbst über das eigene finanzielle Schicksal bestimmen zu können bedeutet Wissen. Da meine rechte Gehirnhälfte dominanter ist – mein Geist ist also eher kreativ und intuitiv als logisch und analytisch –, war das eine Herausforderung. Es gibt Menschen auf dieser Welt, die brauchen nur einen Blick auf Finanzaufstellungen oder Zahlenreihen zu werfen, und schon haben sie eine Geschichte – einen Erzählstrang – im Kopf. Ich gehöre nicht dazu. Werbeaufträge oder Marketingpläne fallen mir leicht, doch mit Zahlen kann ich nicht sehr gut umgehen. Ich musste es lernen, und zwar im Selbststudium und indem ich mit Finanzgenies sprach.

Ich habe gelernt, dass es nicht nur um finanzielles Planen, sondern auch um finanzielles *Denken* geht. Man muss umdenken und die *Entscheidung* treffen, dass man wohlhabend sein möchte. Jeden Tag sollte man sich so verhalten, als wäre man die Geschäftsführerin seines eigenen Unternehmens.

Überlegen Sie sich fünf Dinge, die Sie glücklich machen. Wahrscheinlich kann man sie nicht mit Geld kaufen. Es ist wichtig, diese Denkweise beizubehalten und all das wertzuschätzen, was man bereits hat, bevor man sich Sorgen darüber macht, was man sonst noch braucht. Es gibt jedoch eine Sache, die man durch Geld erlangt: Entscheidungsfreiheit.

Gedankennahrung:

- Die Rente von Frauen ist halb so hoch wie die von Männern[1]. Siebenundsiebzig Prozent der Frauen verfügen in der Rente über weniger als 100.000 Dollar, was nicht einmal ansatzweise ausreicht. Da wir länger leben als Männer, muss das Geld länger reichen. (*Quelle: Australian Securities and Investments Commission – ASIC*)
- In Australien lebt einer von drei Haushalten von Gehalt zu Gehalt. (ASIC)
- Sechsundfünfzig Prozent können am Ende des Monats keine Ersparnisse vorweisen. (ASIC)
- Fünfundsechzig Prozent haben keinen Finanzplan. (ASIC)

Die Wirklichkeit sieht so aus, dass 1 Million Dollar für die gesamte Rente nicht genug sind.

Die Vorstellung eines Finanzplans erfüllte mich mit gähnender Langeweile, daher beschloss ich, es wie ein Spiel zu betrachten.

---

[1] Das gilt auch für Deutschland (Anm. d. Übers.).

Grundregeln des Spiels

- Solange wie möglich arbeiten.
- Die Hypothek und andere Schulden so früh wie möglich abbezahlen.
- In der Lebensmitte keine weiteren Schulden anhäufen.
- Die finanziellen Bedürfnisse im Ruhestand nicht unterschätzen. Ohne sorgfältige Planung geht das Geld aus, noch bevor man stirbt.
- Nicht zu früh an große Fonds herangehen.
- Eine Spar- und Investitionsstrategie erarbeiten.

Finanziell gut aufgestellt sein

Wie lautet Ihre Antwort auf die folgenden Fragen?

- Wissen Sie, wie viel Geld Sie insgesamt haben – Bargeld, Haus, Besitztümer, Investitionen?
- Wissen Sie, wie hoch Ihre monatlichen/ jährlichen Ausgaben sind?
- Haben Sie nur eine Kreditkarte (und erhalten Sie darauf Flugmeilen oder Punkte)?
- Bezahlen Sie jeden Monat Ihre Kreditkartenschulden?
- Haben Sie Investitionen im eigenen Namen getätigt (unabhängig davon, ob Sie verheiratet sind oder nicht)?
- Denken Sie darüber nach, Ihre Rente in einem Fonds zusammenzulegen, und wissen Sie, wie Ihr Geld für die Rente angelegt wird und welche Gebühren (Verwaltungsgebühren etc.) Sie zahlen?

- Haben Sie einen Plan, um Ihre Hypothek abzubezahlen?
- Wissen Sie, wie viel Rente Sie jetzt haben – als genauen Betrag – und wie viel Sie im Ruhestand benötigen?
- Haben Sie einen Haushaltsplan?
- Haben Sie das Gefühl, über Ihre Finanzen Bescheid zu wissen und die Kontrolle darüber zu haben?
- Haben Sie sich vorgenommen, mehr zu lernen?
- Führen Sie jeden Monat Buch über Ihre Einnahmen und Ausgaben?
- Besitzt Ihre finanzielle Unabhängigkeit für Sie Priorität?
- Verstehen Sie Ihre Steuererklärung und geben Sie alle Abzüge an, die Ihnen zustehen?
- Haben Sie ein Bankkonto und eine Kreditkarte, die allein auf Ihren Namen ausgestellt sind?
- Haben Sie Zugriff auf Lebensunterhaltskosten im Wert von sechs Monaten?
- Planen Sie, wie viel Sie an wohltätige Zwecke spenden?
- Haben Sie eine Versicherung, die Sie oder Ihre Angehörigen schützt, falls Ihnen etwas zustößt und Sie kein Geld mehr verdienen können?
- Sind Ihr Testament und Ihre Nachlassplanung auf dem neuesten Stand, damit Ihr Vermögen entsprechend Ihrer Wünsche verteilt wird?

Kein Grund zur Verzweiflung, wenn Sie auf diese Fragen fast immer nur mit Nein antworten können. Dieser Finanzplan sollte Sie wieder auf Kurs bringen.

Ihr Zehn-Schritte-Finanzplan
1. Finanzielle Ziele
2. Gegenwärtige finanzielle Lage einschätzen
3. In Finanzdingen Bescheid wissen
4. Kreditkarten
5. Haushaltsplan
6. Ersparnisse und Investitionen
7. Ruhestand
8. Versicherung
9. Jährliche Kontrolle
10. Wichtige Unterlagen

1. Wie sehen Ihre finanziellen Ziele aus?
Wie werden Sie sich fühlen, wenn Sie Ihre finanziellen Ziele erreichen?

Hier geht es darum, einen Finanzplan für sich selbst – nicht für Ihr Geld – zu entwickeln. Bevor wir spezifischer werden, stellt sich die Frage: Wie wollen Sie sich fühlen, wenn Sie Ihre finanziellen Ziele erreichen? Sicher? Ermächtigt? Unabhängig? Schreiben Sie die Wörter auf eine Karte und stecken Sie sie in Ihr Portemonnaie (oder auf einen kleinen Haftzettel auf Ihrer Kreditkarte), um sich daran zu erinnern, bevor Sie Geld ausgeben.

Schreiben Sie Ihre kurz-, mittel- und langfristigen Ziele auf

Zum Beispiel:

Kurzfristig (1–2 Jahre): Einen passenden Finanzplan aufstellen, wöchentliche Restaurantbesuche, Urlaub, Kurse, Notfallfonds anlegen.

Mittelfristig (3–5 Jahre): Pauschalbetrag für Hypothek zahlen, Erziehung der Kinder, längere Auslandsaufenthalte, Anlageportefeuille entwickeln.

Langfristig (+5 Jahre): Ruhestandsplan, Immobilienanlage, aufhören zu arbeiten.

Schreiben Sie anschließend eine Zahl neben Ihre Pläne. (Vielleicht fällt Ihnen das nach Schritt 2 leichter). Es ist nicht wichtig, dass die Zahlen hundertprozentig korrekt sind, doch Sie setzen sich damit eine »Ziellinie«. Wenn Sie keine haben, könnten Sie lange laufen, ohne je zum Ziel zu gelangen …

Betrachten Sie diese erste Stufe wie eine Definition Ihres Geldmantras: »Ich bin auf dem Weg, zu dem Wohlstand zu kommen, den ich für ein glückliches, erfülltes und sicheres Leben brauche.«

2. Schätzen Sie Ihre gegenwärtige finanzielle Lage ein

Jetzt ist es an der Zeit, Gefühle außen vor zu lassen und die Kontrolle zu übernehmen. Sie müssen eine private Gewinn- und Verlustrechnung aufstellen – genauso wie es in Unternehmen gemacht wird. Wenn Sie in einer Beziehung sind, schließen Sie sich mit Ihrem Partner zusammen. Er sollte sich darüber freuen, dass Sie die Initiative ergreifen. Es ist eine einfache Rechnung, doch wenn Sie sich Vorlagen ansehen wollen, suchen Sie im Internet einfach nach »Brutto Netto Rechner«.

Schreiben Sie Ihre Aktivposten auf, darunter Ihr Zuhause, Ihr Auto, Ihre Ersparnisse, Ihre Rente etc. Überprüfen Sie auch Ihre wertvollen Besitztümer. Wenn Sie Antiquitäten oder Schmuck haben, machen Sie Fotos davon und lassen Sie ihren Wert schätzen. Zuerst können Sie im Internet nach ähnlichen Produkten suchen, die zum Verkauf stehen. (Leider ist das echte Leben nicht wie eine Antiquitätenshow im Fernsehen. Die meisten Dinge haben in der Regel nur einen Bruchteil des geschätzten oder ursprünglichen Werts.)

Welche Passiva haben Sie? Hypothek, Autoleasing, Kontoüberziehung, Darlehen. Ziehen Sie nun die Verbindlichkeiten vom Vermögen ab, um Ihre aktuelle finanzielle Lage zu ermitteln. Es kommt alles auf das Kapital an. Sie benötigen Kapital, um in Einlagen, Aktien und Immobilien zu investieren, die Ihnen schließlich ein passives Einkommen sichern (Einkommen, das Sie regelmäßig beziehen, ohne dafür zu arbeiten – zum Beispiel Mieten, Dividenden, Tantiemen). Das ist das Endziel.

Denken Sie an andere Aspekte Ihrer Finanzlage. Wenn Sie für etwas gebürgt haben, müssen Sie genau wissen, was es ist. Das gilt für jedes Dokument, auf dem Ihr Name steht. Sie könnten haftbar sein, wenn es nicht funktioniert. Außerdem sollten Sie Ihre Kreditauskunft (Schufa) kennen, auf deren Grundlage Banken und Dienstleister beurteilen, ob Sie ihre Leistungen bezahlen können und mit welchem Risiko Sie einhergehen. Sie erhalten schlechte Werte, wenn Sie Ihre Rechnungen spät bezahlen, was zwölf Prozent der Menschen tun. Stellen Sie daher sicher, dass Sie nicht zu ihnen gehören!

Vergleichen Sie sich nicht mit Freunden und Bekannten. Manche haben mehr Geld als Sie, andere weniger. Wer weiß, vielleicht haben diejenigen, die gut dastehen, Schulden gemacht, um sich dieses Leben leisten zu können. Diejenigen, die nicht so gut dastehen, sparen vielleicht emsig für ihre Zukunft. Das ist deren Entscheidung. Setzen Sie sich Scheuklappen auf wie ein Rennpferd und konzentrieren Sie sich auf die wichtigste finanzielle Strategie der Welt: Ihre eigene.

> *»Das Problem ist: Wenn man nichts riskiert, riskiert man am Ende mehr.«*
> Erica Jong

3. Wissen Sie in Finanzdingen Bescheid

Ich habe mich der Literatur über Finanzen wie einer Fremdsprache genähert. Lassen Sie sich nicht entmutigen. Es handelt sich nur um Grundschulmathematik und neues Vokabular. Es gibt etliche Quellen, um zu lernen. Googeln Sie »finanzielle Bildung«, informieren Sie sich bei Amazon, leihen Sie Bücher aus der Bibliothek aus, besuchen Sie kostenlose Investitionsseminare, machen Sie einen

Kurs und durchsuchen Sie das Internet. Empfehlenswert sind zum Beispiel www.msn.com/de-de/finanzen/service-und-ratgeber, www.madamemoneypenny.de, www.dasfinanzkontor.de, www.finanzfachfrauen.de oder die kostenfreien Onlinekurse über Aktien von ASX: www.asx.com.au.

Gehen Sie nicht davon aus, dass Ihr Steuerberater alle Ihre finanziellen Interessen und Positionen kennt, nur weil er Ihre Steuererklärung einreicht. Es ist wichtig, dass Sie Ihre Steuererklärung überprüfen und sich mit Ihrem Steuerberater treffen, um Strategien zur Steuerminimierung zu besprechen. Glauben Sie nicht, dass dies Jahr für Jahr berücksichtigt wird.

Es ist sinnvoll, sich ein bisschen zu informieren, bevor man eine Finanzberaterin trifft (die erste Beratung ist für gewöhnlich kostenlos). Wenn man ohne Selbstvertrauen oder Wissen zu einer Beraterin geht, ist das so, als würde man zu einem Automechaniker gehen, sagen, dass der Motor ein komisches Geräusch macht, und darauf hoffen, dass der andere schon das Richtige tun wird. Früher war es mir ein Gräuel, mein Auto zur Werkstatt zu bringen. Der Mechaniker sog immer scharf die Luft ein und sagte kopfschüttelnd Dinge wie: »Die Zylinderkopfdichtung muss gewechselt werden – und die Zündkerzen. Das macht etwa 685 Dollar.« Seien Sie stolz auf Ihr Wissen. So befinden Sie sich auf Augenhöhe mit Ihrem Gegenüber.

Eine andere Quelle sind Freunde, jedoch nur, wenn sie es wirklich gern tun. Einige der besten Ratschläge erhielt ich von zwei sehr erfolgreichen Freundinnen, die mich unter ihre Fittiche nahmen. Sie haben mir eine hervorragende Orientierung gegeben, ohne etwas dafür zu verlangen, und ich stehe in ihrer Schuld (nicht im finanziellen Sinne!).

4. Kreditkarten und ihre Gefahren

Kreditkarten sind ein notwendiges Übel. Sie sind nicht Ihre Freunde. Man sollte nur eine besitzen und sicherstellen, dass sie einen wettbewerbsfähigen Zinssatz hat (vergleichen Sie die Preise auf Webseiten) und Zusatzleistungen bietet, zum Beispiel Flugmeilen oder Vielflieger-Punkte. Wenn Sie mehrere Karten besitzen, legen Sie sie zusammen. Viele Banken bieten einen guten Zinssatz, wenn man seine Schulden von mehreren Karten auf eine überträgt. Erkundigen Sie sich! Es ist sinnvoll, seine Hausaufgaben zu machen.

Früher gab es eine »coole Shopping-Barbie«, die eine Kreditkarte besaß. Wenn sie die Karte einscannte, hieß es immer »Kredit genehmigt«. Hmmm. Möglicherweise nicht das beste Vorbild für Kinder. Apropos, stellen Sie sicher, dass Sie in finanzieller Hinsicht ein Vorbild für Ihre Kinder sind und ihnen finanzielle Grundlagen vermitteln.

Lassen Sie sich nicht von den Bankangeboten verführen, mit denen Sie Ihre Obergrenze nach oben verschieben können. Ich habe diesen Lockruf schon öfter abgelehnt, als ich mich erinnern kann, weil ich die Kontrolle über meine Kreditkarte haben will – nicht umgekehrt. Das würde bedeuten, nur noch Schulden abzubezahlen. Versuchen Sie, ihre Schulden jeden Monat zu begleichen. Nutzen Sie ruhig den zinslosen Zeitraum und bezahlen Sie sie am Ende des Monats, aber tun Sie es dann auch. Andernfalls zahlen Sie irrsinnige Zinsen ab dem Kaufdatum. Informieren Sie sich, welchen Zinssatz Sie zahlen, damit sich nicht zu viel summiert. Im schlechtesten Fall zahlt man Zinsen auf die Zinsen, was möglicherweise katastrophale Folgen hat. Es ist wie Wasser, das den Abfluss hinunterfließt.

5. Haushaltsplan erstellen

Ich weiß – der Gedanke, einen Haushaltsplan zu schreiben, ist etwa so verlockend wie eine Wurzelbehandlung beim Zahnarzt. Aber vergessen Sie nicht, dass ich Ihr Crashtest-Dummy bin. Wenn ich es kann (und es für sinnvoll halte), dann kann es jeder. Erinnern Sie sich immer wieder daran, dass *Wissen Macht ist*. Mithilfe eines Haushaltsplans können Sie ein erfüllteres Leben führen und brauchen sich nicht einzuschränken. Ein gewisser Rahmen ermöglicht Freiheit. Es geht nur darum, seine Ausgaben zu kennen. Kaufen Sie die schönen roten Schuhe in dem Wissen, das Sie es sich leisten können. Wenn Sie einen Haushaltsplan mit einem

Partner erstellen, sollte sich niemand angegriffen fühlen. Finanzielle Transparenz und gemeinsame Ziele sind Grundpfeiler einer erfolgreichen Beziehung.

Es dauert mehrere Stunden, einen Haushaltsplan zu erstellen, doch er ist der Grundpfeiler Ihrer Finanzplanung. Stellen Sie es sich so vor, als würden Sie sich selbst im Finanzspiegel ansehen. Es gibt viele hilfreiche Online-Tools wie https://bud getplaner.beratungsdienst-guh.de und www.geld undhaushalt.de/online-planer/web-budgetplaner. html. Wenn Ihnen beim Gedanken eines Web-Budgetplaners nicht wohl ist, besorgen Sie sich ein klassisches Haushaltsbuch beim Zeitungshändler und füllen Sie es aus. So gehe ich vor. Es spielt keine Rolle, ob es ein ausgedrucktes oder digitales Haushaltsbuch ist. Hauptsache, Sie haben eins.

In die linke Spalte schreibe ich eine Liste der **Einnahmen** (und darunter später die **Ausgaben**). Es gibt »feste« Ausgaben wie Hypothekenzahlungen und -zinsen, die man unter allen Umständen zahlen muss, und »flexible« oder »Ermessensausgaben«, die mit mehr Spielraum einhergehen (nach dem Motto: »Heute Abend Hackfleischauflauf oder ein Abendessen im Drei-Sterne-Michelin-Restaurant, Schatz?«)

Es gibt auch eine Zeile für Spenden an Wohltätigkeitsorganisationen. Ich empfehle, etwas zu finden, das Ihnen am Herzen liegt und per Einzugsermächtigung eine monatliche Spende zu leisten. Auf diese Weise leisten Sie einen bedeutenden Beitrag und erleichtern sich die Arbeit mit der Steuerklärung, um Abzüge geltend zu machen.

Im Folgenden habe ich einige Beispiele von Einzelposten angeführt. Natürlich können Sie weitere hinzufügen, die für Sie wichtig sind.

Einnahmen
Einkommen, Dividenden, Zinsen, eBay-Verkäufe etc.

Ausgaben
HAUSHALT
Lebensmittel, Gebäudeversicherung, Hausratversicherung, Strom, Gas, Wasser, Raten, Telefon, Kabel-TV
KINDER
Arzt, Zahnarzt, Kleidung, Schulbücher, Friseur, Geschenke
HAUS
Instandhaltung, Grundsteuer
AUTO
Leasing, KFZ-Steuer, Wartung, Versicherung, Reparaturen, Benzin, Maut, Parkausweis
BERUFSLEBEN
Anwalt, Steuerberater, Finanzberater
HUND/HAUSTIERE
Tierarzt, Hundehütte, Pflege
LEBEN
Arzt, Zahnarzt, Optiker, Handy, Kurse, Hobbys, Kleidung, Haare/Schönheit, Urlaub, Geschenke, Spenden

(Ja, mir ist auch gerade aufgefallen, dass ich unter dem Hund stehe …)

Ordnen Sie die Monate oben in der Tabelle an.

Ich habe die jährlichen Ausgaben für jeden Posten auf Grundlage des vergangenen Jahres geschätzt. Dies ist einfach, wenn Sie alte Rechnungen, Ratenabrechnungen etc. aufbewahren. Da ich sie alle in einem DIN-A4-Ordner abgeheftet habe, kann ich sie leicht durchsehen und ungefähr ausrechnen, wie hoch die einzelnen Posten sein sollten. Online ist es allerdings noch einfacher. Um sich die Ausgaben Ihrer Karten anzusehen, schauen Sie sich einfach einen 12-Monats-Bericht an (Transaktionen am Geldautomaten, Kreditkarten), in dem die Bank Ihre vergangenen Ausgaben zusammenfasst. Alternativ nehmen Sie drei repräsentative Monate und multiplizieren sie mit vier.

Im Netz gibt es etliche kostenfreie Budget-Rechner wie www.finanzrechner.org/sonstige-rechner/haushaltsrechner oder www.sparkasse.de/servicc/rechner/haushaltsrechner.html. Man muss nicht mit Jahresbeginn anfangen. Das Rechnungsjahr kann in jedem beliebigen Monat beginnen. Also legen Sie los!

Ziehen Sie anschließend die Gesamtausgaben von den Einnahmen ab und bereiten Sie sich vorher einen starken Gin Tonic zu. Achten Sie darauf, dass Sie jeden Monat etwas sparen (mindestens zehn Prozent), und schauen Sie, was unter dem Strich übrigbleibt. Sie müssen dafür sorgen, dass diese Zahl so hoch wie möglich ausfällt, indem Sie Ihr Einkommen erhöhen (bitten Sie um eine Gehaltserhöhung, suchen Sie sich einen Job, verkaufen Sie Sachen, vermieten Sie ein Zimmer) oder Ihren Konsum verringern oder beides.

Als Nächstes sollten Sie genau verstehen, wie Sie Tag für Tag Ihr Geld ausgeben. Es ist zwar langweilig, doch schreiben Sie alles über mehrere Wochen auf. Holen Sie sich einen Notizblock oder probieren Sie einen Ausgaben-Tracker auf dem Handy aus, wie TrackMySpend (von australischen Behörden entwickelt) oder iXpenseIt, der auch digitale Kopien von Quittungen und Ausgabenberichte erstellt.

Wie gesagt, der Erfolg hängt hier von einer veränderten Einstellung ab. Denken Sie daran, dass Sie die Geschäftsführerin Ihres eigenen Unternehmens sind. Sie entscheiden, ob Sie Ihr Geld lieber in einen neuen Mantel oder eine neue Küche investieren wollen oder ob es Teil Ihrer Rücklagen und damit eine Investition in die Zukunft sein soll. Ich habe beschlossen, eine Budget-Banditin zu sein, gegen den Strom zu schwimmen und herauszufinden, was mir wichtig ist. In meinem Leben habe ich in großen und kleinen Häusern gewohnt und mir gefällt beides. Ich besitze gern weniger Kleidung, die ich tatsächlich trage, und mein japanisches Auto hält, was es verspricht. Früher ließ ich mir eine Küchenbank nach Maß anfertigen (ich bin groß) – ebenso wie eine »leise schließende« Kräuterschublade. Wenn ich das heute schreibe, klingt es lächerlich. Ich habe mich eingeschränkt, doch mein Glück hat sich vergrößert.

Mir graut es vor der Vorstellung, mich zum Schlussverkauf in die langen Schlangen vor der Kasse zu stellen. Wie schrecklich. Ich frage mich, ob die Schnäppchenjäger, die von den vielen Plastiktaschen in ihren Händen bereits Schwielen an den Fingern haben, tatsächlich glücklicher sind, nur weil sie Dinge gekauft haben, die sie nicht brauchen. Gelbe Kleider, orangefarbene Schuhe und pastellfarbene Bettdecken. Ich gehe nicht zum Schlussverkauf, denn ich weiß, dass ich Dinge kaufen werde, die ich im Grunde gar nicht will, nur weil sie günstiger sind. Dieses Paar Schuhe könnte ein Fenster Ihrer Immobilieninvestition sein. Gewonnen hat man, wenn das Geld noch auf der Bank liegt. Stellen Sie sich die Frage, ob Sie es wirklich *wollen* oder *brauchen*. Erinnern Sie sich an die Übung »achtsames Essen« im Kapitel »Ihr Körper«? Denken Sie in diesem Sinne an »achtsames Geldausgeben«. Wie Joan Baker in *A Man is Not a Financial Plan* schreibt: »Jeder Dollar, den Sie ausgeben, ist ein Dollar mehr, der Sie weiter von dem Leben entfernt, das Sie sich wünschen.« In der Lebensmitte brauchen wir weniger Dinge – nicht mehr. Mehr Kram wird uns nicht glücklicher machen.

In den meisten Finanzbüchern stehen endlose Passagen mit bevormundenden Ratschlägen darüber, wie man Geld spart, indem man weniger für

Ermessensausgaben wie Kaffeebecher und Klatschmagazine ausgibt oder nicht einkaufen geht, wenn man hungrig ist. Natürlich ist das in gewisser Hinsicht hilfreich, doch der entscheidende Unterschied besteht darin, verschiedene Angebote auf teure Anschaffungen einzuholen. Wenn es darum geht, sich die besten Angebote zu sichern, setzen Unternehmen (und Banken) auf die Trägheit der Kunden. Man muss Zeit und Arbeit investieren, um Anbieter zu wechseln. Überprüfen Sie Vergleiche von Webseiten wie www.verivox.de oder www.check24.de und bitten Sie Ihre aktuellen Anbieter, den bestehenden Vertrag zu verbessern. Suchen Sie sich andernfalls einen anderen. Die meisten Bankangebote gelten nur für Neukunden. Daher sollte man die Bank wechseln, was zwar nervig, aber sehr zufriedenstellend sein kann. Schauen Sie sich Ihre Verträge zur Hypothek, zu Termineinlagen, Sparkonten, Kreditkarten, Ihrem Auto, Kranken-, Haus- und Autoversicherung, Handy, Gas und Strom, Möbeln, Elektrogeräten und Instandsetzungen an. Unter den Firmen herrscht ein harter Wettbewerb und ich habe ich *jedes Mal* einen Rabatt bekommen, wenn ich danach gefragt habe, oder einen besseren Deal herausgeschlagen, wenn ich zu einem anderen Lieferanten gewechselt bin (ich zahle jetzt 17 Prozent weniger Gas- und Stromkosten). Darüber hinaus bekommt man in der Regel ein besseres Angebot, wenn man per Lastschrift zahlt. Diese Dinge summieren sich. Man muss nur die Spielregeln kennen. Also vergessen Sie jene Höflichkeitsfloskel, die besagt, dass man nicht über Geld reden sollte.

6. Ersparnisse und Investitionen
ERSPARNISSE

Alles hängt davon ab, in welcher Phase Sie sich gerade befinden. Wenn Sie gerade eine Hypothek abbezahlen, sollte sie Priorität haben, denn die Zinsen, die Sie mit einem Sparkonto verdienen, werden nicht so hoch sein wie die Zinsen auf die Hypothek. Wenn Sie darüber nachdenken, in Rente zu gehen, sollten Sie Ihre Rente aufstocken. Denken Sie jedoch an die Steuer, die fällig wird, wenn man den steuerfreien Grundbetrag überschreitet. Aber achten Sie auch darauf, dass Sie Zugang zu Ihren Ersparnissen haben. Wenn Sie arbeiten, zahlen Sie nach Möglichkeit den zulässigen Höchstbetrag in Ihre Rente ein. Der Beitragssatz liegt derzeit bei 9,3 Prozent. (Beachten Sie, dass Sie davon im Ruhestand nicht leben können.)

Vor diesem Hintergrund sollten Berufstätige darüber nachdenken, mindestens zehn Prozent Ihres Gehalts direkt auf ein Sparkonto einzuzahlen. Stellen Sie sich einfach vor, Sie würden sich selbst bezahlen. Ich glaube, jede Frau sollte ein »Thelma und Louise«-Konto haben, das den Lebensunterhalt für mindestens sechs Monate deckt – nur für alle Fälle. (Thelma sagt im Film: »Ich erinnere mich nicht, wann ich mich das letzte Mal so lebendig gefühlt habe« – ich hoffe, dass es Ihnen genauso geht!)

Zu den Spareinlagen und verzinslichen Depositenkonten gehören zeitlich festgelegte Einlagen (sowie Anleihen, ungesicherte Schuldverschreibungen und Wandelanleihen). Sie sind empfehlenswert, wenn Sie in finanzieller Hinsicht nichts riskieren möchten. Sie sind die sicherste Option und einfach zugänglich, gehen jedoch auch mit dem niedrigsten Ertrag einher – in der Regel bis zu drei Prozent, ohne Steuervorteile.

»Eine Bank ist ein Ort, an dem man dir bei schönem Wetter einen Regenschirm leiht und ihn zurückfordert, wenn es anfängt zu regnen.«
Robert Frost

Beim Sparen geht es darum, Geld anzuhäufen, wohingegen man bei Investitionen das Geld aktiv einsetzt, um mehr Geld zu machen. Ersparnisse werfen Zinsen ab, mit Investitionen kann man viel Geld verdienen, aber das Risiko ist höher.

INVESTITIONEN

Eines versteht sich von selbst: Wenn Sie Ihre Schulden abbezahlen und sichere Investitionen tätigen, wird es Ihnen gut gehen. Doch wenn Sie sich mehr wünschen und tatsächlich wohlhabend werden wollen, müssen Sie investieren.

Investitionen sind eine sehr persönliche Entscheidung, die größtenteils auf Ihrem »Risikoprofil« basiert. Wie viel Risiko möchten Sie eingehen (und wie groß soll der Ertrag sein)? Risiko und Ertrag sind zwei Seiten derselben Medaille. Es fühlt sich großartig an, Geld für sich arbeiten zu lassen – nicht umgekehrt. Abgesehen von den Investitionen in sich selbst – wie der Gründung eines eigenen Unternehmens und der Verbesserung der eigenen Fähigkeiten (und den damit verbundenen Steuerabzügen!) – gibt es zwei große Investitionsmöglichkeiten: *Immobilien* und *Aktien*. Sie können sich für eine von beiden entscheiden. Ein wichtiger finanzieller Grundsatz lautet, sein Vermögen zu streuen und nicht alles auf eine Karte zu setzen. Suchen Sie sich auch einen Finanzberater, um ein Anlageportfolio zu erstellen.

Immobilien

In die Immobilie zu investieren, in der Sie leben, ist eine großartige Möglichkeit zu sparen, da Sie gezwungen sind, über Ihre Hypothek Rücklagen zu bilden und am Ende einen Vermögenswert haben. Allerdings sind Investitionen in weitere Immobilien ein riskanteres Geschäft und von Konjunkturschwankungen betroffen. Wir alle kennen Geschichten von Menschen, die mit der Immobilienentwicklung großen Erfolg hatten, doch es muss nicht immer ein Goldsegen sein. Den Wert von Immobilien einzuschätzen ist mit wechselndem Erfolg verbunden. Nur weil ein ähnliches Haus in einer ähnlichen Straße für einen bestimmten Betrag verkauft wurde, heißt das nicht, dass das Nachbarhaus sechs Monate später denselben Betrag oder noch mehr einbringen wird. Jedes Haus ist einzigartig, jeder renoviert es auf seine Art und das Konsumklima ist wechselhaft. Am Ende ist ein Haus so viel wert, wie jemand dafür zahlen möchte. Außerdem können die Kosten für die Grunderwerbssteuer, die Renovierung und Instandhaltung für den Gewinn abträglich sein.

In Australien gibt es Steuervorteile auf einen negativen Verschuldungsgrad, das heißt, man kann sich Geld für den Kauf einer Anlageimmobilie leihen und erhält bei einem Werteverlust der Immobilie Steuervergünstigungen (indem man Abzüge auf die Zinsen geltend macht), aber das erhöht auch das Risiko. Eine Immobilie ist für gewöhnlich mit einem mittleren Risiko und mittlerer Rendite verbunden, die bei drei bis fünf Prozent liegt, doch wenn sie über einen längeren Zeitraum – zehn Jahre und mehr – gehalten wird, bringt sie eine gute Rendite. Der Nachteil besteht darin, dass Eigentum zeitaufwendig und nicht leicht zu verkaufen ist und man entweder alles oder nichts verkaufen muss. Man kann nicht nur ein Schlafzimmer verkaufen, wenn man Teile seiner Investition zurückhaben möchte. Immobilien sind in der Regel nicht so lukrativ wie der Aktienmarkt und können riskant sein.

Aktien

Als Aktieninhaberin werden Sie Teilhaberin von verschiedenen Unternehmen. Es ist wohl eine der riskantesten Investitionen, die jedoch die höchsten Erträge abwerfen kann. Trotz Schwankungen entwickeln sich Aktien im Laufe der Zeit im Durchschnitt besser als Bareinlagen. Einfach ausgedrückt stehen Aktien unter Erfolgsdruck, denn wenn ihre Renditen dauerhaft niedriger sind als die Zinsen der Bank, werden sie vom Markt genommen. Daher muss ein Geschäftsführer entsprechend handeln! Diese fünf bis sieben Prozent können sich über einen Zeitraum von zehn oder zwanzig Jahren summieren, sodass am Ende viel Geld für Sie herausspringt – vor allem, wenn Sie die Dividenden neu investieren. Wenn ein Zins weiter verzinst wird, spricht man von »Zinseszins«. John D. Rockefeller, der sich ganz gut mit großen Vermögen auskannte, bezeichnete das als »das achte Weltwunder«. (Allerdings ist die Angabe bei der Steuererklärung ein Albtraum. Überlegen Sie sich daher, die Dividenden in weitere Aktien zu investieren.) Ich habe gelernt, keine kurzfristigen Gewinne zu erwarten. Aktien sind ein langfristiges Unterfangen. Man sollte nicht unbedingt in Boomzeiten in Aktien investieren, da der mögliche Kursgewinn begrenzt sein könnte. Schwankungsanfälligkeit kann zu Ihren Gunsten ausfallen.

Manchmal heißt es, man solle in Aktien aus einer Branche investieren, die man versteht, aber das ist nicht unbedingt notwendig, solange man sich gut informiert hat. Über manche Aktien müssen Sie detaillierte Erkundigungen einholen – zum

Beispiel über den Dividendenertrag, Gewinn je Aktie und Kurs-Gewinn-Verhältnis (das alles wird im kostenfreien Online-Kurs von ASX behandelt). Wie Arun Abey und Andrew Ford in ihrem hervorragenden Buch *How Much is Enough?* betonen, lassen sich Fehler auf dem Aktienmarkt am besten vermeiden, wenn man die folgenden vier Säulen beachtet:

- Qualität (solide Aktien mit Potential)
- Wert (kaufen Sie zu einem angemessenen Preis)
- Mischung (verschiedene Aktien in verschiedenen Branchen)
- Zeit (geben Sie Aktien Zeit, damit sie sich langfristig entwickeln können)

Aktien stellen die Grundlage von vielen erfolgreichen Investitionsstrategien dar. Wenn Sie unsicher sind oder nicht die nötige Zeit haben, um sich eingehend mit dem Thema zu beschäftigen, wenden Sie sich an einen von Experten verwalteten Fonds. Mischfonds bieten eine Mischung aus Sicherheit, Einkommen und Kapitalzuwachs. So können Sie erste Erfahrungen in der Aktienwelt sammeln und zugleich Einnahmen durch Aktienanteile erzielen. Lassen Sie sich immer professionell beraten und vergleichen Sie die Erfolgsbilanz.

7. Ruhestand

WIE LAUTET DIE MAGISCHE ZAHL?

Ich weiß, was Sie denken, und ich stimme Ihnen zu: Nicht nur das Konzept, auch das Wort »Ruhestand« erscheint antiquiert. Für die meisten verläuft die Grenze nicht mehr so eindeutig. Wer arbeitet heute noch sein Leben lang vollzeit und bekommt zum Rentenbeginn mit 65 oder 70 Jahren eine goldene Uhr geschenkt? Ich zumindest möchte noch lange etwas Nützliches tun und kann mir einfach nicht vorstellen, eine Kreuzfahrt oder eine Wohnmobilreise zu unternehmen. Ich möchte weder stricken noch Bridge spielen oder mir die Zeit in der Bar des Golfclubs vertreiben. Aber wovon werde ich leben?

Wenn Sie im Alter ein erfülltes, aktives und bereicherndes Leben führen möchten, gern verreisen, Hobbys ausleben und neue Dinge lernen wollen, dann wird die staatliche Rente nicht ausreichen. Der aktuelle (vermögensabhängige) Betrag fällt unterschiedlich aus, doch glaubt man den Worten des australischen Ministeriums für Soziales »hilft die Rente den Senioren, im Ruhestand einen angemessenen Lebensstandard zu haben«. Ich möchte nicht undankbar klingen, denn wir können uns glücklich schätzen, in einer Gesellschaft zu leben, in der alle eine Rente bekommen. Vielleicht stehe ich damit auch allein da, doch sind Ihnen in diesem Satz ebenfalls die Worte »hilft«

und »angemessen« ins Auge gesprungen? Sie können nicht darauf vertrauen, dass der Staat im hohen Alter für Sie oder Ihre Kinder sorgen wird. Das müssen Sie selbst in die Hand nehmen. Es wird Ihnen gut gehen, doch Sie müssen mit etwas Gegenwind rechnen.

Es besteht die überaus reale Möglichkeit, dass unsere Ersparnisse nicht ausreichen. Die Statistiken sind nicht auf unserer Seite. Durch Ihren Finanzplan sollten Sie wissen, wie viel Sie jedes Jahr zum Leben brauchen. Jagen Sie sich selbst einen Schrecken ein, indem Sie Ihre Ersparnisse / Ihre Rente durch die Anzahl Ihrer verbleibenden Lebensjahre dividieren! So überprüfen Sie, ob Ihre Ersparnisse ausreichen. Alternativ können Sie sich einfach Ihren Finanzplan anschauen und sehen, wie hoch Ihre Gesamtausgaben sind. Ziehen Sie davon alle Ausgaben ab, die mit Ihren Kindern zu tun haben, und multiplizieren Sie das Ergebnis mit 20 oder 30. Es ist nicht alles verloren, falls die Zahlen weit auseinanderliegen. Sehen Sie es positiv: Sie haben es rechtzeitig erkannt und können die Ausgaben anpassen und einen Sparplan entwickeln.

In *How Much is Enough?* machen die Autoren eine andere Rechnung auf (allerdings gehen sie davon aus, dass man jährlich 75 Prozent seines letzten Einkommens benötigt, um seinen Lebensstil zu halten, dass die Hypothek abbezahlt ist und man keine Schulden hat. Sie nehmen eine durchschnittliche Lebensdauer als Grundlage und erwarten, dass man sein gesamtes Geld aufbrauchen wird! Auch wenn ihre Tipps nützlich sind – und wie ein Weckruf erscheinen –, sollte man nicht jedes ihrer Worte auf die Goldwaage legen):

»Um mit 50 in Rente zu gehen, multiplizieren Sie Ihr letztes Gehalt mit 12.

Um mit 55 in Rente zu gehen, multiplizieren Sie Ihr letztes Gehalt mit 11.

Um mit 60 in Rente zu gehen, multiplizieren Sie Ihr letztes Gehalt mit 10.

Um mit 65 in Rente zu gehen, multiplizieren Sie Ihr letztes Gehalt mit 9.«

Einen detaillierteren Rentenrechner finden Sie unter www.deutsche-rentenversicherung.de oder www.sueddeutsche.de/tools/rentenrechner.

Die Rente ist keine Wunderwaffe, mit der sichergestellt wird, dass man im Ruhestand ein behagliches Leben führt. Sie ist ein Werkzeug, das mit steuerlichen Vorteilen einhergeht und mit dem man für den Ruhestand spart. Beitragszahlungen an eine Pensionskasse oder einen Pensionsfonds sind bis zu einem bestimmten Betrag steuerfrei. Die Besteuerung der Auszahlungen aus einem Pensionsfonds hängt davon ab, ob die Beiträge versteuert wurden. Informationen hierzu finden Sie unter www.deutsche-rentenversicherung.de.

Die meisten Menschen verfügen nicht über ausreichend Ersparnisse für ein angenehmes Leben im Ruhestand. Meistens reicht die Rente nicht aus.

Nur wenige wissen, dass viele Rentner *mehr* Geld ausgeben, als sie es als Berufstätige taten, da sie nun die Möglichkeit haben, zu reisen und Hobbys nachzugehen. Der Beitrag zur Rentenversicherung liegt bei insgesamt 18,6 Prozent. Gehen Sie nicht an dieses Geld heran, solange es nicht nötig ist. Betrachten Sie es als unantastbar.

Befassen Sie sich mit Ihrer Altersvorsorge und den damit verbundenen Gebühren. Sie können Ihre Rente selbstständig verwalten, sollten es jedoch nur tun, wenn Sie sich tatsächlich dafür interessieren und mindestens 100.000 bis 200.000 Euro zur Verfügung haben. Informieren Sie sich, wie hoch die Gebühren für die Erstellung und Prüfung der Jahresabschlüsse des selbstverwalteten Fonds sind. Sie variieren je nachdem, wie hoch und komplex die Investitionen in den Fonds sind.

Wenn Sie in einem verwalteten Fonds sind, zum Beispiel in einer Pensionskasse Ihrer Branche oder Ihres Betriebs, prüfen Sie, welche Gebühren für Sie entstehen. Alle Fonds haben eine Verwaltungsgebühr, die als solche aufgeführt wird. Sie liegt in der Regel zwischen 0,8 und vier Prozent und stellt langfristig einen großen Unterschied bei der Gesamtrendite des Fonds dar. Die niedrigsten Gebühren fallen für Großhandelsfonds an. Die Investition in einen Großhandelsfonds erfordert in der Regel ein Minimum von 25.000 oder 50.000 Dollar pro Fonds. Für die Investition in einen Fonds können auch Vorabgebühren von bis zu fünf Prozent entstehen, sodass man am Ende nur 95 Prozent seines Geldes investieren kann. Zum Glück werden diese Vorabgebühren anscheinend gesenkt oder fallen in manchen Fällen ganz weg. Wenn Sie einen Anlageberater beauftragen, entsteht dafür eine zusätzliche Gebühr in Höhe von ein bis zwei Prozent. Selbst wenn Sie keinen Berater mehr hinzuziehen, kann es sein, dass er weiterhin eine Provision für einen Fonds erhält, den Sie auf seine Empfehlung gekauft haben, solange Sie diesen Fonds behalten. Fragen Sie nach, ob Ihr Berater an den Fonds »angeschlossen« ist. Wenn Sie nichts von ihm hören, können Sie ihn mit einem Brief an den Fonds seiner Stellung entheben.

Wenn Sie herausfinden, dass die Verwaltungsgebühr Ihres Fonds über einem Prozent liegt, sehen Sie sich nach Alternativen um. Es ist relativ einfach, Ihre Rente von einem Fonds auf einen anderen zu übertragen (obwohl dabei viel Verwaltungsarbeit entsteht). Arbeitgeber müssen die Entscheidung Ihnen überlassen, in welchen Fonds Sie Ihre Beiträge einzahlen möchten.

Eine Freundin von mir arbeitet in einer Investmentbank. Jeden Tag kommen Paare und Singles Ende Fünfzig zu ihr, die über ihren Ruhestand sprechen wollen. Sie sagt, dass viele weinend aus dem Raum gehen, wenn sie erkennen, wie groß die Lücke zwischen ihrer tatsächlichen Rente und ihrem Bedarfseinkommen ist. Wenn Sie in Ihren Vierzigern und frühen Fünfzigern mit der Planung beginnen, haben Sie in der Regel genug Zeit, um die Lücke zu schließen. Allerdings sollte man bereit sein, länger zu arbeiten und sein Ausgaben- und Investitionsniveau anzupassen. Am besten befassen Sie sich so früh wie möglich mit Ihrer Altersvorsorge.

8. Versicherung

Mit Ihrer Rente ist häufig auch eine Lebensversicherung verbunden. Das sollten Sie immer prüfen, bevor Sie einen Fonds verlassen oder verlängern. Je nach Situation brauchen Sie vielleicht keine. Wenn Sie Schulden oder Angehörige haben, die auf Ihr Einkommen angewiesen sind, sollten Sie eine Versicherung abschließen, um sich gegen Krankheit, Arbeitsunfähigkeit, Tod oder Einkommensverlust abzusichern. Wenn diese gedeckt sind, brauchen Sie vielleicht keine Lebensversicherung, denn sie ist kostspielig.

Natürlich sollten Sie sicherstellen, dass Ihre Haus-, Hausrat- und Kfz-Versicherung auf dem aktuellen Stand und an Ihre Bedürfnisse angepasst sind. Suchen Sie nach besseren Angeboten.

9. Jährliche Überprüfung Ihrer Finanzen

Achten Sie darauf, dass Sie jedes Jahr eine »Revision« durchführen.

Hinweis: Wenn Sie immer noch unsicher in Bezug auf Ihre Finanzen sind, zögern Sie nicht, einen vertrauensvollen Finanzberater aufzusuchen, doch seien Sie sich im Klaren darüber, dass er oder sie eine Provision für den Verkauf von Produkten erhält und nach eigenen Interessen handelt. Erkundigen Sie sich immer, mit wem der Finanzberater Geschäfte macht, und fragen Sie auch, ob er oder sie nur Produkte dieser Bank oder Institution verkauft.

10. Wichtige Unterlagen ordnen
IHR TESTAMENT

Ihr Testament ist das wichtigste Dokument, das Sie je erstellen werden, also gehen Sie es richtig an. Wenn Sie sterben, ohne ein Testament zu hinterlassen (mehr als 50 Prozent der Erwachsenen haben kein Testament), wird Ihr Vermögen nach einem Standardverfahren unter Ihren Verwandten aufgeteilt. Ein sehr einfaches Testament können Sie sich bei der Post, dem Zeitungshändler oder im Internet besorgen. Allerdings muss jede Seite von zwei Zeugen unterschrieben werden, die weder Nutznießer noch die Ehepartner von Nutznießern sind. Ein Testament ist meines Erachtens so wichtig, dass man besser einen Notar hinzuzieht.

In Ihrem Testament nennen Sie die Nutznießer des Testaments und einen Testamentsvollstrecker (Verwalter), der Ihre letzten Wünsche umsetzen soll. Wenn Sie Ihr Testament ändern wollen, können Sie einen Nachtrag aufsetzen lassen (der ebenfalls unterzeichnet und bezeugt werden muss). Wenn Sie vor Ihrer Heirat ein Testament geschrieben haben, müssen Sie nach Ihrer Heirat ein neues aufsetzen. Dasselbe gilt auch bei einer Trennung oder Scheidung. Bewahren Sie das Original an einem sicheren Ort auf oder geben Sie es Ihrem Notar oder Buchhalter.

Über Ihre Rente können Sie separat verfügen. Achten Sie darauf, spezielle Angaben dazu zu machen, wer Ihre Rente erhalten soll.

VORSORGEVOLLMACHT

Damit ermächtigen Sie eine andere Person, im Falle einer Geschäftsunfähigkeit in Ihrem Namen zu handeln. Ich habe dafür zwei gute alte Freundinnen ausgewählt und etwas Geld beiseitegelegt, um mögliche Kosten zu decken.

UNTERLAGEN

Ich besitze verschiedene Aktenordner für Rechnungen, Rente, Aktien, Versicherungen etc. und bin recht pedantisch.

Zudem besitze ich einen Ordner für Geburtsurkunden etc. mit Kopien von der Vorderseite von Reisepässen. Fertigen Sie Kopien oder Scans von der Vorder- und Rückseite aller Karten an, die sich in Ihrem Portemonnaie befinden.

Verstecken Sie irgendwo 100 Euro für Notfälle.

Führen Sie separate Listen über Ihre Bankkonten und PIN-Codes und stellen Sie sicher, dass Ihre Liebsten wissen, wo Sie sie finden können. Wenn Sie gemeinsame Konten mit Ihrem Partner haben, sollten Sie für den Fall der Fälle Zugang dazu haben.

Sie können alle Ihre Passwörter in Googledocs (docs. Google.com) speichern, dann müssen Sie sich nur noch das Passwort für ein Dokument merken. Sie sollten verschiedene Passwörter haben und die wichtigen (Bank, Telefon, PayPal, E-Mail) alle 6 bis 12 Monate ändern. Offenbar konnten die Hacker des *News-International-Skandals* nicht glauben, dass die Mitarbeiter ihre Passwörter nie änderten. Die besten Passwörter bestehen aus mindestens zehn Zeichen, wenn man Mark Burnett, dem Autor von *Perfect Passwords*, Glauben schenkt. »Die besten Passwörter bestehen aus mehreren Teilen: Wörtern, Zahlen usw. So muss man nur einen Teil davon ändern.« Aus »Dreikentauren« kann zum Beispiel »4kentauren« werden. Das ist nur ein Beispiel.

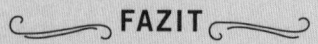
*EIGNEN SIE SICH WISSEN AN,
SCHREIBEN SIE EINEN HAUS-
HALTSPLAN UND SEIEN SIE ZU-
VERSICHTLICH. EIN FINANZ-
PLAN GIBT IHNEN KONTROLLE,
ERÖFFNET IHNEN MÖGLICH-
KEITEN UND VERLEIHT SICHER-
HEIT FÜR DIE ZUKUNFT. DAS IST
EIN TOLLES GEFÜHL.*

**Was ziehe ich aus diesem Kapitel über
finanzielle Unabhängigkeit?**

**Was werde ich in den nächsten 48 Stunden
unternehmen?**

DAS *MIDLIFE-MANIFEST*

*»Das Leben schrumpft oder dehnt sich aus – je nachdem,
wie viel Mut man aufbringt.«* Anaïs Nin

*»Das Bedürfnis nach Veränderung legte einen Pfad in
meinem Geist an.«* Maya Angelou

*»Es gibt nur einen Erfolg: Sein Leben auf seine eigene Art
zu verbringen.«* Christopher Morley

*»Nichts gibt deinem Leben mehr Kraft, als alle deine Energien
auf eine begrenzte Anzahl von Zielen zu fokussieren.«* Nido Qubein

»Tu es oder tu es nicht. Es gibt kein Versuchen.« Yoda

*»Niemand kann bis in alle Ewigkeit gewöhnlich und anständig
sein. Wir müssen aus uns herauskommen, sonst gehen wir ein.«*
C. S. Lewis

*»Wenn Sie keinen persönlichen Lebensplan entwerfen, werden Sie
wahrscheinlich in den Plan eines anderen hineingezogen. Dreimal
dürfen Sie raten, was Sie dort erwartet. Nicht viel.«* Jim Rohn

»Sei, was du scheinen willst.« Sokrates

»Sei du selbst. Alle anderen sind bereits vergeben.« Oscar Wilde

*»Unser Leben ist die Summe aller Entscheidungen, die wir
getroffen haben.«* Dr. Wayne W. Dyer

*»Machen Sie sich nichts vor. Es liegt an Ihnen,
was Sie aus Ihrem Leben machen.«*
Victoria Alexander

10. KAPITEL

Ihr *Midlife-Manifest*

In diesem Kapitel werden Sie:
- *Ihr Manifest schreiben*
- *Ihren Handlungsplan vervollständigen*

Nun ist es soweit. Sie werden alle Ihre Gedanken zusammenführen, um Ihr *Midlife-Manifest* zu schreiben, einschließlich der Aktionspläne zur Umsetzung. Ihre neue Wirklichkeit. Ich habe immer Karten geliebt und genau das ist das *Midlife-Manifest*. Ein Guide, der Sie dorthin bringt, wo Sie sein wollen. Nehmen Sie sich Zeit dafür – einige Stunden oder sogar einen ganzen Tag –, um in Ruhe daran arbeiten und so lange daran feilen zu können, bis Sie zufrieden sind.

Wenn Sie keinen Plan auf Papier schreiben wollen, ist das in Ordnung. Manchen reicht der Denkprozess. Allerdings glaube ich, dass der Effekt stärker ist, wenn man etwas in der Hand hat.

Vielleicht halten Sie es für Geheimniskrämerei, doch ich denke, dass es ein sehr persönlicher Prozess ist. Ich möchte Sie dazu ermutigen, ihn nicht mit anderen zu teilen. Offen gesagt, spielen die Meinungen anderer keine Rolle für Ihren Lebensplan.

Das *Midlife-Manifest*

Es gibt fünf Schritte:

1. **Vorbereiten**
2. **Sich inspirieren**
3. **Planen**
4. **Tun**
5. **Danach leben**

1. Vorbereiten

Sie stehen vor einer wunderschönen, sauberen, leeren Leinwand. Es spielt keine Rolle, ob Sie über manche dieser Dinge schon einmal nachgedacht haben und trotzdem nie etwas passiert ist. Diesmal werden Sie eintreten, denn Sie haben die verschiedenen Aspekte Ihres Lebens gründlich erforscht und eine kraftvolle Vision vor Augen.

Bevor Sie mit dem Manifest beginnen, schreiben Sie auf, wie Sie sich jetzt fühlen. Nehmen Sie ein Blatt Papier und falten Sie es einmal längs in der Mitte zusammen und wieder auseinander. Schreiben Sie auf eine Seite alle negativen Gefühle (zum Beispiel »nervös«, »zynisch«, »unsicher«, »müde«, »besorgt«, »überfordert«, »alles schon erlebt«, »ungeduldig«) und auf die andere alle positiven Gefühle (zum Beispiel »aufgeregt«, »enthusiastisch«, »selbstsicher«, »fokussiert«, »energiegeladen«, »engagiert«). Jetzt möchte ich Sie bitten, das Blatt in zwei Hälften zu teilen, die positive Hälfte in Ihr Tagebuch zu legen und die negative in kleine Stücke zu reißen und wegzuschmeißen oder – noch besser – zu verbrennen. So sind Sie nicht. Negative Gedanken haben hier keinen Platz. Lassen Sie sich nie wieder von ihnen definieren. Das wird klärend sein wie ein Gewitter.

Die konkreten Anleitungen zum Manifest beginnen auf Seite 390.

_____ 's

Midlife-Manifest

Sich inspirieren

Zitate
(Schreiben Sie Ihre Lieblingszitate auf)

....

....

....

....

....

....

....

....

....

Ich bin … (Wie möchten Sie sich fühlen oder beschrieben werden?)

....

....

....

....

Meine Vision

....

....

....

....

....

....

....

....

....

....

....

....

....

....

....

....

....

....

....

....

....

....

PLAN	Wie würden Sie sich gern fühlen?	Was müsste geschehen, damit Sie sich so fühlen können?
Beziehungen		
Ihr Körper		
Ihre Spiritualität		
Ihre Interessen/ Arbeit		
Ihr Zuhause		
Persönlicher Stil		
Finanzielle Unabhängigkeit		
Joker		

Was werden Sie unternehmen, um dorthin zu gelangen?	Welche wichtigen Maßnahmen werden Sie ergreifen?	Bis wann?

2. Sich inspirieren

Zitate

Schauen Sie sich die Zitate am Anfang jedes Kapitels an und schreiben Sie diejenigen, die am meisten Bedeutung für Sie haben, in die Tabelle. Fügen Sie weitere Lieblingssprüche oder hilfreiche Bestätigungen hinzu.

»Ich bin …«

Schauen Sie sich die Liste von Adjektiven am Anfang des Buchs an (unter »Wie wäre es, wenn wir die Antwort neu schreiben?«) und notieren Sie diejenigen, die beschreiben, wer Sie sind oder wer Sie sein wollen.

Vision

FORMULIEREN SIE IHR ZIEL

Ihr Ziel oder Ihre Vision beantwortet einfach die Frage: »Wo will ich hin?« Sehen Sie sich alles an, was Sie in Kapitel 2 »Ihre Vision« geschrieben haben. Lesen Sie es sich durch und lassen Sie es eine Zeitlang wirken. Wenn Sie es sich erneut anschauen, werden Ihnen die stimmigsten und interessantesten Abschnitte ins Auge springen.

Dabei könnte es sich um Dinge handeln, die wir zu Beginn des zweiten Kapitels behandelt haben: Wie wollen Sie sich fühlen? Wo möchten Sie in einem Jahr oder in fünf Jahren stehen? Wie würden Sie gern beschrieben werden? Was haben Sie erreicht? Wo werden Sie wohnen? Was haben Sie gelernt?

Verknüpfen Sie die verschiedenen Aspekte aus den Kapiteln drei bis neun. Jetzt ist es an der Zeit, die Abschnitte »Was ziehe ich aus diesem Kapitel über …« am Ende jedes Kapitels hinzuzuziehen.

Schreiben Sie Ihre Vision im Präsens, *als würden Sie sie in Ihrem Leben jetzt bereits umsetzen.* Vermutlich wird sie ungefähr einen Absatz lang sein. Es gibt kein Richtig oder Falsch. Wahrscheinlich benötigen Sie etwas Zeit, um daran zu feilen. Das ist in Ordnung. Spielen Sie mit den Worten und ihrer Reihenfolge. Es gibt keine Regeln! Ihre Vision spiegelt Ihre Entwicklung wider.

Zum Beispiel: »Nach langer harter Arbeit mag ich mich und meinen Körper! Ich fühle mich stark, gesund und wohne in einem Landhaus am Meer. Es ist voller Dinge, die ich liebe, und ich erkenne mich darin wieder. Ich habe das Gefühl, jeden Bereich meines Lebens geordnet zu haben – und ich habe jeden Tag Spaß. Ich habe ein eigenes Unternehmen gegründet und verfüge über einen Finanzplan, der es mir ermöglicht zu reisen. In meinem Beruf werde ich respektiert, von meinem Partner geliebt und ich bemühe mich, für meine Kinder ein Vorbild zu sein. Andere sehen in mir eine gute und lustige Freundin, ›die strahlt‹! Außerdem achte ich darauf, anderen Menschen regelmäßig zu helfen. Ich kann mir in die Augen schauen und ehrlich sagen, dass ich glücklich mit mir und meiner Entwicklung bin.«

Vielleicht möchten Sie es lieber so einfach wie möglich halten: »Ich führe ein achtsames, bewusstes Leben. Ich bin selbstständig, suche immer nach neuen Erfahrungen und bin sehr glücklich.«

Legen Sie los!

»Nur wer riskiert, zu weit zu gehen, wird herausfinden, wie weit er gehen kann« T. S. Eliot

Nun bringen Sie Ihre Vision zum Strahlen: Aus »ich verreise regelmäßig« wird: »Ich unternehme regelmäßig Abenteuerurlaube, habe Orang-Utans auf Borneo gesehen und auf Bali etwas für meine Seele getan.« Aus »ich habe ein Buch geschrieben« wird: »Ich bin erfolgreiche Autorin zweier Bücher, eine begehrte Rednerin und ich leite ausgebuchte Workshops.« Aus »ich bin gesund« wird: »Mein BMI hat den richtigen Wert und die Medikamente, die ich vor einem Jahr einnahm, konnte ich alle absetzen.« Versuchen Sie, Ihre Vision ehrgeizig zu formulieren, damit sie kraftvoll ist. Heben Sie sie auf das nächste Niveau. Fühlen Sie sich von Ihrer Vision gefordert? Gut. Macht sie Sie ein bisschen nervös? Gut. Sie sollte nicht zaghaft und vorhersehbar sein. Sie hat es verdient, eine unwiderstehliche Sogkraft zu haben.

Nach dem nächsten Abschnitt (»Planen«), der sich mit jedem Lebensbereich befasst, möchten Sie Ihre Vision vielleicht noch einmal überarbeiten, denn manche Handlungen könnten Ihnen Anregungen für Ihre Vision geben.

Natürlich wird sie sich je nach Lebensphase verändern und weiterentwickeln. Legen Sie immer mal wieder eine Pause ein, atmen Sie durch und gehen Sie in sich, um Ihr Manifest zu ändern.

3. Planen

Versehen Sie diese Wörter mit Zahlen – je nachdem, welche Priorität Sie in Ihrem Leben einnehmen – und gehen Sie sie in dieser Reihenfolge an.

Beziehungen

Ihr Körper

Ihre Spiritualität

Ihre Interessen / Arbeit

Ihr Zuhause

Persönlicher Stil

Finanzielle Unabhängigkeit

Der Joker

Wenn einer dieser Bereiche unwichtig für Sie sein sollte, lassen Sie den Platz leer. Wenn Sie einen weiteren Bereich hinzufügen möchten, schreiben Sie etwas unter »Joker«.

Antworten Sie unter jeder Überschrift auf diese fünf Fragen:
 Wie möchten Sie sich fühlen?
 Was müsste eintreten, damit Sie sich so fühlen?
 Was werden Sie tun, um dorthin zu gelangen?
 Welche wichtigen Maßnahmen werden Sie ergreifen?
 Bis wann?

4. Handeln

Aktionspläne

Aktionspläne sind ein wichtiger Teil des Manifests.

> *»Reden kocht keinen Reis.«*
> Chinesisches Sprichwort

> *»Das Immer besteht aus lauter Jetzts.«*
> Emily Dickinson

> *»Die Zukunft ist aus dem gleichen Stoff wie die Gegenwart.«*
> Simone Weil

> *»Wir sind das, was wir wiederholt tun. Vorzüglichkeit ist daher keine Handlung, sondern eine Gewohnheit.«* Aristoteles

Es geht nur darum, etwas zu tun.

Mein Schwimmlehrer Vlad erzählte mir von einem Motivationsbuch mit dem Titel *Warum ist dieser Idiot ein Millionär und nicht ich?* Wie sich herausstellte, ging der »Idiot« die Dinge einfach an.

Oprah sagte: »Erst wenn man aus seinem Ziel einen Prozess macht, kann der große Traum folgen.« Führen Sie daher kleine Veränderungen herbei und genießen Sie den Prozess in dem Wissen, dass Sie etwas bewirkt haben.

In der Vergangenheit habe ich in meinem Leben immer den Ansatz »Alles oder nichts« verfolgt. Jetzt habe ich erkannt, dass nur Fanatiker immer einhundertprozentige Perfektion erreichen und dass 80 Prozent oder auch nur 70 oder 60 Prozent sehr viel besser sind als nichts. Jede Veränderung ist gut und hat es verdient, gewürdigt zu werden.

Der Inhalt unserer Tage bestimmt den Inhalt unseres Lebens. Lassen Sie nie wieder zu, dass die Zeit Ihnen durch die Finger rinnt. Wenn Sie Ihre Zeit kontrollieren, kontrollieren Sie Ihr Leben. Das funktioniert nach meiner Erfahrung am besten mit einem Monats-, einem Wochen- und einem Tagesplan.

Ich kann verstehen, wenn Sie das überfordert, doch die Aktionspläne werden eine große Hilfe sein, um am Ball zu bleiben. Probieren Sie sie einfach einen Monat lang aus und schauen Sie, ob sie hilfreich sind.

Gehen Sie zurück zum dritten Abschnitt (»Planen«) und sehen Sie nach, was Sie bei jedem Lebensabschnitt auf die Frage »Was werden Sie tun, um dorthin zu gelangen?« geantwortet haben. Überlegen Sie sich anschließend, welche präzisen Schritte Sie jeweils unternehmen werden – und bis wann –, um sie in die Tat umzusetzen.

Weiter unten finden Sie detaillierte Planungstabellen für ein Jahr, einen Monat, eine Woche und einen Tag. Selbstverständlich müssen Sie nicht bis zum nächsten Jahres-, Monats- oder Wochenbeginn warten, um sie auszufüllen und zu nutzen.

Aktionsplan

	Januar	Februar	März	April	Mai
Beziehungen					
Ihr Körper					
Ihre Spiritualität					
Ihre Interessen / Arbeit					
Ihr Zuhause					
Persönlicher Stil					
Finanzielle Unabhängigkeit					
Joker					

VERTRAUEN SIE IMMER AUF IHREN INSTINKT

für ein Jahr

Juni	Juli	August	September	Oktober	November	Dezember

Aktionsplan für einen Monat

MONAT:

_____

Meine Vision
*Schreiben Sie hier die Vision aus Ihrem Manifest
auf, um fokussiert und inspiriert zu bleiben.*

....

....

....

....

....

....

....

....

Wie möchte ich mich diesen Monat fühlen?
*Wählen Sie ein oder zwei Adjektive, die in diesem Monat
maßgeblich für Ihre Gedanken und Handlungen sein
sollen. Sie sind ein Leitmotiv für Ihre Einstellung.*

....

....

....

Plan	**MONATSZIELE** Welche Punkte Ihres Manifests möchten Sie diesen Monat erreichen? Sie müssen nicht alles ausfüllen.
Beziehungen	
Ihr Körper	
Ihre Spiritualität	
Ihre Interessen / Arbeit	
Ihr Zuhause	
Persönlicher Sti	
Finanzielle Unabhängigkeit	
Joker	

Aktionsplan für eine Woche

FÜR DIE KALENDERWOCHE: _____

Wie möchte ich mich diese Woche fühlen?

....

....

....

....

....

Welche drei Dinge muss ich erreichen?

....

....

....

....

....

....

....

....

....

....

Plan	AKTIVITÄTEN FÜR DIESE WOCHE: Notieren Sie ein paar »Kerben«, die Sie einschlagen wollen. Sie müssen nicht alles ausfüllen.
Beziehungen	
Ihr Körper	
Ihre Spiritualität	
Ihre Interessen / Arbeit	
Ihr Zuhause	
Persönlicher Stil	
Finanzielle Unabhängigkeit	
Joker	

Täglicher Aktionsplan

Schreiben Sie auf einem Haftzettel drei Dinge, die Sie jeden Tag erreichen wollen. Nur drei. Alles, was darüber hinausgeht, ist ein Bonus. Sie könnten einer Freundin schreiben, Ihren Haushaltsplan aktualisieren oder Ihren Kleiderschrank entrümpeln. (Dieser Aktionsplan unterscheidet sich von Ihrer laufenden »To-Do-Liste«).

5. Leben

Aktionspläne und große Absichten sind schön und gut, aber manchmal ist es dennoch schwer, sich aufzuraffen und motiviert zu bleiben. Diese sechs Dinge haben mir geholfen.

Bewahren Sie Ihr Manifest in Ihrer Nähe auf

Fertigen Sie eine Kopie davon an, speichern Sie es in Ihrem Handy ab, wenn Sie Motivation brauchen, oder schicken Sie es sich per E-Mail mit einem kurzen Satz, der Sie beflügelt.

Die Macht des Montags

Wählen Sie einen Tag, um anzufangen. Es kann ein Montag sein – mein Lieblingstag, an dem man optimistisch und voller Tatendrang in die Woche starten und Altes hinter sich lassen kann. Es könnte aber auch der erste Tag des Monats oder einfach morgen sein. Legen Sie sich fest und markieren Sie diesen Tag rot in Ihrem Kalender.

Auslöser

Es ist gut, aus dem alltäglichen Trott auszusteigen und einen neuen Weg einzuschlagen. Wann haben Sie zuletzt etwas Neues getan? Das ist ein hervorragender Auslöser, um aktiv zu werden. Weiter so.

Ein Morgenritual entwickeln

Mein Morgenritual hat mir dabei geholfen, mich auf den Tag einzustimmen. Ich stehe jetzt früher auf als zuvor, mache ich jeden Morgen einige Dehnübungen, meditiere auf dem Balkon oder aufgerichtet im Bett, trinke ein Glas Wasser, gehe spazieren und anschließend unter die Dusche – Dry Brushing, Grapefruit-Duschgel von Jo Malone, frisches Obst oder Saft und Joghurt zum Frühstück. Vielleicht lausche ich dem Vogelgezwitscher oder höre einen Song von Deva Premal auf dem Computer. Ich tue das alles, bevor der Rest meines Haushalts auf den Beinen ist. Wenn ich so bewusst in den Tag starte, wirkt sich das auf den Verlauf meines ganzen Tages aus. Die Wahrscheinlichkeit ist höher, dass mir alles gelingt, was ich mir vorgenommen habe.

Denken Sie darüber nach, wie Ihre neue Morgenroutine aussehen könnte.

Tun Sie so, als hätten Sie bereits alles erreicht

»Handle so, wie du dich fühlen möchtest, bis du dich so fühlst, wie du handeln möchtest.«

Ich muss mich immer wieder daran erinnern, doch es funktioniert. Seien Sie eine Schauspielerin, die die Rolle der Person spielt, die Sie sein möchten!

Entscheidungen

»Das Schicksal hat nichts mit Chancen, sondern mit Entscheidungen zu tun.« Jeremy Kitson

Besonders in der Lebensmitte stellen sich uns viele Hindernisse in den Weg. Jeden Tag treffen wir Entscheidungen, die uns näher an unsere Vision heranführen oder uns weiter davon entfernen. Am allerwichtigsten ist die Erkenntnis, selbst entscheiden zu können, ob man glücklich ist oder nicht. Sie können eine schöne Nektarine oder eine Packung Chips essen. Sie können sich unsinnige Fernsehsendungen anschauen oder einen Yoga-Kurs besuchen. Sie können an Ihrem Groll festhalten oder ihn loslassen, mit gesenktem Kopf oder erhobenen Hauptes gehen. Ich habe endlich erkannt, dass die Entscheidung, mein Leben zum Besseren zu verändern, tatsächlich aus vielen täglichen Entscheidungen besteht – bis zum Lebensende. Denken Sie nicht: »Ich sollte das und das tun«! Gedanken wie »ich sollte«, »ich müsste« sind nicht hilfreich. Denken Sie vielmehr: »Ich werde« und »ich kann«. Nach einer Weile werden Sie wie von selbst die richtigen Entscheidungen treffen. Sie sind das Sprungbrett und die Brücke zu Ihrer Vision.

IN FINDET NEMO SAGT DORIE, DER FISCH: »SCHWIMM EINFACH WEITER, SCHWIMM EINFACH WEITER.« WIR MÜSSEN EINFACH EINEN FUSS – ODER EINE FLOSSE – VOR DIE ANDERE SETZEN.

Uns alle erwartet ein erfülltes Leben. Doch Sie müssen sich dorthin begeben – es wird Ihnen nicht in die Hände fallen. Legen Sie fest, wohin Sie gehen möchten, visieren Sie Ihr Ziel an, lassen Sie los und tauchen Sie ins Leben ein.

»Don't dream it. Be it.«

Rocky Horror Picture Show

Schauen Sie sich wieder im Spiegel an. Ich hoffe, dass Sie sich anders fühlen als zu Beginn dieses Buchs. Sie haben sich vorbereitet und es verdient, Selbstvertrauen zu haben. Das Universum ist sehr großzügig. Denken Sie groß.

SIE HABEN IHRE EIGENE GESCHICHTE GESCHRIEBEN. GEHEN SIE JETZT IN DIE WELT UND SETZEN SIE SIE UM. SIE SIND DIE HELDIN IHRER GESCHICHTE. BRÜLLEN SIE MIT DER KRAFT EINER LÖWIN.

Bibliografie

* Markierung für meine Lieblingsbücher

1. Kapitel – Die Geschichte Ihrer Lebensmitte neu schreiben

Der lebende Berg von Nan Shepherd, Matthes & Seitz Berlin, 2017

The Happiness Advantage von Shawn Achor, Virgin Books, 2010

Life After God – Die Geschichten der Generation X von Douglas Coupland, Goldmann Wilhelm GmbH, 1997

Das Happiness Projekt von Gretchen Rubin, Fischer Taschenbuch, 2011

Von der Kunst, die Welt mit anderen Augen zu sehen: Elf Spaziergänge und das Vergnügen der Aufmerksamkeit von Alexandra Horowitz, Springer Spektrum, 2013

2. Kapitel – Ihre Vision

5 Dinge, die Sterbende am meisten bereuen von Bronnie Ware, Goldmann Verlag, 2015

Mehr Information über Bronnie Ware und *5 Dinge, die Sterbende am meisten bereuen* finden Sie unter www.randomhouse.de oder www.bronnieware.com.

Was Sie an der Harvard Business School nicht lernen von Mark McCormack, Redline, 2007

3. Kapitel – Beziehungen

The Journey of Life: A Cultural History of Aging in America von Thomas Cole, Cambridge University Press, 1992

Schatz, wir müssen gar nicht reden!: Wie Sie Ihre Beziehung in weniger als 5 Minuten täglich verbessern von Patricia Love und Steven Stonsy, Campus Verlag, 2009

Der Weiblichkeitswahn oder Die Selbstbefreiung der Frau: Ein Emanzipationskonzept von Betty Friedan, Rowohlt Repertoire, 2016

* *One* von Victoria Alexander, Murdoch Books, 2010

Flying Solo: Single Women in Midlife von Carol M. Anderson und Susan Stewart, W. W. Norton and Company, 1995

* *Transformational Divorce* von Karen Kahn Wilson, New Harbinger Publications, 2003

4. Kapitel – Ihr Körper

Jedes Jahr jünger: Drehen Sie die biologische Uhr zurück und bleiben Sie schön, fit und attraktiv von Chris Crowley und Dr. Henry S. Lodge, mvg Verlag, 2015

* *Die verborgene Sprache des Körpers: Was Krankheiten und Symptome uns verraten* von Inna Segal, Knaur Mens-Sana TB, 2014

* *Die schöne Welt der Sinne* von Diane Ackerman, Europa Verlag, 2002

Run Fat Bitch Run von Ruth Field, Sphere, 2012

Das Omnivoren-Dilemma: Wie sich die Industrie der Lebensmittel bemächtigte und warum Essen so kompliziert wurde von Michael Pollan, Goldmann Verlag, 2011

The Heart of the Plate: Vegetarian Recipes for a New Generation von Mollie Katzen, Rux Martin/Houghton Mifflin Harcourt, 2013

Gabel statt Skalpell: Gesund durch Ernährung auf pflanzlicher Grundlage von Gene Stone, Scorpio Verlag, 2013

* *Gabel statt Skalpell: Das Vegan-Kochbuch* von Del Sroufe, Scorpio Verlag, 2013

How to Eat von Nigella Lawson, Chatto and Windus, 1998

Thirst von Nigel Slater, Fourth Estate, 2002

Eat Smart, Beat the Menopause von Jane Frank, Grub Street, 2003

* *Weisheit der Wechseljahre* von Dr. med. Christiane Northrup, ZS Verlag, 2016

Balance Your Hormones, Balance Your Life von Dr. Claudia Welch, Da Capo Lifelong Books, 2011

Perfect Health von Deepak Chopra, Three Rivers Press, 2001

The Joy of Sex: The Ultimate Revised Edition von Alex Comfort, Harmony, 2009

The Big, Fun, Sexy Sex Book von Lisa Rinna und Ian Kerner, Galley Books, 2013

5. Kapitel – Ihr spirituelles Selbst

Spiritual but Not Religious: Understanding Unchurched America von Robert C. Fuller, Oxford University Press, 2001

Spiritualität für Dummies von Sharon Janis, Wiley-VCH Verlag, 2009

Beautiful Necessity von Kay Turner, Thames and Hudson, 1999

Kursbuch Meditation: Die verschiedenen Meditationstechniken und ihre Anwendung von David Fontana, Fischer Taschenbuch, 2001

Das tibetische Buch vom Leben und Sterben: Ein Schlüssel zum tieferen Verständnis von Leben und Tod von Sogyal Rinpoche, Knaur MensSana, 2010

Das Prinzip Natur: Grünes Leben im digitalen Zeitalter von Richard Louv, Beltz, 2012

* *The Usborne Book of World Religions* von Sue Meredith und Nicholas Heweston, E.D.C. Publishing, 2000

Religion für Atheisten von Alain de Botton, Fischer Taschenbuch, 2017

Soul Centered von Sarah McLean, Hay House, 2012

Spiritual Traditions von Timothy Freke, Sterling Company, 2001

* *Muscheln in meiner Hand: Eine Antwort auf die Konflikte unseres Daseins* von Ann Morrow Lindbergh, Piper, 2001

Soul Centered by Sarah McLean pub by Hay House 2012

6. Kapitel – Ihre Interessen / Ihre Arbeit

Das Wesen der Dinge und der Liebe von Elizabeth Gilbert Elizabeth, Penguin Books, 2014

Zum Zeitvertreib: Vom Lesen und Malen von Winston Churchill, Hoffmann und Campe Verlag, 2014

Neustart im Kopf: Wie sich unser Gehirn selbst repariert von Norman Doidge, Campus Verlag, 2017

Vierzig – Fett – Gefeuert von Nigel Marsh, Ullstein Taschenbuch, 2007

* *The Sound of Water* übersetzt von Sam Hamill, Shambhala Centaur Editions, 1995

* *Letters of Note – Briefe, die die Welt bedeuten* von Shaun Usher, Heyne Verlag, 2014

Eine Geschichte der Welt in 100 Objekten von Neil MacGregor, C. H. Beck, 2017

Oxford Companion to Food von Alan Davidson, Oxford University Press, 2. Auflage, 2006

An Exaltation of Larks von James Lipton, Penguin Books, Reprint-Ausgabe, 1993

Younger by the Day: 365 Ways to Rejuvenate your Body and Revitalize Your Spirit von Victoria Moran, HarperOne, Reprint-Ausgabe, 2005

7. Kapitel – Ihr Zuhause

* *Soul Space* von Xorin Balbes, New World Library, 2011

Eine kurze Geschichte der alltäglichen Dinge von Bill Bryson, Goldmann Verlag, 2013

Colour. A Natural History of the Palette von Victoria Finlay, Hodder and Stoughton, 2002

8. Kapitel – Persönlicher Stil

Living la Dolce Vita: Bring the Passion, Laughter and Serenity of Italy into Your Daily Life von Raeleen D'Agostino Mautner Ph.D, Sourcebooks, 2003

9. Kapitel – Finanzielle Unabhängigkeit

How Much is Enough? von Arun Abey und Andrew Ford, A&B Publishers Pty., 2008

A Man is Not a Financial Plan von Joan Baker, Allen and Unwin, 2007

Shares. A Self-Help Guide to Success on the Sharemarket von Roger Kinsky, Wrightbooks, 2009

Allgemeine Bibliografie

Words that Matter, The Oprah Magazine, Harperstudio, 2010

Love Your Life von Domonique Bertolucci, Hardie Grant Books, 2012

Who Stole My Mojo? von Gary Bertwistle, Capstone Publishing, 2009

* *Find Your Reason to Be Here* von Laura Lee Carter, Mimbres Publishing, 2013

Midlife Magic: Becoming the person you are inside! von Laura Lee Carter, Mimbres Publishing, 2008

Secrets About Life Every Woman Should Know von Barbara De Angelis, Hyperion, 1999

The Best Year of Your Life von Debbie Ford, HarperOne, 2006

* *The Bravehearts Guide to Navigating Big Life Changes* von Nancy Sherr, E-Book, www.nancysherr.com, 2013

The Best of Everything After 50 von Barbara Hannah Grufferman, Running Press, 2010

Danksagungen

Sarah Allen, Nicky Backonye, Melissa Bircher, Tim Brown, Ailsa Crammond, Janine Davis, Sarah Denby-Jones, Kate du Pre, Kiki Etzine, Mo Fox, Anne Fullwood, Rob Gibson, Josie Gurney, Alexa Haslingden, Janie und Ivan Holyman, Betsy und Chris Howard, Lynley Hukins, Gill Johnson, Jo Johns, Jeanene Kroetch, Susie Manfred, Justine McCoomb, Bruce McDonald, Marion Mckillop, Anna McQuaid, Deborah Mills, Margie Moroney, Jenny Newton, Adrianne Nixon, Lucy Nutting, Kathy Palghat, Naomi Parry, Kate Perkins, Fi Radojev, Alex Rascoe, Julie Reid, Kate Smith, Nancy Sherr, Kerry Stevenson, Margie Sullivan, Suzannah Williams, Janie Wolstenhome, Carol und Larry Writer und die Redakteurin Amanda Hemmings, die Designerin Deborah Parry sowie Jane Curry und Jasmine Standfield von Jane Curry Publishing.

Ich würde mich freuen, von Ihnen zu hören und zu erfahren, was Sie aus *Midlife-Manifest* gezogen haben und was Sie darüber denken. Wenn Sie mich kontaktieren und Informationen zu Workshops erhalten möchten, besuchen Sie www.midlifemanifesto.com.